- 广东省哲学社会科学"十二五"规划 2012 年度一般项目《以重塑区域协作的发展机制推动产业转型升级——基于广东省"双转移"政策实践之检讨》（立项编号：GD12CYJ04）

- 广东省哲学社会科学"十三五"规划 2016 年度一般项目《"互联网＋"背景下广东省制造业动能转换与新产业政策研究》（立项编号：GD16CYJ06）

- "理论粤军"2013 年度重大现实问题招标研究课题《广东深化改革的主攻方向、重点难点和有效路径——制度红利视角的研究》（课题编号：LLYJ1302）

- 2014 年广东省本科高校教学质量与教学工程立项建设项目——广东财经大学专业综合改革试点项目：经济学

广 州 市 科 学 技 术 协 会
广州市南山自然科学学术交流基金会 资助出版
广 州 市 合 力 科 普 基 金 会

李景海 著

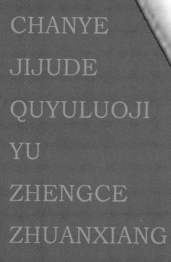

CHANYE

JIJUDE

QUYULUOJI

YU

ZHENGCE

ZHUANXIANG

产业集聚的
区域逻辑
与政策转向

中国财经出版传媒集团
经济科学出版社
Economic Science Press

图书在版编目（CIP）数据

产业集聚的区域逻辑与政策转向／李景海著.—北京：
经济科学出版社，2016.6
ISBN 978 - 7 - 5141 - 7066 - 5

Ⅰ.①产…　Ⅱ.①李…　Ⅲ.①产业经济学－研究
Ⅳ.①F062.9

中国版本图书馆 CIP 数据核字（2016）第 152135 号

责任编辑：王冬玲
责任校对：郑淑艳
责任印制：邱　天

产业集聚的区域逻辑与政策转向
李景海　著
经济科学出版社出版、发行　新华书店经销
社址：北京市海淀区阜成路甲 28 号　邮编：100142
总编部电话：010 - 88191217　发行部电话：010 - 88191522
网址：www. esp. com. cn
电子邮件：esp@ esp. com. cn
天猫网店：经济科学出版社旗舰店
网址：http：//jjkxcbs. tmall. com
北京万友印刷有限公司印装
710×1000　16 开　15.75 印张　280000 字
2016 年 11 月第 1 版　2016 年 11 月第 1 次印刷
ISBN 978 - 7 - 5141 - 7066 - 5　定价：48.00 元
（图书出现印装问题，本社负责调换。电话：010 - 88191502）
（版权所有　侵权必究　举报电话：010 - 88191586
电子邮箱：dbts@esp. com. cn）

前　言

　　一般地，社会科学发展脉络遵循概念——命题——理论的循环逻辑关系。然而，具体一项学术研究，科学始于问题。"好"的问题来源于现象与事实的追问，"优"的分析则着眼于视角与方法的选择，而"妥"的结论则倾向于立意与知识的拓展。

　　前进方向很重要，系统规划亦很重要。地区经济发展是永恒之问，集聚无论是自然而为，还是有形而为，都落实了发展之因果关系。因此，产业空间集聚成为经济活动最突出的地理特征，也是一个世界性的经济现象。但是，主流经济学空间成分的"遗失"与产业空间集聚分布的格局引发了理论解释力和经验现象的"缺口"。尽管理论学家和经验研究者基于各自视角对产业空间集聚提出了多种解释，然而，产业集聚在何处出现以及如何出现仍然没有得到很好的解释。

　　本书吸收新新经济地理学、新经济地理学以及其他相关理论研究成果，试图以动态化视角从根植性机理、策动性机理、动力机理、自增强机理和触发性机理构建产业集聚生成的一个系统的理论分析框架，并给予产业集聚生成以全面阐释。初始条件与社会资本这些经济地理因素及社会因素可以自我组织生成初始的产业集聚。企业家促成生产要素内生化和策动企业选址，以及外部资源随之发展起来促进产业集聚生成。要素迁移、规模递增收益和贸易成本促成产业本地规模经济化，它吸引上下游产业在空间集聚促进产业内部规模经济扩大和自我持续的累积循环。产业内部规模报酬递增形成规模经济和正反馈效应导致产业外部规模经济逐渐完善，促成产业集聚自我强化。产业诱致与制度需求促使政策介入触发产业集聚生成并自我调整。在此基础上，结合东莞虎门服装产业集聚，对产业集聚生成机理的五个理论命题进行证实和解释，并提出进一步的思考。产业集聚生成机理是影响区域和国家产业发展政策的重要因素。进而，我们提出产业集聚与提升区域竞争力的道路是产业圈层布局和区域差异化发展。产业圈层布局和区域差异化发展可以实现产业集聚的规模经济和发挥比较优势。最后，为应对新的挑战和机遇，提出区域经济发展的政策转向。

　　本书的出版得到广州市科学技术协会、广州市南山自然科学学术交流基金会、广州市合力科普基金会大力资助，并受到 2014 年广东省本科高校教学质量与教学工程立项建设项目——广东财经大学专业综合改革试点项目（经济学）的部分资助，在此向资助单位和项目表示感谢。本书也是广东省哲学社会科学"十二五"规划 2012 年度一般项目《以重塑区域协作的发展机制推动产业转型升级——基于广东省"双转移"政策实践之检讨》（立项编号：GD12CYJ04）、广东省哲学社会科学"十三五"规划 2016 年度一般项目《"互联网＋"背景下广东省制造业动能转换与新产业政策研究》（立项编号：GD16CYJ06）和"理论粤军"2013 年度重大现实问题招标研究课题《广东深化改革的主攻方向、重点难点和有效路径——制度红利视角的研究》（课题编号：LLYJ1302）的主要阶段性研究成果。

　　本书适于用做经济学研究者和经济领域工作者的参考读物。

　　书中若有不当之处，敬请读者批评、指正。

李景海

2016 年 11 月

目 录

目　录

导　论

第一节　研究目的

产业空间集聚是经济活动最突出的地理特征，也是一个世界性的经济现象。理论研究和实践发展均表明，一个国家或地区竞争优势的获得来源于产业在其内部集聚过程中的优势。然而，主流经济学模型形式化[1]和数学工具化[2]使得经济分析逐渐遗失了空间[3]，更无法给予产业集聚生成以合理解释。因此，弄清产业在特定地理空间的集聚机理就可以把空间重新纳入主流经济学分析，并且有助于国家和区域政府提升政策效力，促进资源配置的效率。

自从20世纪90年代以来，产业在地理空间集聚吸引了经济地理学家、经济学家、社会学家和政府决策者越来越多的兴趣和关注。目前，有关产业集聚的研究在国内外学术界都很活跃，产生了许多理论来解释产业集聚现象，但是大部分理论都关注于产业集聚所带来的竞争力分析，以及产业集聚的成长环境与成长因素[4]剖析。我们面对的问题是产业集聚的格局是如何产生的？以及生产要素和生产过程为何要走向集聚？然而，学者们基于各自观察的视角和依据的经验对象提出了诸多解释，不乏真知灼见，但又莫衷一是。本书将紧紧围绕这些问题展开讨论，探究产业集聚生成机理。

囿于技术、方法和视野，以克鲁格曼（Krugman）和藤田昌久（Fujita）为代表的新经济地理学家在产业集聚所作的开创性贡献和卓越研究需要进一步扩展和推进。本书通过吸收和归纳克鲁格曼和藤田昌久为代表的新经济地理学家的研究，并融合产业集聚的最新发展和相关学科的研究成果，力图阐明产业集聚生成机理。本书拟从产业集聚的五个生成机理着手，系统地阐述产业集聚生成机理的内在逻辑关系，它们环环相扣，相辅相成。在此基础上，对产业集聚生成机理的五个理论命题进行经验检验。进而提出产业集聚与提升区域竞争力的新构想。最后，结合"转型升级之问"、"知识创造之谜"和"创新驱动之路"，提出政策转向：新产业政策与制造业的升级策略、异质性个体与创新驱动政策、嫁接"互联网+"与民营经济转型升级。

第二节　文献综述

研究工作的开展始于对研究对象的全面掌握，文献综述是一项基础性的工作。只有明晰现有研究基础，进行分条缕析，才能更好地联系研究目的和对象。产业集聚的理论来源主要是区位理论、新经济地理学和马歇尔（1890）外部性，它们揭示引起生产集中和要素集聚的自我强化过程。产业集聚理论的发展历程有两条主线贯穿始终：一是区域经济发展；二是影响产业集聚的分工和贸易理论的发展。古典时期的产业集聚理论确立了以成本为核心、空间距离为纬度的理论框架，来解释区域经济发展现象，关注自然、经济、社会环境等客观因素对集聚的影响。在此基础上，新古典时期产业集聚理论引入企业分工与专业化以及贸易与产业集聚的关系（产业关联的角度）。国际贸易理论从比较优势发展到竞争优势理论，产业集聚为促进区域经济发展，创造区域竞争优势提供了重要途径，而竞争优势又是区域分工与合作双赢的贸易基础[5]。尽管有大量关于空间产业集聚的理论文献和经验研究，而产业集聚生成机理的相关研究文献相对偏少且比较凌乱。因此，根据研究目的和内容的需要，本书国内外产业集聚生成机理研究综述主要围绕三个方面展开：一是区位视角的产业集聚生成机理；二是新经济地理学视角的产业集聚生成机理；三是马歇尔（1920）外部性视角的产业集聚生成机理。

第一章　导　论

一、国外理论研究综述

（一）区位视角的产业集聚生成机理

企业和人口在地理空间的集中，最直接的想法是这些地区能够满足企业和人口生存和发展的某些条件，具有先验性的优势。因此，以区位为分析对象，区位包含的各种条件就是产业集聚生成的起点。早在自由资本主义时期，亚当·斯密已发现某些区位优势可以促进生产集中。亚当·斯密（1776）指出："水运开拓了比陆运所开拓的广大得多的市场，所以从来各种产业的分工改良，自然而然地都开始于沿海沿河一带。"屠能（1826）《孤立国》描述了土地由于距离城市位置的不同而具有不同的价值和用途[6]。屠能分析了集聚力和分散力的来源，集聚力来自：决定区位差异的第一性质，即矿石、煤炭等大部分是不均匀分布；城市的中央管理功能和公共服务导致政府部门、财政中心、司法部门、军队、学校和艺术联合会等在城市集聚；社会和文化设施，如法院、剧院、博物馆等在重要城市才有可能设立；为了迎合城市居民需要的产品和服务生产非贸易消费品和服务；城市人口的大量需求；城市高收入和就业机会较多地导致劳动力市场的形成；劳动分工带来生产效率的提高；机器设备的应用和由此带来节省劳动和规模经济；大城市机器维修部门存在。分散力来自：由于高额的运输成本，城市原材料更昂贵；城市周围的制造品要运往其他市场需要增加运费；因为食物价格高，城市生活费用更高，住房建造成本和土地稀缺导致地租也更高。

韦伯[7]（1909）从微观工业企业的区位选择角度，分析了影响工业区位的因素，所有区位因素，无论是一般的还是特殊的，依照它们的作用影响进一步分为：（1）区域性地分布工业的；（2）在区域分布中"集聚"或"分散"工业的。"区域性地分布"是指将工业导向地球表面上某些地方，是地理决定的或给定的，是指牵引工业到固定的区域，从而创建了工业区位的一个基本结构。"集聚"和"分散"指在这种结构中（不管它处在什么地理位置）将工业限定在一定点上，并由此决定在结构中工业所展示的集聚规模，这与区域的分布过程迥然有别。韦伯形成了区位因素的理论，即运输成本[8]首先在运费最低的区位形成区位单元，然后，劳动力成本和集聚因素作为一种"改变力"同运输成本基本网络竞争。韦伯指出：如果工业受运输成本或劳动成本的地理差异的影响而被引向严格限定的地理位置上，尽管随着工业发展会改变工业的位置。以这样方式运作的因素就是区位的区域性因素。韦伯的工业区位论是沿屠能理论向微观层次上的发展，其全面继承了屠能农业区位论的基本理念，即个体决策者只在给定的外部环境条件下做出选择，而整体的分布结构既取决于所有个体决策者的行为，又取决于外部绝对资源条件的差异。其中对于特定产业区位的形成，外部绝对资源条件具有重要作用。

到了 20 世纪 40 年代，人们逐渐认识到：以屠能和韦伯等人为代表的区位论学者主要是从供给角度来分析区位选择，寻求的是企业成本最小化；而现实中企业在区位选择时，往往追求的是销售量的最大化，也即市场需求的最大化。这就引出了从需求和资源配置的角度研究区位选择模型。

廖什（1940）研究产业集聚与城市形成及城市化之间的关系，认为城市是非农业区位的点状集聚。廖什把生产区位和市场结合起来，认为企业选址应尽可能地接近市场，市场及利润最大化是企业布局的原则，因此，廖什的理论被称为区位论的"最大市场学派"。哈里斯（Harris，1954）对美国各州市场潜力进行估测[9]，得出低市场准入是工业聚集区特点的结论。阿隆索（1964）提出了城市地租模型，在屠能农业区位理论的基础上，建立了厂商对城市土地的投标曲线，然后根据经济学中的一般均衡原理，在土地市场均衡中创造包括农业、工商业和居住性用地在内的土地价值模式。

农业区位、工业区位和市场区位等都是为解释经济空间分布现象，它们都是以单个经济客体（如农业种植地带、工业企业、城镇或市场）的空间分布为研究对象，通过对区域发展条件和状况的分析，寻求单个经济客体的最优区位，原料产地、生产地以及人口集中地都可以形成企业集中的市场。这些区位理论的思想和方法，影响着后来与地理空间因素有关的经济活动的经验和理论研究。

此外，经济学者从区域发展推动力角度，结合产业发展进行研究。佩鲁（1955）提出增长极理论，经济应当作一种"力"的网络，存在着"力场"和"增长极"，把推动性工业嵌入某地区后，将形成集聚经济。缪尔达尔（1957）提出"累积循环因果理论"，厂商会选择在厂商数目较多的地方设厂，这样的选择进而又会吸引更多的厂商。布代维尔（Boudeville，1966）提出推动性产业能够导致两种类型的增长效应：一是列昂惕夫乘数效应，它通过现有部门之间的相互联系发生；二是极化效应，当推动性产业的增加导致区域外的其他活动产生集中时，这种效应发生。艾萨德（1975）分析了导致工业和其他经济活动集中和分散（或扩散）的力，并把集聚力分为三种类型：规模经济，随着一个给定设施的经营规模扩大，其内部生产就可能变得更为经济；区位经济：导致工业集中的第二类力与一个区位的一门工业的全部企业都能获得的经济增长有关（即共享区位的基础设施）；城市化经济：城市化经济是第三类聚集力。它们适用于所有工业部门的所有企业。它们是由于把各类经济活动配置在一起，从而使一个区位的总体规模（就业人口、工业产量、收入和财富而言）扩大而产生的经济。城市地区规模的扩大也会产生许多不经济，不经济是反聚集的力量。反聚集经济为城市的规模和扩大设置了界限。它们抵消了作为工业和其他经济活动的潜在区位的各种规模城市的吸引力。艾萨德创立区域科学，试图将空间和区域引入主流经济学，也引发了20世纪50年代以来以区域为研究对象的蓬勃发展。

另外，学者也从区域文化、制度等方面研究产业集聚生成。安娜利·萨克斯尼亚（Saxenian，1994）通过硅谷和128公路的文化和竞争的比较，将硅谷的活力归结为一系列产业组织结构、文化制度和竞争方式的优势，使得硅谷充满创新和竞争力。麦凯恩、有田和高登（McCann、Arita and Gordon，2002）分析了由于制度差异所致跨国公司选址行为对产业集聚生成的影响。

从区位视角研究产业集聚反映了环境对产业集聚生成的决定作用，主要集中在地域特性层面如自然禀赋等问题。在藤田昌久和克鲁格曼的新经济地理学的产业集聚研究进入主流经济视野之前，尽管区位理论、城市理论、国际贸易理论和经济地理学领域等都对产业在空间集聚的现象进行研究，但基本是基于完全竞争的市场结构进行探讨的。

（二）新经济地理学视角的产业集聚生成机理

新经济地理学的产业集聚研究比较重视数学模型，揭示地理空间的产业集聚最早由藤田昌久（1988）、克鲁格曼（1991a，b）和维纳布尔斯（Venables，1996）做出的开创性研究，并且已经被广泛地扩展和应用。新经济地理学（NEG）作为解释经济地理的新框架出现，它主要利用带有垄断竞争[10]的一般均衡框架模型化集聚力和分散力的相互作用。以克鲁格曼为首的经济学者在 D-S 模型的基础上从经济活动的内部机制来解释经济活动的集聚现象，强调产业"中心"的内生性和竞争均衡的思想，认为产业集聚是由企业的规模报酬递增、运输成本和需求通过市场传导的相互作用而生成的。

规模递增收益和垄断竞争从生产技术角度提供了生产扩大的根源，必然要与市场联系，因此空间很重要。赫尔普曼和克鲁格曼（Helpman and Krugman，1985）建立了一个存在递增收益和垄断竞争的贸易模型，认为互相之间没有明显的比较优势的国家可以因为市场接近的不同而发展出不同的生产结构。克鲁格曼和维纳布尔斯（Krugman and Venables，1990）在此基础上通过研究收益递增、垄断竞争以及贸易成本对经济活动区位选择的影响，认为集聚程度会随着贸易成本的上升，先提高后下降，提高是因为集聚带来的规模收益会吸引更多的厂商，下降是因为核心地区投入品价格的上涨。克鲁格曼和蒂斯（Krugman and Thisse，1996）提出集聚形成是由于：（1）完全竞争下的外部性；（2）不完全竞争下的递增收益；（3）策略相互作用下的空间竞争。戴维斯和温斯坦（Davis and Weinstein，2002）指出递增收益决定了空间差异化程度。藤田昌久和森雪（Fujita and Mori，2005）指出新经济地理学模型的空间集聚主要依赖于各种类型的递增收益（Increasing Returns）、各种类型的迁移成本和运输成本的平衡。递增收益对于企业在一个区位选择生产是非常重要的，迁移成本对于生产要素和消费者选择区位又是非常重要的，运输成本使得对于生产来说区位非常重要。维尔和费池因格格拉兹（Wirl and Feichtinger，2006）指出尽管递增收益假定是有用的，但并不是决定性的；社会相互影响和互补性引起经济体长期结局的开始和多重均衡。小山（Oyama，2009）利用带有二次调整成本的动态两地区模型，通过构建一般分析，表明除了对称区域的刀锋案例以外，存在唯一的空间配置，只要摩擦程度[11]足够小，这样的空间配置是非常吸引人的和可达到的，且它是稳态模型潜力函数的唯一最大化者。

空间很重要是由于距离存在，它产生运输成本。藤田昌久、克鲁格曼和维纳布尔斯（Fujita、Krugman and Venables，1999）指出：当运输成本处于中间水平时，产业出现空间集聚，而太高和太低的贸易（或运输）成本产业活动很可能会均匀分布。森雪和仁志浩二（Mori and Nishikimi，2002）指出运输密度经济是产业本地化集聚的主要来源。藤田昌久和蒂斯（Fujita and Thisse，2003）利用一个包含格罗斯曼、赫尔普曼和罗默（Grossman，Helpman and Romer）的内生增长模型和克鲁格曼中心—外围模型的两地区模型，表明当运输成本足够低时，现代部门和创新部门将会集聚在同一地区，另外一个地区专业化生产传统产品。海德和梅尔（Head and Mayer，2004）认为基于了解每一地区的需求规模，企业作出选址决策是不充分的，因为企业还要考虑向邻近的区位出口产品。琼斯和凯日科夫斯基（Jones and Kierzkowski, 2005）提出由于最终产品必须提供给消费者和各国消费者限定在一国国界范围内，因此当服务联系成本（如运输、交流和金融投入以及其他协调活动等）具有重要的规模经济时，会导致经济活动分散。他们也指出发达国家减少制造业生产活动，增加服务业发展，并且国际贸易的零件和部件以更快的比率增加超出贸易本身，可以证明服务业在生产过程中作为递增收益的来源的重要性，它也允许制造业活动扩散到一些国家。哈里根和维纳布尔斯（Harrigan and Venables, 2006）认为距离成本的一个很重要要素是运输中间产品和最终产品所耗费的时间，它导致不确定性，并通过相关模型发现了为了避免部件供应商分散生产、延误和传递时间不确定性，确保传递时间引起产业集聚的新机制。此外，他们也提出如果最终组装厂商在两个区位设址，部件生产具有规模递增收益，那么部件生产将会倾向在其中一个组装厂商周围集聚生产。马库森和维纳布尔斯（Markusen and Venables, 2007）重新考虑古典贸易问题，将要素比率模型一般化到多国、多种产品和特定国家贸易成本的背景下，分析一国参与世界经济的方式，表明一国的生产专业化、贸易和福利由它的相对资源禀赋和它的贸易成本的相互作用决定。曾（Zeng, 2008）指出很小运输成本提供更高效用，完全集聚格局有可能是稳定的；此外，完全集聚格局不可能出现，除非来自政策制定者的外生力量作用。

生产扩大需要要素迁移和要素集中。克鲁格曼（Krugman, 1991a）在考虑收益递增、垄断竞争和贸易成本的一般均衡分析框架中，通过劳动力的跨地区流动来探讨集聚生成的机制。传统区位理论在一般均衡框架下寻找唯一的均衡点，即最佳区位。但是克鲁格曼表明最佳区位并不是唯一的"点"，也存在多重均衡。克鲁格曼强调规模递增收益和外部性的重要性决定经济体长期结果，整个经济体的规模递增收益促成企业和工人迁移决策，外部性影响到其他个体预期和行动决策，它们又通过历史和预期起到作用。克鲁格曼（Krugman, 1991b）指出产业地理集聚依赖于递增收益、运输成本和要素迁移的相互作用。城市制造品生产者增多，将会导致更低的价格，因此有益于买者；较大市场的集聚效应导致更稳定的价格，有益于买者和卖者。鲍德温（Baldwin, 1997）通过在模型中引入研究开发活动，分析认为通过要素的内生集聚也可以促成集聚。奥塔维亚诺等（Ottaviano, Tabuchi and Thisse, 2002）利用一个新框架，重新考虑中心—外围模型的福利性质、预期对重塑经济空间的影响以及城市成本对区域内活动分布的影响。奥璀兹和菲尔德曼（Audretsch and Feldman, 2004）指出区域已建立的企业集聚吸引其他企业和迁移性要素，导致产业内集聚和创新演化的自我强化过程。

生产扩大带来分工细分以及企业之间和产业上下游联系效应。当企业选择生产区位和开办企业时，企业必须在大规模生产和接近消费者及供应商之间权衡。因此，存在节省生产成本和节省运输成本的平衡，节省生产成本有助于生产集中，节省运输成本就需要考虑企业选址问题。赫希曼（Hirschmann, 1958）指出：当企业能够更便宜地利用中间产品以及由于其他企业和消费者的集中面对更多的消费需求，那么就会产生成本和需求联系。在出现规模递增收益的情况下，这又引起一个区位的就业集中，这些效应将进一步扩大。因此，地方需求增加，并且产生克鲁格曼（Krugman, 1980）的本国市场效应：当运输成本和贸易代价昂贵时，地方需求是不断增加的。由于更大的市场更多的企业被吸引过来，产生产业活动的集聚。由于更高的经济活动份额，不断增加的就业意味着更多的收入花费在递增收益的工业品上。这又导致产业活动自我强化的集聚效应和企业集聚。同时，由于本地集中了大量的企业增加了产品和要素市场的竞争，并且导致更高的产品和要素价格。因此，日益激烈的产品和要素竞争以及迁移和运输成本起到阻碍产业集聚的作用。总之，集聚力和分散力的平衡决定着产业化格局和可迁移要素的分布。维纳布尔斯（Venables, 1996）认为不依赖劳动力流动，上下游产业间的投入—产出联系也会促成集聚，即通过"前向联系"和"后向联系"带来的投入品供给增加和需求扩大，也会使得某一地区会吸引越来越多的厂商而形成集聚。亨德森（Henderson, 1997）对规模经济的来源进行分析，认为规模经济来源于企业之间关于投入市场和产出市场信息的交流，以及对公共产品的成本的共同承担。马丁和奥塔维亚诺（Martin and Ottaviano, 1998）认为研发部门通过投入多样化而获得的收益与克鲁格曼（Krugman, 1991）模型中劳动力流动扮演的角色相同，要素积累中的局部技术外溢会使集聚强化。藤田昌久等人（Fujita et al., 1999）表明在一类普遍的模型中规模经济和运输成本联合创造了有助于集聚的空间需求联系。企业被吸引到城市来服务于只有少量工厂且较高运输成本的较大本地市场。拥挤成本又会限制地理集中的程度。维纳布尔斯（Venables, 1999）利用一个多部门模型讨论了比较优势和集聚的平衡，比较优势来源于两国内生的技术差异性，集聚力来源于垂直联系企业的投入—产出效应，表明较大技术差异的产业将会根据比较优势选址，而小的技术差异的产业是不确定的，因此区位决策可以基于比较优势。庞特斯（Pontes，2002）在两国背景下利用博弈论框架，分析中间品贸易的空间影响，提出了一个与维纳布尔斯（Venables，1996）相反的集聚格局。他指出如果中间品利用的密度不是很高，生产地理有下面的格局：运输成本非常高，投入不能通过进口的方式满足，所有三个企业[12]将在大国设址，小国消费者不能获得服务；运输成本中等，企业在区域分散，并供给本地消费者；运输成本低，每一企业在消费者空间分布的中心地（依然是大国）设址，销售给两个市场。埃米蒂（Amiti，2005）构建一个包含垂直联系产业的两要素 H－O 模型，分析贸易自由化对垂直联系且具有不同的要素密度的制造企业区位的影响，表明即使上下游企业的要素密度不同，较低贸易成本会导致所有上游和下游企业在一国集聚。上下游企业紧密联系的收益经常超过要素成本的考虑。此外，这些产业区位格局没有产生要素收敛，并且在产业集聚的国家，会导致两种要素[13]的收益增加。

产业集聚生成是区域自我组织和自我发展的结果。赫希曼（Hirshman）是世界著名的发展经济学家，赫希曼（1991）对一个国家内区域之间的经济关系进行了深入研究，提出了极化—涓滴效应[14]，解释经济发达区域与欠发达区域之间的经济相互作用及影响。赫希曼认为，在区域经济发展中，涓滴效应最终会大于极化效应而占据优势，原因是北方的发展长期来看将带动南方的经济增长。赫希曼（1991）[15]指出，"地区间经济联系的涓滴效应和极化效应，要比国际间的经济联系更强"。克鲁格曼（Krugman，1993）指出：芝加哥一旦成为中心市场，作为运输和商业中心，它就自我发展。芝加哥作为运输中心，人口和生产集中，促使更多生产集中，导致所有的路通向芝加哥，形成自我强化"第二性质"（Second Nature）的优势。克鲁格曼也指出：其他情况相同，有动机在有限区位集中生产的企业偏好选择很好接近市场的区位；由于接近市场的区位将是大量企业设址的地方。这种正反馈的循环驱动着城市中心的形成；它也表明这些城市中心的区位不完全是由潜在的自然地理决定，存在典型的多重区位均衡的可能。阿瑟（Arthur，1990）研究经济演化过程的报酬递增现象，并指出一旦经济体选择一个特定路径，会出现"路径依赖"和"锁定"等经济现象，为新经济地理学提供了认识论和方法论的支持。布伦纳（Brenner，2004）研究了区域差异性影响本地产业集聚的出现，并从演化的视角对本地产业集聚进行研究。

此外，有学者认为产业集聚的模型需要进一步扩展。藤田昌久和克鲁格曼（Fujita and Krugman，2004）认为需要扩展到基于生产、产品交易以及服务联系的一般垄断竞争理论，利用更广泛的函数形式和技术假设，并探讨结果的显著性。

（三）马歇尔外部性视角的产业集聚生成机理

此外，外部性对于解释产业集聚生成也发挥了重要作用。马歇尔（1890）认为外部性对于产业集聚的形成和企业集中是非常重要的。专业化劳动力共享市场、技术知识溢出、投入服务和现代基础设施增加了企业在空间和经济上集聚的动机。因此，专业化投入要素和技术知识很容易吸引经济活跃区域，进而会吸引更多企业。如果存在产业活动集中和形成网络，更易于引发创新。进而，驱动经济发展和区域繁荣。然后，自我强化过程出现，导致企业和产业集聚。马歇尔（1890，1920）提出工业区的概念，分析了分工性质的工业在特定的地区集聚的优势。此外，马歇尔（1920）提出内部经济和外部经济的概念，指出："我们可以把因为任何一种货物的生产规模的扩大而产生的经济分为两类：第一是有赖于此工业的总体发展的经济；第二是有赖于从事此工业的个别企业的资源、组织和经营效率的经济。我们可称前者为外部经济，后者为内部经济。"胡佛（Hoover，1975）把规模经济进行分类：单个区位单位的规模决定的经济、单个公司的规模决定的经济和该产业在某个聚集体的规模决定的经济，又分析了产业规模的外部经济、区位的外部经济和城市规模的外部经济。艾萨德（1975）指出：产业集聚是立足于区域来分析产业布局及演进，阐明空间格局和空间量值如何强烈地影响企业、消费者和各类机构的行为。菲尔德曼和佛罗里达（Feldman and Florida，1994）强调熟练劳动力、研发活动和企业集中的联系。因此，如果研发导向的企业和大学建立起来，在该国或地区创新很容易集中。当这样的区域变得更有吸引力，企业和可迁移要素发生进一步集中，推动创新和发展能力的提升。藤田昌久（Fujita，2000）指出：新经济地理学一直没有涉入知识溢出和其他纯外部性，因为我们一直没有一个很好的知识外部性的微观基础模型。库姆斯等（Combes and Overman，2004）提出：当经济活动增加引起产业间相互作用和进一步集聚，区域会从企业集聚中受益。此外，商业集中提高了相应地区对消费者的吸引力，并且这个地区能够比个别商店所处地区吸引更多的需求。艾博斯伯格和鲁夫（Ebersberger and Loof，2004）利用瑞典1197个企业样本，有1/3是跨国公司，发现本国跨国公司的 R&D 投资和科技、垂直和水平创新体系的根植性与北欧、欧洲等的企业显著不同，且更高 R&D 密度和可能的技术知识溢出优势并没有表现出更优的创新产业或生产力绩效；他们指出：跨国公司在宗主国发展技术能力并利用到海外分支机构，因此跨国公司的创新和生产力绩效是跨国公司宗主国活动的部分收益。布恩斯托夫（Buenstorf，2005）认为知识的根本性提升、经验学习和技术革新会促使产业集聚内生性变化，即模块化。

此外，根据藤田昌久和蒂斯（Fujita and Thisse，2002）和奥塔维亚诺和蒂斯（Ottaviano and Thisse，2004a）的研究，外部性的产生主要由于：（1）大规模生产和投入的利用（由于生产包含规模递增收益，因此减少了企业层次的成本）。（2）专业化劳动力和共享劳动市场的形成（它有助于满足就业者和雇佣者的需要）。（3）新思想的产生和溢出效应。（4）可利用的专业化投入服务。（5）地方政府提供的现代基础设施。藤田昌久和森雪（2005）指出产业集聚前沿研究要重视交通技术的作用，此外，在新经济地理模型中，由于知识（信息）溢出和知识外部性存在难以模型化的困难，所以被忽略，是产业集聚研究需要进一步完善的地方。

二、国内理论研究综述

在现实和理论的双重影响下，我国经济理论界不断引进和吸收国外产业集聚研究前沿成果，并融合与解释中国国内产业集聚现象。国内产业集聚的研究多见于产业集聚所产生的效应研究、如何利用产业集聚来促进区域发展以及在数据基础上的测度研究，且偏重于对策研究，国内主要成果包括三个方面：第一，围绕国内产业集聚现象的经验研究和对策研究。第二，对国外产业集聚最新理论的介绍和阐释。第三，对产业集聚理论的基本概念、分析框架、动力机制和竞争优势等理论问题研究。然而，国内对于产业集聚生成机理的研究则相对偏少，主要侧重以下几个方面：

（一）区位视角的产业集聚生成机理

区位因不同地区有较大的初始条件差异，影响着产业集聚生成。贾根良、张峰（2001）指出：一般来说，使位于某一特定地区的公司具有竞争优势的具体特征称为地方化能力，它大致取决于四方面的因素：自然资源、基础设施、制度和该地区的知识和技能。"基础设施与制造业发展关系研究"课题组（2002）指出：基础设施是一个国家和地区经济发展的必要前提，国际经验证明了基础设施建设在工业化初期与中期的先导作用。金祥荣、朱希伟（2002）从历史的视角分析专业化产业区的生成机制，指出产业特定性要素在特定地理空间的大规模集聚是专业化产业区的起源。史东明（2003）指出：中小企业的集中是在有利的区位上形成集群，这些区位因素是：便利的交通运输条件、当地的人力资源情况、历史文化传统和市场引力。梁琦（2004）指出：河北和山东拥有丰富的煤矿、石油以及农产品等自然资源，发展资源加工工业有先天的优势，在此基础上都建立了较为发达的机械、金属、石油、化学、钢铁、食品工业。葛立成（2004）指出：同一产业或行业在一定地理空间上集中，形成所谓专业化产业区或特色产业区，是浙江产业集聚的一种普遍现象和基本特点；此外，浙江产业集聚是沿着交通轴线集中分布，交通运输是影响浙江产业空间结构的一种基本力量。胡建绩、陈海滨（2005）指出：研究产业集群内部企业衍生的动力因素，基本可以分为两类：一是硬件因素，如丰富的资源禀赋、便捷的交通网络、完备的基础设施等；二是软件因素，如社会网络、知识学习、经验积累、市场结构、专业分工、历史文化、无形资源等。徐康宁、王剑（2006b）指出：要素禀赋的理论解释较少考虑地理空间的影响，此外，即使是全球化的今天，运输成本、区位、相邻关系、语言等地理变量依然是重要的分工基础。李廉水、周彩虹（2007）指出：长三角凭借强大的经济实力、优越的地理位置、良好的工业基础和灵活的民间资本，改革开放以来逐渐成为我国最大的汽车生产基地。

此外，区域社会资本影响着产业集聚的区域根植性，它将会扩展我们对产业集聚生成的基本条件和因素的重新认识。任志安、李梅（2004）指出：地域根植性是企业集群的重要性质。王珺（2005）[16]论证了一个缺乏资源禀赋、技术积累以及外部要素大量进入条件的地区，产业集聚生成的组织演化过程。

（二）新经济地理学视角的产业集聚生成机理

产业集聚是需求、规模经济与运输成本相互作用的结果，促使生产集中和要素集中，促进产业内部规模扩大。产业规模经济包括产业内部规模经济和产业外部规模经济，产业内部规模经济是由于产业内专业化分工和生产投入的扩大实现的，而产业外部规模经济是由于产业间关联效应共享规模经济而达到

的。黄勇（1999）分析浙江"块状经济"时指出：同类企业的高度集聚形成
了明显的群体规模优势，主要表现在比较充分的专业化分工使中小企业实现了
"内部规模经济"，相对完善的社会化服务使中小企业获得了"外部规模经
济"。徐康宁（2001）指出：中国产业集群和市场供给范围的扩大有关系，一
般直接表现为很强的出口能力。王缉慈（2002）指出：导致产生产业群的因
素有：偶然因素、专业化劳动力市场的存在、原料和设备供应商的存在、接近
最终市场或原材料集贸市场、特殊的智力资源或自然资源的存在、有基础设施
可共享以及政策激励。杨建梅、冯广森（2002）指出：东莞 IT 产业集群形成
是随着大量专业化分工协作的配套企业、关联企业和下游企业整体入驻东莞，
并促进本地一大批生产配套企业诞生。符正平（2002）讨论了企业集群产生
的供给条件、需求条件和社会文化与历史条件。范剑勇、杨丙见（2002）详
细分析了美国1850～1890年间美国中西部制造业发展的历史，指出中西部地
区快速增长的需求[17]对其制造业的兴起所起的重要推动作用，且这种需求是
由中西部迅速增长的城市人口和中西部地区内部便捷的交通运输系统推动的。
"基础设施与制造业发展关系研究"课题组（2002）指出：交通运输的前向联
系效应主要表现为运输费用的降低对扩大商品市场的影响。陈秀山、张可云
（2003）指出：经济活动区域集中的原因，部分地来源于这些活动的特性，部
分地来源于经济活动之间的联系。梁琦（2003）认为优惠政策不是吸引外资
的主要因素，地区的开放度和产业集聚所产生的关联效应，是外商投资区位选
择最主要的驱动力。梁琦（2004）指出：在空间距离近的地区之间，产业的
前后向联系、需求成本联系要强得多，产业集聚的可能性要大得多。文玫
（2004）利用第二次、第三次工业普查数据考察了中国工业在区域的集中程
度。研究发现：至1995年，中国的许多制造业都高度集中在几个沿海省份。
同时，对1980年、1985年和1995年行业集中度的比较表明：自改革以来，中
国制造业变得更为集中了。通过进一步的计量分析支持了新经济地理理论，并
显示在1993～1994年中国工业依然位于倒"U"形曲线的左方，即交易和运
输费用的进一步下降可能会促进制造业在地域上进一步聚集。范剑勇、王立
军、沈林洁（2004）指出：区域层面产业集聚的起因有三种：一是由地理位
置等自然资源特征差异引起的；二是由市场规模大小差异引起的；三是新经济
地理学范畴的产业集聚，来源于某种偶然因素。龚绍东（2005）提出了产业
集群生成形态的"蜂巢型结构"概念及模型，揭示了产业集群生成阶段的内
在组织结构形态。朱希伟、金祥荣、罗德明（2005）认为我国国内市场分割

导致不同生产技术的企业都首选国外市场。耿帅（2005）提出产业集群存在共享性资源，并论证了集群企业竞争优势之间的关联性。孙洛平、孙海琳（2006）从交易成本的角度，认为产业集聚具有重要的制度优势，它用小企业之间的分工替代大企业内部的分工，避免了企业组织成本的同时还有效地降低了市场交易费用。徐康宁、王剑（2006b）指出：现代化的生产经营模式越来越强调时效性[18]，为了满足零售商及时供货的需求，生产者必须将一些生产模块配置于目标市场周边的国家和地区，以达到接近市场和降低成本两个目标的平衡。梁琦（2006）指出：集聚产生于规模报酬、收益递增、存在贸易成本、生产要素流动、不完全竞争等基本条件。林理升、王晔倩（2006）指出：运输成本差异形成了制造业在沿海地区的选址优势，劳动力高流动成本引起了地区均等化困难，它们将引发一系列区域经济不平衡问题。梁琦、詹亦军（2006）通过长三角沿江地区的数据分析表明：地方专业化带来技术进步，对制造业发展所起的作用很大，推动经济增长。刘修岩、贺小海、殷醒民（2007b）指出：东部沿海地区由于自身优越的地理位置和较厚的市场潜能以及由对外开放所引致的出口导向型战略，使中国制造业向这一地区集聚，而这种空间集聚又会进一步提高该地区的市场潜能，通过这种因果累积循环机制，东部沿海地区已逐渐成为中国制造业的中心地带。

此外，也有学者出于消除产业空间集聚导致区域差异的视角进行了研究。朱希伟（2004）通过克鲁格曼（Krugman, 1991b）引入部门间人口流动成本和地区间技术差异，认为新兴制造业可以在外围地区形成，并可以消除地区间差异。

（三）外部性视角的产业集聚生成机理

产业集聚和外部性互动研究是一个很值得研究的方向，理论和经验都做出了很多探索。贾根良、张峰（2001）指出：产业地理簇群只是前提条件，区域或地方化生产在全球竞争中要具有竞争优势，关键在于促进当地企业相互学习与创新的地方化能力的培育。梁琦（2004）通过区别两类知识，指出缄默知识和黏性知识的存在是知识溢出地方化的原因。梁琦也认为知识的黏性起了重要作用，缄默知识的溢出是高新技术园区的重要特点，信息流动是高新技术园区重要的知识传播机制。杨蕙馨、刘春玉（2005）指出默会知识溢出的基本前提是企业地理集聚。张华、梁进社（2007）认为产业集聚有利于降低市场风险和交易成本，有利于推动创新和竞争，能增强产业竞争力，也与产业增长和区域经济发展密切相关，因此对产业集聚效应的研究也能扩展区域空间组织理论和区域经济发展理论。张昕、李廉水（2007）探讨了制造业生产行为聚集所产生的各类知识溢出，包括知识的专业化溢出、多样化溢出和空间溢出，并从实证分析的角度验证它们对区域创新绩效的影响。事实上，知识各类溢出是以一定空间为边界的，要受到空间的限制。梁琦、钱学锋（2007）指出：产业集聚是金融外部性和技术外部性共同作用的结果，但是产业集聚与技术和知识外溢之间的内生性关系，至今尚未得到充分的解决，寻找有坚实微观基础的知识溢出模型，必须有动态的框架，这一直是理论研究的一个难点。

由于在一般均衡框架下考察的不可能性，以及外部性与产业集聚的理论和经验的分离研究使它依然任重而道远。

（四）外资进入视角的产业集聚生成机理

外资进入促成产业集聚生成是一个值得深入研究的理论课题。跨国公司的生产活动、组织活动以及企业战略和制度与产业本地化的关系，它的理论研究和经验研究仍然处于探索阶段。陈雪梅、赵珂（2001）提出香港金融服务业的中小企业集群是跨国公司对外投资形成的。贺灿飞、魏后凯（2001）指出：外商投资区位选择追求信息成本最小化的同时，也重视集聚经济。杨建梅、冯广森（2002）指出：台湾IT企业投资东莞初期，投资动机的首要因素是降低成本，主要是为了充分利用廉价的土地和劳动力资源，以及考虑接近香港的区位优势。朱英明（2002）指出：大中型外商投资企业部门间的空间联系有助于界定城市吸引外商投资环境的比较优势，在此基础上确立起在全国乃至全球的竞争优势。许罗丹、覃卫红（2003）指出：外商投资包括港澳台资本的出口导向型和外国资本的市场导向型两种投资类型，且外商直接投资的聚集效应明显。外商投资的前期资本存量通过"示范效应"和"推动效应"引起在华直接投资的增加，并且投资也会引起上下游和相关行业的再投资，从而也会带来投资的增加。王剑、徐康宁（2004）指出聚集经济（包括城市化经济和地方专业化经济）是影响FDI投资的最关键的要素。文嫣、曾刚（2004）指出：沿海地区由FDI驱动从事外向出口加工业的集群的产生来源于跨国公司非核心业务的转移或外包。李俊江、马颋（2004）提出地区聚集优势与合作优势共同构成了互联网时代信息产业跨国公司投资赖以生存和发展的基础。陈佳贵、王钦（2005）指出：根据中国产业集群形成机制，可以分为：内源传统型模式、内源品牌型模式和外商投资型模式，并且外商投资型模式往往是以外商投资为诱因的，主要集中在沿海一些外向型出口加工基地，但是由于以外资企业为主导，根植性较差，本地企业参与度不高。贺灿飞（2006）认为在空间上集聚、产业内联系较强的产业能够吸引更多的外商直接投资，进而引导外资在空间上聚集，并且前期外商投资对于跟进投资具有显著的示范效应、信息溢出效应以及产业联系效应，导致外资的产业累积效应。罗雨泽、罗来军（2006）通过研究表明外资企业、港澳台企业及内资企业都存在显著的共同偏好，这说明存在使这三类企业共同集聚的因素。赵伟、张萃（2007）通过对中国20个制造行业1999~2003年FDI渗透率与区域集聚有关数据的实证分析，找到FDI与这些制造业区域集聚的肯定联系，FDI的持续流入促进制造业空间集聚，推动中国经济增长。

总之，跨国公司的投资决策受诸多内部和外部因素的影响，反映的是外资企业的趋利性和全球战略。外商投资如何促进本地产业集聚，带动我国或区域经济发展以及劳动力水平提高等，这是需要考虑的关键因素。

（五）政策推动视角的产业集聚生成机理

区域经济增长是地方政府的头等大事，产业集聚为政策介入提供了很好的切入点。因此，政策制定要立足于决定区域产业集聚生成的重要因素，选择好有比较优势的具有关联强度大的核心产业，以专业化和分工网络创造出有吸引力的市场潜力环境，促进本地产业集聚生成。郑风田、唐忠（2002）提出广东沿海的特区政策和外资带来的产业链是珠三角形成大规模产业集聚的主要原因。任寿根（2004）认为新兴产业集群（如现代服务业、高新技术产业集群）的形成与制度因素密切相关。丘海雄、徐建牛（2004）指出：我国地方政府是集群技术创新的最主要行动者。毛传新（2005）认为要发展产业集聚，区域经济政策应有明确的空间和产业指向。张春法、冯海华和王龙国（2006）认为采取有针对性的政策措施，主动并且有选择地对产业转移进行必要的调节，引导产业集聚过程。于培友、奚俊芳（2006）认为高新技术产业集聚的选择必须基于世界经济发展的规律和全球产业的分工，根据本地区所具备的资源优势选择好本地区的主导产业。邓宏图、康伟（2006）考察了转轨条件下制度、技术外溢与集聚默示知识形成的内在原因，强调了地方政府提供政策的独特作用。陈雪梅、李景海（2008）指出产业集聚研究忽视了一些因素，如密集市场、知识联系和制度。此外，部分国内学者也从产业布局视角对此进行研究。刘世锦（2003）认为区域产业发展一定要有产业集聚的概念，并且要做好产业布局，落实到具体区域。刘天卓、陈晓剑（2005）通过微观企业选址模型，研究微观企业布局和产业集群的关系。李君华、彭玉兰（2007）从产业布局的角度，联系空间经济学各个分支对产业集聚的产生进行了梳理。

政策或制度与产业集聚生成密切相关。然而，究竟什么样的政策或制度对何种产业集聚生成推动作用更强，需要进一步的产业集聚分类以及产业集聚演进阶段考虑。

三、国内外经验研究综述

在 20 世纪 90 年代，理论学家提出了一种新方法来阐释为何一些地区吸引了不成比例的经济活动，即新经济地理学（New Economics Geography）。它重视贸易成本和企业层次的规模经济（Scale Economies）作为产业集聚的来源。新经济地理学以可观测的集聚格局开始，并且以一个共同策略过程为前提。通过这个过程，生产者和消费者共同设址来利用厂商层次的规模经济，同时最小化贸易成本。新经济地理学重视前向和后向贸易联系作为可观察到的经济活动空间集中的来源。如果要全面理解和剖析经济活动地理集中，新经济地理学模型由五个重要成分可以与其他研究方法区分开来：（1）内生于企业的规模递增收益。新经济地理学模型假定，对于每一个厂商来说，有一个不可分的固定成本。新经济地理学模型没有假定任何形式的纯技术外部性，而纯技术外部性将直接导致外部规模经济。（2）不完全竞争。由于企业内部递增收益，边际成本低于平均成本。因此，我们不能假定完全竞争，因为企业无法支付所有成本。大多数文献假定的特殊市场结构和需求函数形式来自于迪克西特和斯蒂格利茨（Dixit and Stiglitz，1977）的垄断竞争模型。（3）贸易成本。企业投入和产出可以在区域之间贸易，但是会引致成本。新经济地理学常常假定这些成本是可贸易产品额的一定比例。（4）内生的企业选址。为了应对每一地区的获利性，企业可以自由进入和退出。企业递增收益假定暗含着，企业有动力选择唯一的一个生产地，提供给一定范围的消费者。如果厂商层次的固定成本可以忽略不计［如：麦当劳（McDonalds）、肯德基（KFC）］，企业可以在任何地方复制。（5）内生的需求区位。每一区域的支出依赖于企业的选址。对于需求的迁移性，我们提出两个机制：（1）可迁移的工人在他们工作地消费（Krugman，1991a）。（2）下游企业需要上游企业的产出作为投入品（Krugman and Venables，1995）。成分（1）~（4）在新贸易理论文献中出现过，尤其是，它们生成了国内市场效应（HME）（Krugman，1980）。在这些假定下，通过初始区域规模的不对称扩大产生集聚。相对于新贸易理论，新经济地理学的主要新颖之处是假定（5）。没有假定（5），对称的初始条件会导致对称的结果。在所有的五个假定下，初始对称格局会被打破，通过累积因果关系（Circular Causation），将会形成产业集聚。此外，海德和梅尔（Head and Mayer，2003）指出："克鲁格曼（Krugman）和 20 世纪 90 年代新经济地理学的其他贡献者对传统的区域科学和区位理论知之甚少。"新经济理学走进经济地理源自"新贸易理论"的视角。但是，贸易和劳动力增长是同等重要的。如果贸易完全无成本，生产和区位无关。如果存在贸易障碍，工人有动力迁移到拥有更多劳动力的地区。我们考虑极端的情形：不存在产品贸易，劳动完全可移动。那么，较多人口的地区将会拥有较高真实工资和更多种类的产品，它将会导致工厂迁移。在均衡状态，所有工人将集中一个地区。哪一地区将最终拥有全部人口依赖初始条件；在出现递增收益的情况下，历史起作用。

海德和梅尔（Head and Mayer，2003）回顾了新经济地理学经验研究的最新成果，提出了可用于经验研究的五个理论命题，并且通过文献回顾发现贸易、运输成本和企业层次规模经济是集聚的来源仅得到有限的支持。（1）国内市场效应（Home Market Effect）：对于收益递增的产业来说，较大的本地市场需求会导致该地生产超出本地需要的产品，并且这些地区是收益递增产品的净出口者。（2）较大的市场潜力提升本地要素价格：较大的市场将会增加对生产要素的需要，这会导致要素价格上涨。（3）较大的市场潜力导致要素流入：生产要素将流向支付更高价格的地区。（4）运输成本（或贸易成本）不断下降会导致产业集聚：这意味着经济一体化会导致生产活动和生产要素的集聚。（5）冲击敏感性：经济环境发生改变会引发经济活动均衡的空间分布发生严重的和永久性的变化。然而，产业集聚的经验研究方面还处于起步阶段，研究成果多见于不同学术论文和著作。布雷克曼、盖瑞森和施拉姆（Brakman，Garretsen and Schramm，2006）指出新经济地理学的经验研究依然非常有限。

本书试图归纳出产业集聚经验研究的主线，并且列出需要未来进一步研究的富有挑战的问题。里默和莱文森（Leamer and Levinsohn，1995）劝告经验学家要走中间道路，不要"把理论太当回事"，也不要"对待理论太随意"。藤田昌久等人（Fujita et al.，1999）和尼瑞（Neary，2001）指出新经济地理学（NEG）必须通过经验检验来证明它最终的有用性。鲍德温等人（Baldwin et al.，2003）指出：需要致力更多的研究，来检验新经济地理学框架的经验有效性或者证伪。奥维曼等人（Overman et al.，2001）和汉森（Hanson，2001）较早进行了新经济地理学经验研究的回顾。此外，布雷克曼等人（Brakman et al.，2001）详细介绍新经济地理学许多经济研究成果。海德和梅尔（Head and Mayer，2003）指出："新经济地理学的理论已经充分发展，但是经验研究文献仍然无法在方法和结果方面有所突破。"新经济地理学的经验研究难点在于没有一致同意的回归估计，也没有一致的因变量。因此，新经济地理学产业集聚经验研究在许多方面很难进行比较。德鲁安顿和蒲加（Druanton and Puga，2004）指出经验证实和分离产业集聚生成机理是非常困难的。布雷克曼、盖瑞森和施拉姆（2006）利用 EU 区域数据估计了工资方程，发现在新经济地理学产业集聚的经验研究目前存在很多局限。布雷克曼和盖瑞森（2006）认为直到现在，仍然缺乏对新经济地理学产业集聚的坚实的经验支持，并且在经验研究方面，区分新经济地理学的产业集聚理论和其他相关理论是很难的。

由于传统区位理论分析是在外生要素供给和不变规模收益的基础上，新经济地理学的理论特征是放大效应（Magnification）、区位分岔（Bifurcation）、多重均衡（Multiple Equilibria）和灾难（Catastrophe）的可能性（Head and Mayer，2003）。海德和梅尔（2003）也指出：尽管理论仍然在被消化，大量的新的经验研究已经进行。由于要验证包含累积因果关系的理论，它带来了很多困难，并且导致了方法的多样性。因此，它也造成了经验比较的困难。海德和梅尔也特别指出："尘埃还没落定！"新经济地理学依然需要更多的理论解释和经验研究。尤其是，海德和梅尔指出：新经济地理学经验研究的方法设计需要紧密联系理论，不应该仅仅依赖于模型特色。尽管这样易于处理，阐述清楚，但是缺乏现实性。相反，我们应该关注验证本质的、有区别的模型特色，它让我们能够去证伪它们或者支持其他解释。贝伦斯和蒂斯（Behrens and Thisse，2007）指出：来自新经济地理学的两地区模型的预测和结果扩展到多地区系统，它的适用性还值得进一步研究。此外，他们也指出新经济地理学模型依赖垄断竞争的非常具体的模型，主要是迪克西特和斯蒂格利茨（Dixit and Stiglitz，1977）模型，因此这样的模型缺乏标准的一般均衡理论所要求的一般性。由于建立包含不完全竞争和递增收益的一般均衡模型遇到的概念和技术困难，一般均衡模型的工作仍然超出目前研究能力的范围。

最近，国内外涌现出大量经济地理（Economic Geography）的经验研究，主要有三条主线：第一是检验（或考察）生产或出口倾向于集中在大的国家或地区市场，即是否与哈里斯（Harris，1954）的市场潜力和克鲁格曼（Krugman，1980）的国内市场效应（HME）相一致（Davis and Weinstein，1999、2003；Head and Reis，2001；Hanson and Xiang，2004）。汉森（Hanson，2005）通过检验美国工资和消费者购买力的空间相互联系，力图弄清区域需求联系是否有助于空间集聚；他的估计结果表明：区域间需求联系是强烈的和随着时间而不断增长的，至于地理范围确实是非常有限的。需求联系可以在空间上扩展，一个地区的收入冲击会影响其他地区。米尔纳等（Milner，Reed and Talerngsri，2006）指出日本在泰国的直接投资是由于特别的出口优势而形成生产集聚。奥塔维亚诺等（Ottaviano and Pinelli，2006）通过利用芬兰1977~2002年间数据，揭示了新经济地理学（NEG）中集聚力的"黑箱"，分析何种联系（如：成本、需求或设施状况）在决定集聚力的强度方面更为相关；他们也调查了是否联系对于企业和工人非常重要。他们指出芬兰数据支持了新经济地理学的两个预测[19]，他们也认为在芬兰的新、旧两个阶段需求和成本联系而不是生活成本联系证实产业集聚。此外，国内学者也对此进行了相关研究。张威（2002）提出：产业集聚是提高装备制造业竞争力的重要途径，影响中国装备制造业产业集聚的因素有：（1）区位优势及社会经济发展水平是装备制造业发展的基础；（2）吸引和利用外资是装备制造业发展的强大推动力；（3）资本结构多元化是装备制造业发展的活性因子。吴学花、杨蕙馨（2004）通过中国制造业产业集聚的实证研究，指出东部沿海地区已经形成较规范的市场环境，具备了较完善的基础设施，政府服务能力较强，消费前景广阔，进出口便利，各种资源汇聚，对许多产业形成了较大吸引力，且这种集聚具有进一步强化的态势。罗勇、曹丽莉（2005）通过对中国20个制造行业1993年、1997年、2002年和2003年的集聚程度进行测定，表明江苏、广东、山东、浙江、上海五省市是主要集聚地域。王业强、魏后凯（2006）利用中国31个省区市1980~2003年制造业行业数据进行了分析，提出我国制造业地理集中现象的经验解释：（1）市场机制的形成是促使我国工业向优势地区集中的重要条件；（2）外商投资是影响我国工业向沿海地区集中的主要因素；（3）东部地区优越的产业配套环境构成了工业地理集中的拉力因素；（4）产业竞争环境的变化进一步推动工业行业在地理上向沿海集中；（5）政府能力及政策因素仍是工业地理集中的一个影响因素。路江涌、陶志刚（2006）利用国家统计局1998~2003年间工业企业数据库，考察中国制造业的区域聚集程度，指出由于我国相互关联的制造业（同一行业内和相关行业）相互吸引、相互作用生成共同聚集的效果。刘修岩、贺小海、殷醒民（2007b）通过一个关于制造业空间集聚影响因素的新经济地理学模型，使用1999~2004年210个中国地级城市的面板数据，对地区市场潜能等与其制造业空间集聚程度的关系进行经验分析，表明市场潜能对制造业空间集聚具有显著为正的影响。范剑勇（2008）指出："中国产业集聚的机制可以概括为要素流动性增强、制造业最初的地区差距、制造业本身的规模报酬递增特点等一起作用形成的累积循环机制"。

第二是考察技术如何在空间传播，并且它反过来如何影响贸易和产业区位（Eaton and Kortum，1999，2002；Keller，2002）。卢臣泰和斯特雷奇（Rosenthal and Strange，2004）指出：尽管存在知识溢出，但经验研究验证知识溢出很困难。亨德森（Henderson，2003）关注马歇尔外部性，但在估计欧盟对手的外部性时，由于数据限制产生很大的问题。库姆布斯和奥维曼（Combes and Overman，2004）表明由于数据问题和方法错误，集中在欧盟国家的区域或地区研究是描述性的或者是有限的。罗森塔尔和斯特雷奇回顾了集聚经济性质和来源的经验研究，并为外部规模经济的微观基础（如劳动力共享市场、投入品共享和知识溢出[20]）作为集聚和区域专业化的来源提供了证据。它们主要是关于集聚经济理论的经验研究。哈夫纳（Hafner，2008）指出大量文献认为溢出效应是产业集聚主要来源之一，但是经验研究仍旧没有得到很好的解释。由于外部性在经验方面是很难证实的，至今中国这方面的经验研究还比较薄弱。李凯、李世杰（2005）通过沈阳装备制造业集群的分析，提出技术和知识的共享影响到装备制造业集群要素的耦合度，地方政府产业制定政策应该考虑官产学研的研发合作以及装备制造企业在共性技术的创新协同。张杰、刘志彪、郑江淮（2007）指出：通过342家江苏省制造业企业问卷调查所提供的样本，实证考察了产业链定位、分工和集聚效应三个因素对企业创新强度的影响效应，提出集聚效应为对我国现阶段微观企业创新活动产生积极影响。王业强、魏后凯（2007）通过对1995~2003年间中国28个两位数制造业的面板数据的计量检验，提出我国制造业地理集中主要由产业的技术偏好、市场规模和产业关联等因素推动，制造业地理集中表现出较为明显的区域技术外溢效应。

第三是考察接近其所提供产品较大市场的国家或地区是否收入也较高，即与新经济地理学模型相一致（Hanson，1996，1997；Redding and Venables，2004；Head and Mayer，2004）。企业期望在更多就业人口的地区设址，这样，就可以以较低的运输成本来为较大的本地消费市场提供产品。在较大的市场设址的成本是更高的工资，它源自高的住房成本和办公成本。藤田昌久等（2001）通过研究中国1985～1994年间的区域不平等，指出收入不平等在沿海地区和内陆之间不断扩大，产业生产有强烈的趋势向沿海地区集聚。海德和梅尔（2006）指出人力资本和市场潜力对地区工资差距有重要作用。然而，克纳普（Knaap，2006）指出经济地理模型对美国州层次的工资差距解释非常有限。国内学者也对此进行了相关研究。李国平、范红忠（2003）指出：今后一段时期内，东部地区对生产活动的集聚力仍将大于分散力，在市场经济条件下，更多的资本将不可避免地流向东部地区，生产将进一步在该地区聚集，而如果人口流动继续受到限制，生产与人口分布的不一致性必然更加扩大，并导致更严重的地区经济差异。范剑勇（2006）利用中国2004年地级城市和副省级城市的数据，表明多数省份，特别是沿海地区的劳动生产率对就业密度是正弹性系数，才导致非农产业存在着空间上的规模报酬递增的特征，通过累积循环机制是地区间经济发展发生极化，地区间劳动生产率、平均收入不断差异化。王小勇（2006）基于新经济地理学空间工资结构理论，运用1997～2004年省级面板数据，从市场潜力、产业外部性和城市外部性三个方面考察现阶段中国地区工资差距的变化趋势，表明市场潜力的空间分布与产业和城市的外部性是造成中国地区工资差异的重要因素；由于非农产业向东部沿海省份集聚促使东部地区制造品和服务的高潜在需求的形成，而这种集聚效应又通过循环累积机制促成了产业在东部地区的路径锁定，进一步扩大了东部地区的市场需求，从而提高了当地工资水平，拉大了东部与中西部地区的工资差距。刘修岩、贺小海、殷醒民（2007a）通过建立一个关于地区工资差距的新经济地理学模型，使用1998～2004年中国地级面板数据，对影响中国地区工资水平的新经济地理及其他因素进行实证检验，表明一个地区的市场潜能对其工资水平具有显著为正的影响。刘修岩、贺小海（2007）利用1999～2004年中国地级面板数据并运用动态面板数据的计量方法，表明地级区域的市场潜能、人口密度等经济地理因素对非劳动生产率都存在显著为正的影响，也为地区收入差距的成因和机制作出新的解释：改革开放以来，对外开放引致的出口导向型战略和东部沿海地区本身较大的市场潜能和较高的劳动生产率使得制造业向东部沿海地区集聚，而这种空间集聚又会进一步提高该地区的市场潜能和劳动生产率，通过这种因果累积循环机制，东部沿海地区已逐渐成为中国的经济中心带，西部地区则逐步沦为经济外围地带，其直接表现就是地区间差距持续扩大。

当然，由于实际数据无法表明理论的某些特征，因为模型表明的仅仅是简化假定的结果而不是由理论提出的基本机制的结果，所以导致经验研究错误地拒绝理论。因此，产业集聚生成机理的经验检验还处于"婴儿"阶段，并没有大家一致认可的证据。这主要由于理论和应用检验的"缺口"：理论学家无意把他们的洞察力转换成清晰的可供检验的预测；经验主义者并不理解理论的确切含义。

四、评论和启示

归纳起来，这些理论和经验研究从不同角度对产业集聚生成进行了解释，但是仍然存在着缺陷：一是产业集聚内涵没有清晰一致的解释，而这是理论研究和经验研究的起点；二是不同理论依据的对象和视角各异，缺乏可比较性和理论及经验研究得不够系统深入；三是国外依据国外实际提出的理论和经验研究与我国国内侧重对策研究形成较大的距离，要更好解释中国地方经济的现实需要经验研究进行证实和拓展。

总之，研究工作的开展始于对研究对象的清晰认识。区位、位置和场所与生产、分配、交换和消费的经济过程有关，新经济地理学应该作为经济学的一个核心分支学科回归到主流经济学。此外，新经济地理学理论研究的深入和模型的不断拓展，模型中难以量化的因素因而被舍弃掉的变量越来越得到重视，在新经济地理学前沿研究中空间的异质性、运输技术的发展、知识联系等不断被纳入新经济地理学的理论框架中，并出现一系列新的成果。这样，更加需要构建一个系统化的理论分析框架。然而，产业集聚不仅仅是产业格局的描述，即经济活动在何处集中，而且产业集聚也是生产集中和要素集聚的过程。产业集聚在少数地区，其原因可能包括初始条件、企业家才能、内部规模经济、外部规模经济以及相关制度安排等。

第三节　研究内容、思路及框架

由于生产力发展和三次社会分工，手工业从农业中分离出来，商品交换也就进一步发展起来，出现了集市；许多手工业者纷纷聚居到这些集市附近，因此，逐步形成了许多和乡村分离的手工业活跃的城市。城市大都是适应经济的要求，随着工商业的发展而自然形成的。此外，对经济效率[21]的追求和经济制度的演变是人类社会一切进步和文明的基础原因。分工不仅会形成不同的产业结构，而且在空间上也会形成这种分工和协作的地理形式，这就是在一定空间内（如城市或者城市郊区等）的产业集聚。城市是集聚在地理上的实现形式。集聚经济是指供给和需求两个方面都集中带来的经济，是由若干个不同的多维经济性因素组成的综合型经济。制造业集聚、居住集聚、商业集聚等，是区域集聚经济的具体组织形式，本书主要分析了基于一定市场范围（如城市）的制造业集聚。

在某种意义上，一国经济是由区域经济构成的，而区域经济是由集聚经济构成的。因此，要洞悉一国经济，就要理解其区域经济；要理解其区域经济，就要剖析其在空间的产业集聚。产业集聚有的是靠自发的市场力量产生的，有的是借助于外部的非市场力量形成的。我们要面对的问题是，为什么同类产业或相关产业会出现地理空间的集聚？人们对这个问题的答案莫衷一是，更因各自的研究视角和依据经验研究对象的不同而各异。为了能够从理论上揭示引起地理空间上产业集聚的生成机理，本书认为有必要撇开产业的特殊性，选择制造业[22]这一更为一般的角度来研究产业集聚及其特征。为了行文的方便和研究的易处理性，本书的产业是指具有某种同类属性的企业经济活动的集合[23]（如制造业），本书的产业（如无特别说明）具体特指制造业[24]。

产业空间集聚是经济活动最突出的地理特征，也是一个世界性的经济现象。众多学者对于产业集聚的内涵有多种理解。波特（2002）指出集群是在某一特定区域下的一个特别领域，存在着一群相互关联的公司、供应商、关联企业和专门化的制度和协会。王缉慈（2002）指出：产业群是一组在地理上靠近的相互联系的公司和关联的机构，它们同处在一个特定的产业领域，由于具有共性和互补性而联系在一起。徐强（2004）指出：小而言之，产业集聚是指同类或者关联企业由于各种原因在某一区域内出现集中的现象；大而言之，产业集聚是某产业部门或者某些产业在地域上出现集中布局的状况。范剑勇、王立军、沈林洁（2004）指出：产业集聚是一个国家内区域层面上的产业空间转移与聚集。孙洛平、孙海琳（2006）提出形成产业集聚的过程可以称之为产业集聚。袁志刚（2007）[25]提出，产业集聚是产业的地理集中，是指多数产业集中在某一区域，而集聚是指某一个产业集中在一个地区，形成地区专业化生产的态势，并达到最大程度利用规模报酬的好处。本书认为产业集聚不仅是产业格局的描述，即经济活动在何处集中，更重要的是产业集聚是生产集中和要素集聚的过程。因此，产业集聚是指促进特定产业与关联产业以及支撑产业在一定地域范围内的集聚格局以及特定产业和相关产业引致的生产集中和要素集聚的过程。具体来说，研究产业集聚内部企业衍生的动力因素，大致可以分为两类：一是内部规模经济因素，如专业化分工、产品差异化、递增收益等；二是外部规模经济因素，如公共物品投入、专业化服务、共享劳动力市场等。此外，产业集聚生成不仅仅是依赖于有形资源（如区域自然资源及所拥有的厂房、机器、金融资本），而且很大程度上也依赖于创业者所需的无形资源、社会因素以及区域经济发展政策等。

本书总体上遵循了从一般到具体的分析思路，主要沿着四个方面展开：

（1）产业集聚生成机理的具体研究内容。本书主要阐释促使产业集聚的五个生成机理：根植性机理、策动性机理、动力机理、自增强机理和触发性机理，具体内容如下：

初始条件与社会资本：根植性机理。新经济地理学产业集聚的第一代模型假定初始条件相同的两个地区在偶然性因素的冲击下，两个地区产业活动逐步变得不平衡，产生分岔，对这种解释一直受到理论学家和经验研究的质疑。本书试图利用企业在特定经济空间的集聚源于其根植性（Embeddedness），即企业运行不是一个单纯的独立领域，它深深地嵌入于初始条件、历史以及社会文化和社会制度等社会资本之中，并结合最新研究成果和相关学科理论重新予以更加合理和令人信服的解释。

企业家与企业选址：策动性机理。产业集聚实际上是企业区位选择的宏观表现，企业是形成新的经济地理的行为主体。企业家通过空间区位的资源配置把生产要素内生化，而产业集聚作为地缘现象则反映了企业家的敏锐嗅觉和创新精神。

内部规模经济：动力机理。新经济地理学的产业集聚是基于本地化需求，由于报酬递增所形成的产业规模经济与国内市场效应的相互作用所带来的市场潜力促成产业不断扩大的累积循环因果关系。

外部规模经济：自增强机理。企业追求外部规模经济，即企业层面的规模报酬不变，社会层面的规模报酬递增。外部规模经济具有正反馈机制，即一旦产业集聚在某些地区，外部经济就会成为新的企业选择这一区位的推动力，这一自增强机理促进集聚体进一步产生更大的外部经济。

冲击与预期：触发性机理。给定市场潜力和累积循环因果关系效应的存在，众多微观经济分子的共同预期具有自我实现（Self-fulfilling Prophecy）的倾向。从这种意义上说，任何短期冲击或预期变化都会有其长期后果。政府的积极作用主要体现在顺势而为，创造好的外部环境和制定基于本地区的产业政策以及利用特殊的经济空间：城市高技术开发区等产业集聚区。

（2）产业集聚生成机理的经验研究。产业集聚理论结出了丰硕的成果，并被不断地向前推进，文章在上述的产业集聚五个生成机理的基础上，进一步对产业集聚生成机理对应的五个理论命题进行经验研究。

（3）产业集聚与提升区域竞争力的新构想。

（4）区域经济发展与政策转向。

第四节　研究方法

经济学家常用模型来了解世界，通常使用图形和方程式组成的模型[26]。因此，新经济地理学应用经济学模型化的研究方法进入主流经济学[27]的殿堂，经济学模型化研究方法的最大特点是使用假设—推理（或演绎）的理论表述体系。由于主流经济学假设—结论的逻辑推理关系，理论和经验研究注重数学形式化的简洁美观。然而，科学始于假设，假设从属于思想。产业集聚是一个受到政治、经济、社会、文化等众多因素影响的综合经济现象，为了使本书提出的理论具有较高的适用性，本书尽可能在基本层面上去探索生成产业集聚的因果关系，而不是简单地强调和突出某一方面的因素。因此，本书主要借鉴和运用新经济地理学的观点和方法，综合运用其他研究方法。这样，本书的分析框架具有可比较性和可分析性。

（1）实证分析和规范分析。实证分析和规范分析是经济学的两种基本分析方法。实证分析主要回答"是什么"的问题，不涉及价值判断。本书交叉运用了经验性实证研究和理论性实证研究[28]。本书对新经济地理学的产业集聚理论以及相关理论研究进行归纳概括，形成产业集聚的五个生成机理。通过对产业集聚各因素之间的联系和各变量之间关系，以及总体变化趋势的研究，建立起描述这些关系和趋势的相应模型，以便揭示产业集聚的生成规律和机制。在上述理论归纳的基础上，对产业集聚生成机理的理论命题进行经验验证。规范分析主要回答"应该是什么"的问题，它一般以一定的价值判断为基础。结合我国产业集聚发展的国情，对我国产业集聚政策的制定和产业空间集聚的发展提出政策建议。

（2）系统分析和案例分析。产业集聚是区域经济系统的各要素组成和组合结构不断变动和协调的产物。因此，本书融和了系统论的分析方法。理论的生命源于实践，本书利用虎门服装产业集聚的详细实际资料，具体分析产业集聚的社会经济条件，对产业集聚的发展进程进行实证性分析。

（3）动态和非均衡分析。区域经济发展和产业集聚是一个长期演变的动态过程。因此，对于动态系统的分析，必须将均衡分析与非均衡分析结合起来，主要考察产业集聚不均衡发展的生成过程及要素"诱使"的内在逻辑关系。具体来说，既借鉴新古典主义的竞争均衡分析，又吸收新增长理论的动态最优均衡分析。

（4）历史和制度分析。在产业集聚的发展过程中，历史、社会、人文等因素，起着十分重要的作用。历史和偶然因素作为重要的外生变量，影响市场主体的经济决策和经济行为。制度创新和制度"诱致"是企业和政府双向作用的主要工具，对产业发展和区域推动有着重要的促进作用。

第五节　理论意义和实际价值

产业在地理空间上集聚，能够形成相对竞争优势，是一个世界范围内的普遍现象。长期以来，从世界各国产业分布情况都可以观察到产业集聚现象。理论学家们一直试图揭示产业集聚现象背后的生成机理，探求产业集聚生成过程中的内在机理，从区位理论、贸易理论、城市理论以及增长理论，一直无法圆满地解答产业活动在区位空间集聚的原因。

自 20 世纪 90 年代以来，理论学家们发展了一种新的方法，即新经济地理学（New Economic Geography，NEG），它采用空间模型化方法使得其进入主流经济学之列（Ottaviano and Thisse，2004），来解释众多经济活动在某些地区集聚的成因。NEG 是一种经济地理的方法，它建立在主流产业组织和国际贸易理论的最新发展之上。新经济地理学革命是报酬递增革命的延续及其在经济地理学领域的最新进展。新经济地理学是沟通贸易理论和增长理论的桥梁，通过向经济地理学引入不完全竞争和报酬递增，借助分工（专业化生产）与多样化消费之间的"两难冲突"[29] 与运输成本及其变化对这一矛盾的非线性作用，新经济地理学可以在继承经济地理学研究传统的基础上，进一步深层次解释外部经济的微观基础和驱动产业空间集聚与分散的内在动力。新经济地理学是根据正式的一般均衡微观理论来解释经济活动的空间集聚，以及在国家范围内或国际范围内出现中心—外围（Core-periphery）结构。广为人知的是，新经济地理学强调贸易成本和企业层级的规模经济的相互作用作为产业集聚的源泉。本书充分吸收和借鉴新经济地理学的研究成果，并融合其他理论研究成果，首次对产业集聚的生成机理从根植性机理、策动性机理、动力机理、自增强机理和触发性机理相互支撑的进行全面解释，从而建立产业集聚生成的一般分析框架，促进政策制定者决策的科学性和实施的可操作性。本书的理论建构具有更多的探索性和解释性，可以弥补国外研究得不够系统和国内研究得不够深入。此外，本书利用虎门服装产业集聚来验证产业集聚生成机理的五个理论命题，有利于将来的理论研究和我国地方政府制定合意的区域产业集聚政策。

产业集聚生成机理研究可以推动地方政策制定和提升产业竞争力及区域竞争力提供途径。区域产业发展是紧密地与产业集聚结合在一起的。不论全国还是某个地区，产业发展都不是抽象的概念，而是要具体地落实到某个具体区域。产业集聚作为一种区域组织形式，可以通过规模经济、要素迁移和市场扩大获得发展空间，对区域经济的发展和区域竞争力的提升起着重要作用，并逐步成为地区经济发展的主要模式。产业集聚研究可以推动理解区域空间格局形成的深层原因，并能动态化阐释区域发展过程以及为推进区域经济发展提供出路。然而，产业集聚的重要依托是本地化的行为主体，只有通过本地化的根植性，才能从本地环境中持续汲取创新源泉。新经济地理学向经济系统中加入报酬递增可以更好地解释空间上产业集聚和扩散的机理。但是，报酬递增的引入导致新经济地理学模型出现多重均衡状态。多重均衡的存在为政策介入提供了合理的理论基础。

第六节 本章小结

本书抓住核心概念"产业集聚"进行剖解，构筑理论分析的起点，并针对国内外研究的不足，进而构建产业集聚生成机理的一般理论框架。本书按照引出研究对象（即产业集聚生成）——剖析产业集聚生成机理（理论和经验研究）——提出产业集聚与区域经济发展的出路的内在逻辑线索进行。

产业集聚是在特定地区产业分工以及在此基础上所能达到的规模经济程度。由于企业尽可能使生产规模进一步扩大，促成企业内部规模经济。当产业持续增长，尤其是在特定地区集聚时，会出现熟练工人市场和相关附属产业以及专门化的服务性行业，进而改进交通设施和其他基础设施，会生成产业外部规模经济。此外，我们比较区位理论、新经济地理学框架和马歇尔外部性的集聚来源，产生下面两种分类：第一，新经济地理学框架的企业规模递增收益和产业内相互作用（Hirschmann（1958）的成本——需求联系）对应于马歇尔外部性产生第一类别：产业内部规模经济。第二，产业间相互作用（新经济地理学的国内市场效应）对应于马歇尔外部性产生第二类别：产业外部规模经济，它们特别依赖集聚的规模和公共物品的提供。产业内部规模经济和外部规模经济是本书分析的重点内容。

本书通过对产业集聚生成机理进行理论构筑，力图得到更加令人信服的解释，并提出产业集聚生成机理的五个理论命题进行经验验证，本书重点解决的问题有：（1）通过区域、企业、产业和制度四个层面对产业集聚的生成进行全面的分析和系统化的阐述。（2）对产业集聚模型中所归结的初始条件过于笼统的描述进行深入的探究和挖掘，并以根植性机理对产业集聚初始条件和社会资本予以重构。（3）对企业家决定经济活动的空间分布的作用予以放大，并且强化了企业家促成生产要素内生化以及策动产业集聚生成。（4）重塑和理清产业内部规模经济以获得和促进递增收益为核心的动力机理。（5）建立以外部经济为基础的外部规模经济作为产业集聚的自增强机理。（6）通过引入系统性冲击，在经济体预期作用下，阐述产业政策介入和产业集聚生成的触发性机理。（7）对产业集聚生成机理的理论命题进行经验检验。（8）提出产业集聚与提升区域竞争力的新构想。（9）着重指出推动区域经济发展的升级逻辑与政策转向。

注释：

[1] 自从 19 世纪，法国经济学家列昂·瓦尔拉斯（Leon Walras）提出一般均衡理论和方程。到 20 世纪中期，数学天才约翰·冯纽曼及美国诺贝尔经济学奖得主阿罗（Kenneth Arrow）和德布鲁（Gerard Debreu）运用数学工具证明了竞争均衡的存在性。阿罗－德布鲁模型强化了一般均衡分析方法，进一步确定了新古典经济学一般均衡分析在主流经济学中的地位，也导致了模型形式化问题。

[2] 由于新古典学派偏好边际理论，其研究对象必须是连续且能微分的，而空间因素的系统结构往往不具有连续性而被排斥在外（也在事实上使得空间要素难以融入经济学分析框架中）。同样，古典学派一般假定要素有完全的流动性。若假设成立，在市场机制作用下，各要素的供给自然就从富裕地区流向稀缺地区，以致要素价格、成本和收入最终区域均等化，也就不存在所谓的区域经济发展论题。

[3] 李嘉图（1821）的《政治经济学及赋税原理》在经济学历史上对空间理论形成了消极的分水岭。通过将土地自然条件差异表现为土地生产力的不同，弱化了空间真正所起的作用，李嘉图有效地将对空间的考虑从他的分析体系中删除了。李嘉图（1821）在阐述他的地租理论时，认为地租是土地生产力的差异带来的。他主要是分析土地生产力的差异产生地租，也提出可以改良土地和使用机器来提供土地生产力，而表面上掩盖了土地真实自然条件的差异。因此，后来经济学家分析就重视土地生产力的提高。当然，从经济学家面对的问题也可以得到解释，就是要提高土地生产力解决人口增多的食物问题。马歇尔（1920）认为："问题的不同之处主要在于空间的区域变化和市场扩展的周期，其时间的影响因素相对于空间来说更为重要。"他的这一论断常常被认为是主流经济学忽视空间问题的直接反映。主流经济分析普遍采用一般均衡分析方法作为理论可比较的基石，因此经济学理论也从根本上遗失了空间和时间。因为空间问题可以通过界定商品的物理属性来加以处理，因此一旦我们有了标准化了的商品，就可以不用考虑经济活动的空间配置，也不用理解运输和土地的作用。

[4] 波特的钻石模型、集体效率模型、全球价值链模型（Global Commodities Chain，GCC）、弹性专业化模型是比较知名的四个产业集聚分析理论（郑风田、唐忠，2002）。

[5] 在全球层面的研究，产业集聚主要侧重国家间经济活动的区位，如北美自由贸易区（NAFTA）、欧盟（EU）和东盟（East Asia）。大多数欧洲学者关注集聚，源于研究是否一个更加一体化的欧洲市场将会导致产业更加空间集聚。

[6] 从基本思想来看，屠能的农业区位论试图通过生产者个体的决策来解释生产活动的宏观地理分布现象，即建立宏观经济地理现象的微观行为基础。从表述方法来看，屠能

使用的是模型化方法，为我们提供一个基本分析框架。

　　［7］韦伯是工业区位理论的奠基人，第一个全面而系统地论述工业区位。

　　［8］韦伯（1909）指出运费下降带来的收益是地租。

　　［9］Harris（1954）将市场潜力用一种与空间距离成反比的加权购买力来表示。

　　［10］这里的垄断竞争主要借鉴 Spence（1976）、Dixit 和 Stiglitz（1977）的研究。

　　［11］决策成本，如迁移成本、时间折扣率等。

　　［12］一个上游企业和两个下游企业。

　　［13］Amiti（2005）将 Krugaman（1991a）的一要素模型扩展到两要素：劳动力和资本模型。

　　［14］赫希曼（1991）认为，如果一个国家的经济增长率先在某个区域发生，那么它就会对其他区域产生作用。为了解释方便，他把经济相对发达区域称为"北方"，落后区域称为"南方"。北方的成长对南方将产生不利和有利的影响，分别称之为极化效应和涓滴效应。涓滴效应体现在，在互补情况下，北方向南方购买商品和向南方投资的增加，会给南方带来发展的机会，刺激南方的经济增长。此外，北方吸收一部分南方潜在的失业人口，并由此提高南方的边际劳动生产率及人均消费水平。极化效应有以下几个方面：在国内贸易中，北方由于经济水平相对高，在市场竞争中处于有利地位。在出口方面，南方由于生产效率相对较低，无法与北方竞争，导致出口的衰退。特别是，如果北方生产进口替代性产品，南方原来可以按较低价格进口这些产品，现在不得不在高额关税保护下向北方购买。随着北方的发展，南方的要素向北方流动，从而削弱了南方的经济发展能力，导致其经济发展恶化。由于北方的经济增长对劳动力需求上升，特别是对技术性劳动力的需求增加较快，同时，北方的劳动力收入水平高于南方，这样，就导致南方的劳动力在就业机会和高收入的诱导下向北方迁移。结果，北方因劳动力和人口的流入而促进了经济的增长，南方则因劳动力外流特别是技术人员和富于进取心的年轻人的外流，经济增长的劳动力贡献（实际上也包括了智力的贡献）减小。再就是资金的流动。显然，北方的投资机会多，投资的收益率高于南方，南方有限的资金也流入北方。而且，资金与劳动力的流动还会相互强化，从而使南方的经济发展能力被削弱。

　　［15］赫希曼是世界著名的发展经济学家和"不平衡增长"理论的创立者。

　　［16］王珺（2005）提出我国产业集群的形成机制可以概括为嵌入型与原发型。

　　［17］范剑勇、杨丙见（2002）指出人口总量尤其是城市人口的持续快速增加保持了对中西部地区制造业较强的外部需求。

　　［18］如需要及时生产和敏捷零售，由于运输成本可以转嫁给消费者，但是时间要求及部分商品特殊品质要求，使得距离对时效性有特殊意义。

　　［19］新经济地理学模型的两个预测是：第一，通过促进工人和企业集聚，劳动力迁移和"松脚"产业专业化阻碍了生产力和设施状况的区域收敛；第二，更好享有市场和供给者的地方生成集聚。

[20] 外部经济的来源最早由 Marshall（1890）提出。

[21] 桥本（2001）提出如何在尽量短的时间内，用尽量少的钱获得尽量多的成果。

[22] 梁琦（2004）提出工业的核心是制造业。

[23] 苏东水. 产业经济学（第2版）[M]. 北京：高等教育出版社，2006.

[24] 根据中国国家标准局编制和颁布的《国民经济行业分类与代码》（GB/T4754—2002），本门类包括 13~43 大类。

[25] 范剑勇. 产业集聚与中国地区差距研究 [M]. 上海：格致出版社，上海人民出版社，2008.

[26] 曼昆著，梁小民译. 经济学原理（原书第3版）[M]. 北京：机械工业出版社，2003.

[27] 主流经济学一直以其简洁、有力的理论预设及一贯的、几乎被所有经济学家公认的首尾逻辑一致的分析方法著称。从某种意义上讲，经济学的数学化是经济学精密化、实用化的标志。

[28] 就实证分析方法而言，有经验性实证研究和理论性实证研究之分。经验性实证研究往往以一定的数据作为基础，而理论性实证研究则注重理论上的逻辑推理。

[29] 由于资源有限性，厂商层次的规模经济才更有经济效率。但消费者偏好消费多样化产品，因此出现与分工专业化和规模经济的冲突。

第二章

资源依赖与产业集聚根植性机理

由于主流经济学是无空间的"点"[1]的世界，强调时间纬度上经济量的增长和经济人的行为活动，所以无从考察空间的产业集聚生成。新经济地理学的区位是一个"面"的世界，它包含了区位丰富的经济内容和依附之上的经济依赖过程。在此研究视角下，为我们提供分析产业集聚生成的根植性机理。根植性来源于本地初始条件、社会资本和制度厚度，地方"独特性资源"推动本地产业集聚和经济增长。初始条件及区域社会资本是产业集聚的起始性条件，构成了产业集聚生成的根植性机理。

第一节 初始条件与分工专业化

初始条件（Initial Condition）是国家或区域经济活动的起点，可以形成一国或者一个地区特殊的经济优势，它又成为生产集中和要素集中的开始。一国或一个地区的初始条件主要是自然资源禀赋、地理位置、可供航运的河流、港口等，以及包括历史因素，如本地需求偏好、生产某种产品的传统、特殊技能的熟练工人以及突发偶然事件所形成的经济社会优势。金祥荣、朱希伟（2002）指出：浙江专业化产业区的发展较好地结合了本地的要素禀赋优势和历史文化因素，其发生发展经历了一个自然选择与演化的历史过程，具有很强的生命力和发展潜力。因此，在真实世界，自然优势必须回到经济分析中，因为国家之间或地区之间初始条件的不同，它可能会改变最终结果。

首先，要素禀赋和地理因素是企业分工和合作的重要基础，对企业的产业活动有着基础性的作用。自然优势（Nature Advantages）（Ellison and Glaeser，1997），或者"第一性质"（First Nature）（如可航运的河流、便利的港口、运河等）（Krugman，1993；Brakman et al.，2005）和区位基础（Location Fundamentals），与此紧密相关的是要素比率理论（Factor Proportions Theory），它们都认为生产资源的地理分布是外生的，并且用它来解释生产的地理分布。自然优势理论可以解释产业集聚。李小建（1999）指出：人类对自身活动场所的选择在很大程度上取决于区位条件的好坏，在选择工业区位时，劳动力、资本、原料、能源、运输、市场等一般是主要的区位条件。梁琦（2004）指出：华北、东北是中国的老工业基地，由于自然资源和历史原因，形成了以矿业、能源、黑色金属冶炼、机械、交通运输设备、石油加工等采掘和重化工业为主的产业结构。甚至，梁琦（2006）也指出：一个特定的产业集中在特定区域是历史和偶然事件的影响、累积循环的自我实现机制或预期共同作用的结果；此外，要素禀赋丰裕的地区可以构成绝对优势，一个地区或一个国家的绝对优势与集聚有相互促进作用。徐康宁、王剑（2006a）指出：产品内国际分工依据的比较优势主要是要素禀赋构成，客观条件是指包括地理因素在内的各种经济、社会条件。一个国家或地区拥有某些特定生产因素，就具有资源禀赋优势，在其他条件相同的情况下，该要素起决定影响的产业中，本国或某地区就可能成为该产业的制造中心。一般地，在工业化初始阶段，自然资源禀赋状况在很大程度上决定了资源导向型工业生产状况和发展水平。有些高度地方化产业是自然资源型（如山西、湖南和河北等），在生产所需资源相对富裕的地方，由于投入需求的经济性，促使资源高消耗型产业在这些地域集聚。一方面可以得到相对便宜的资源投入，另一方面可以节省原材料的运输成本和避免原材料在运输过程中的损失。改革开放以后，广东由于邻近国际大市场和较容易获得新技术的优势，使它成为许多新出口产品的生产地。金煜、陈钊和陆铭（2006）提出：中国东部省份之所以逐步成为工业集聚的中心，其不可比拟的优势就是距离大的港口比较近，而辽宁和山西则是依靠自然资源成为工业集聚中心。尤其是，他们指出沿海地区更接近国际市场的地理优势有利于工业集聚。此外，梁琦、钱学锋（2007）也指出：在某种程度上，经济活动的空间集聚是由于地区间存在自然禀赋的差异性。

其次，历史因素和偶然事件会对一个国家或地区产业的形成和发展产生重大影响，促使生产集中和要素集中，历史因素调整初始条件。它们常常会打断一个国家或地区产业发展进程，重组本国或本地区资源配置，并重建产业结构。金祥荣、朱希伟（2002）从浙江专业化产业区发展的历史经验分析，认为浙江专业化产业区兴起的历史起点是产业特定性要素（Industry - specific Factors）在特定区域内的生成[2]、特质劳动力和产业氛围。陈佳贵、王钦（2005）也提出：根据中国产业集群的形成机制，可以分为：内源传统型模式、内源品牌型模式和外商投资型模式，并且内源传统型产业集群模式的形成往往是以特殊的历史传统、传统工艺技术的积淀，以及个别创业者的企业家精神为诱因的，具有一定的随意性和偶然性。此外，宋泓（2005）指出：一个产业在一个国家或地区的建立，首先是在某个决定要素上取得突破，历史偶然性会起到一定作用。一旦产业形成过程开始进行，只要条件合适，其他决定因素也会逐渐加入进来，并促进该产业竞争力的形成和积累。由于收益递增，历史因素很重要（Krugman，1991a）。从历史因素来看，义乌人"鸡毛换糖"的货郎担精神，创造了全国最大的小商品市场的奇迹；永康人有专门串户打铁补锅的"百工之乡"的创业意识，建立了全国颇具影响力的中国科技五金城（徐维祥，2001）。除此之外，文玫（2004）着重指出：新中国成立前夕，众多历史事件和经济选择使制造厂商大都位于沿海地区。由于上海、浙江、江苏和山东在生产方面的历史优势和已有的销售渠道，使它们成为文化用品、办公机械、木制品、工艺美术品等的主要分布地。王珺（2005）指出：偶然的历史事件影响着空间产业集聚，而历史事件创造了有利于集群生成的市场需求机会。金煜、陈钊和陆铭（2006）也指出经济开放促进了沿海地区工业集聚，经济开放又与地理和历史因素有关。

总之，自然资源密集型和历史事件促成的产业集聚和专业化分工，它们的竞争优势常常基于一个或两个决定因素，它对经济增长的影响还有阶段性差异（徐康宁、王剑，2006a）。另外，产业集聚还要依赖于其他要素的发展状况，如企业家能力、产业内部规模经济和外部规模经济以及政府持续支持等。

第二节 社会资本与资源空间配置

产业集聚是一个经济社会现象，抛开具体的经济、社会和人文环境去研究产业集聚是没有任何实际意义的。产业集聚生成与区域文化传统、区域技能背景、地方组织及制度、社会信任氛围以及社会网络资源等密切相关，它们构成了区域社会资本，影响企业在区域的根植性。产业集聚发展最快的省份——浙江，新华社记者把它称为"浙江现象"[3]。徐维祥（2001）指出：浙江"块状"经济[4]的产业空间集群组织形式的形成和发展是特定历史背景、人文环境及资源压力和市场竞争条件下产生的必然经济运动的结果，是浙江人在培育市场经济过程中探索出来的一种成功发展模式。另外，浙江是"百工之乡"，长期以来形成了依靠聪明才智和专业技能外出谋生的传统。历史上就有无数的能工巧匠，如东阳木匠、永康铁匠、青田石雕匠，等等。这些世代相传的专业技能，加上头脑灵活、善于经营的个性，构成了浙江特殊的人力资本优势，很容易在产业分工中显现优势。尤其是，浙江人善于走南闯北，快速学习别人的先进技术也是其成功的原因之一。值得重视的是，"自强不息、坚忍不拔、勇于创新、讲求实效"的"文化基因"，也极大地推动了浙江产业集聚的蓬勃发展。浙江产业集聚迅速崛起归功于浙江悠久的历史和源远流长的文化，以及浙江人前赴后继的创业精神（郑风田、唐忠，2002）。本质上，文化是一种关于若干人的共同性的象征，这些人的某些行为习惯、思考方式和看事物的角度为共同体全体成员所特有。徐强（2004）指出，"虽然人们往往意识不到文化对自己的深刻影响，但是他们还是有意无意地坚持自己所特有的文化理念"。因此，蔡宁、杨闩柱（2003）指出：企业集群作为一种地方根植性网络组织表现出很强的竞争力，成为许多地区制定经济政策的战略工具。

企业有意识地利用社会资本，却无视其空间背景，这是一个很值得研究的问题。在社会资本概念直接联系经济发展之前，阿罗（Arrow，1972）提出：世界上许多经济后退可以被解释为缺乏相互信任似乎是合理的。卡伊（Kay，2003）也指出：尽管经济学使用"市场失败"的术语来描述由不对称信息和不完全信息以及协调等所产生的问题，但这个短语并没有抓住本质。原因在于存在市场经济某些模型的失败（如脱离社会环境），而不是市场经济本身的失败。

社会资本理论得以发展有两个重要原因：一是新古典的纯经济模型无法很好解释产业集聚，因此，对社会资本理论研究提出了需求；二是它改变了新古典经济模型的制度假设，使制度变量或者社会经济背景成为分析的参数之一（Phelps，Mackinnon，Stone and Braidford，2003）。本章试图分析社会资本在微观层次是如何积累的，以及它如何影响产业在特定区域集聚。

一、社会资本

目前，存在大量研究社会资本的理论和经验文献。社会资本是指应用社会规范的相互性、信任及交流达到政治或经济的目的（Cooke et al.，2005）。社会资本已经由一个不完善的起源成为定义成功惯例"遗失成分"的易变概念，然而，经济学很难解释。社会资本被认为用来分析种族群体和职业联合体是非常有价值的，但是由于社会经济生活和根植性理论的网络结构重要性不断增强，在跨社会科学领域它就变得越来越重要。这样，产业发展根植性研究寻求使社会维度重归经济分析。

社会资本有一个重要优点是它关注的对象从单一个体行为分析转向个体、社会单位和机构之间的关系模式。社会资本也会产生负面影响，由于过度依赖太窄的商业范围或者社会联系而导致关系"锁定"。伍尔科克（Woolcock，1998）指出：根植性在提供初始支持方面非常重要，包括金融支持，但它需要超越一个高度限定范围并补充经济发展的自主性。因此，自主性意味着在非地方的职业、产业或社会网络中运行社会资本。根植性到自主性的演化需要经历四种主要的社会资本：（1）诚实：通过声誉资源起作用，声誉联系职业协会的会员资格。（2）成为团体一员：团体连续性地受益于根植性的低成本或者无成本，但是通过自主性起作用，而成为团体一员是共享和利用社会资本的关键。（3）关联：由于共享性财产，地方和非地方网络的会员关系被视为是这些利益的结果。（4）协同：联系和控制机构（团体）的能力，包括影响和提供政府规划和政策。因此，社会资本基于企业间信任、互惠和忠诚，根植于经济社会网络。

由于企业面临大量的资本成本，主要是个人人力资本投资和市场信息等。成为团体一员包含着不用支付会员费，但有机会获取收益，瓦西耶（Crevoisier，1997）称之为"亲近资本"。基于团体信誉的信任意味着一些收益是非贸易的，但是如果一笔便宜的贷款必须偿还，便宜性使它是"批发的"而非"零售的"，因此它很少是"非贸易的"。斯托普（Storper，1995）认为这些非贸易的相互依赖性可以被看作是"习俗"，几乎是一种礼仪。多西（Dosi，1998）认为它们代表外部性，或者常常涉及溢出，包括知识溢出（Feldman and Audretsch，1999）。

一般地，亲近资本是一种混合形式，接近"真实的"社会资本，但是有时它不在权利交流范围内，但包含着贸易内容。后者在社会网络关系中更普遍，甚至这些是优惠的，如在价值链关系中的首选供应商。虽然存在更为经济的、重要的第三者，但买和卖仍然继续进行。特别是基于声誉或信誉的信任是关系根植性采用的主要形式。社会资本主要促成企业的动态能力。产业和中小企业经常的和长期建立的网络关系表明可贸易的相互依赖性，网络相互作用很少不包含资金交易。泰勒（Taylor, 2002）提出：基于信任的关系网络被认为有两个有区别的并相互关联的形式：一是它们会形成强烈的、有边界的本地集聚、产业区、创新环境或者学习区；二是它们会形成更大范围的地理扩展，但仅仅是在全球市场联系买者和卖者紧密联系的产品链或供应链。事实上，它们是互补的。当新立法或新标准影响一个产业时，非金钱相互作用常常产生于相当多的推力之后，它们转化为建议；面对如何处理变化时，企业家互相寻求解决问题的线索。相互作用很少包含喜好，执行一项行动的喜好被认为超出惯例，此外，这项行动不在喜好提供者最贴近的利益之内，是较低层级的默契行为，因此不要期望这项行动能得到回报。但是，一些惯例及未来喜好的交流并不被排除。因此，关联也包含着强烈的贸易相互依赖性，但是常常带有部分地"非贸易"成分。协同几乎经常是"寻租"的惯例，如直接寻求政府资金支持或投资授权和间接咨询以及能带来金钱或有价值回报的资源。企业内部相互性在某种程度上交易成本是为零的，企业内部的信任所起的作用就像进入门票。

特定地区的社会和文化环境影响经济活动的区位。根植性的社会资本被认为包含四个相互联系的方面：组织关系（与基于价格的契约相对的建立在信任之上互惠联系）、政治关系（本地治理和政府的性质）、文化关系（共享社会/文化观）和认知关系（共享认识）（Taylor, 2002）。帕特南（Putnam, 2000）也区分了两种社会资本：纽带型和跨接型。纽带型社会资本代表一种排他性的关系组合，它的特征如：特殊利益的团体、家庭等。相反，跨接型社会资本是范围更广的，并且可以存在于人权组织及其他跨文化组织。至于经济发展，帕特南提出纽带型社会资本的主要用途是存在，而跨接型社会资本的主要用途是获取进步。前者主要用于团体固定的场合，如社团资金、创业等。然而，后者可以提供新政治和约、新工作机会等。因此，过度依赖纽带型社会资本会对使用者产生负面后果。例如，一旦企业营业额达到一定规模，它会发现它受限于"贴近"（Home）网络的无效率供应商，或者不能接近新市场和获得其他资金支持。这强调"弱联系的力量"，但是纽带型社会资本没有合约的力量强大。跨接型社会资本可以超越个体贴近网络（或社会圈），并进入新的信息和机遇领域。此外，巴拉莱斯·巴贝拉等（Pallares-Barbera，Tulla & Vera）（2004）指出：由中小企业带来的内生经济发展基于家庭企业，在家庭企业内本地市场特性影响部门多样性，而部门多样性在某些区域出现。另外，他们详细分析了西班牙 Bergueda 地区，指出在 20 世纪 90 年代其三个主要领域（食品、纺织和机械）中小企业网络的成功形成展示了必要的先决条件的作用，包括产业传统、社会网络和空间忠诚的意识。产业系统的主要成分是企业家和工人对他们产业系统的忠诚。因此，区域根植性和空间忠诚是推动区域经济演化的两个主要力量，并导致新企业集聚的形成。

目前，英国中小企业（SMEs）占整个国家的就业量和商业营业额比大企业和公共部门的总和还要多。我们可以从许多后工业经济体观察到类似格局（Cooke et al.，2005）。由于发展相对落后的地区依赖于较大企业，所以这具有深远的政策含义。这些地区缺乏中小企业所需的丰富劳动力以及无法提供支持性的经济商业环境（Poter et al.，2000）。尽管大企业有专门的部门从事创新、营销和培训，小企业缺乏这些资源，但是小企业在某些商业功能上实现联合，共享非机密知识，它们可以相对无成本的方式来克服因规模小所造成的障碍。这些就是利用社会资本的活动，它不但是无价的，而且表明了知识经济日益重要。

一般地，从经济发展的视角，出现社会资本是一件好事，一个以整体互惠性为特征的社会比一个互不信任的社会更有效率。没有一个共同的交流手段，不可能产生许多共同收益。同样，也不可能有信任、交流喜好、提供帮助和共享信息的发生。信任促进契约复杂水平的降低，减少监管需要，并且意味着花费更少的资源用来实施契约。因此，就可以挤出更多时间和精力来致力于团体战略活动，如创新。

二、空间接近与空间资源配置

一般来说，一国或地区经济增长的基础条件主要有自然资源是否丰富、各层次的人力资源是否充足、市场规制是否先进、企业制度是否先进、政治体制是否高效以及人与人之间是否有社会信任度等。马图思车斯基（Matuschewski，

2002）通过分析德国信息经济企业的区域根植性，指出特定区域的发展质量与地方性制度和社会资本紧密联系，如生活质量、区域或城市形象、制度环境和社会网络的可利用性和质量，此外，教育与研究机构的出现和质量对产业区域集聚也非常重要。从企业地域根植性角度来讲，企业首先发展的是空间接近的社会资本，其次在发展过程中要克服路径依赖，不断利用非接近的空间社会资本。由于特定形式的资产专用性，企业在一定空间享用的社会资本从商业社会资本、社会契约、信任[5]和自主权不断转化，利用社会资本和制度安排不断扩大能够享用的空间接近社会资本以及进一步拓展使用非接近社会资本的范围。菲尔普斯等（Phelps et al.，2003）提出要区分两种制度：一种是资金支持和有正式责任及政策的具体组织的“硬性”制度；另一种是根植于经济行为者一系列关系的“软性”行为能力。此外，软性制度形式对根植性的形成有重要效力。

社会资本优势体现在三个方面：资本家资源的培育、基于信任的合作关系和区域的创新文化（魏守华，2002；陈雪梅，2003）。区域文化传统和文化背景是区域最接近的社会资本，是区域空间社会资本的基础性资源，表现为区域居民共同的生产和生活特征。文化是一种促使共同体成员保持思想、生活和行动一致的精神力量，并具体地表现为人们的思维方式、生活方式、社会习俗，以及制度化的政治、经济、法律等规则。因此，文化可以被认为是一种带有地缘特征的社会资本，对一定地域成员有着不可抗拒的影响。徐强（2004）指出，“由于本地文化的形成在一定程度上受本地居民生产方式的影响，甚至有些文化传统就是因为多数居民长期从事某种职业而形成的，因而本地文化对特定产业在本地的发展有着很重要的作用，主要表现在专业知识的积累和人力资本的积存两个方面”。由于文化等社会资本的存在，本地企业之间交易费用降低，合作效率提高。徐康宁（2001）指出：一个产业实现成功的集聚，或一个典型的产业集聚区的形成，至少需要三个条件：第一个条件是产业内的资本在某一区域内较快地集中，以及劳动力和产业技术充分自由地流动，并实现与资本的自由组合；第二个条件是市场的充分供给，即有市场能充分接纳在产业集聚区生产的大量产品；第三个条件是当地的制度（包括政府的政策、商业习惯和竞争文化）允许并鼓励这种集聚现象。因此，企业根植性孕育于社会资本，企业根植性决定着区域发展。符正平（2002）指出：丰富的社会资本与文化资本使集群内部的经济关系具有很强的社会嵌入性，运行良好的集群往往存在共同的文化传统、行为规则和价值观，此外还有着共同的历史，或拥有某种传统。艾萨德（1975）也指出发达区域和不发达区域[6]的差异有众多复杂的原因，其中许多原因是扎根并盘踞于文化系统之中。此外，在知识经济时代，社会资本尤为重要，它是区域经济发展的动力之一。知识经济的竞争优势源自动态改善而不是来自静态的基于价格的竞争（Maskell，2000）。另外，金祥荣、朱希伟（2002）指出：浙江专业化产业区的产业氛围已经与当地的文化、习俗等不可移植性要素融为一体，从而在空间上的流动性很弱以致不断强化成为笼罩在这一区域的"一团雾气"，催生着专业化产业区的兴起与演化。

区域内由于地理邻近性所带来的相互信任及非贸易的相互依赖等区域"内生因素"对地方经济发展具有推动作用。梅、马森和品奇（May、Mason and Pinch，2001）利用英国高保真产业集聚的案例表明：过去十年，存在产业相互学习、非贸易相互依赖性和政府基础设施的间接制度支持的相互作用；本地贸易和非贸易的相互依赖性在推动产业集聚中起到重要作用。此外，特定社会关系网络中的关系型信任机制和整体分工网络的专业化分工经济相互强化，形成区域本地化的竞争优势。张杰、刘东（2006）指出：传统文化中所内含的以血缘、亲缘、地缘为内核的社会关系网络机制与关系型信任机制就在特定范围内成为一种替代机制，有效降低了企业间的交易成本。区域内行为主体正式和非正式联系如血缘、地缘、学缘及业缘等联系具有协调效应（陈佳贵、王钦，2005）的性质。它们的积极互动和知识信息交流，可以促使彼此之间结成长期、稳定、互惠互利的关系，实现资源互补（张敬川、陈雪梅，2007），促进区域地方性社会文化和制度产生合作与创新的集体学习氛围，支撑着区域持续快速发展。文婧、曾刚（2004）指出：受传统儒家文化和家族制度的影响，在我国本土传统产业集群中，血缘、地缘产生的信任、凝聚力等形式的社会资本是很丰富的，它们积极促成本地网络中的强联系。总之，区域社会资本的各种纽带联结降低交易成本，形成复杂有效的社会关系网络，实现沟通各种市场需求信息、传递市场信息，进行企业社会网络内外部资源的交换和更新，促进产业集聚的柔性变化能力和区域根植性。

社会网络资源是企业家和企业获取无形资源广度和丰度的基础，无形资源的可获取性则是企业家和企业发展社会网络的原动力。企业社会关系和网络资源是另外一种重要的空间社会资本。对人的经济活动而言，社会网络是一种有价资源。社会网络资源越广，网络规模效应越大，系统整合的效力越强。这种资源的获得一般通过血缘、地缘、学缘和业缘等因素，并表现为文化、制度、信任以及认同感等。胡建绩、陈海滨（2005）指出：社会网络是由一组相关活动环节或一群参与者（个体或组织）所组成，并由这些环节或参与者共同形成特殊网络性质的社会关系或社会纽带，如家族、俱乐部、大学院系、政府机构、企业等都是常见的社会网络，社会网络对企业外部能力的整合和企业家信用依赖的建立起主要作用。张杰、刘东（2006）也提出：戴南不锈钢制品产业集群的形成和诞生归根于根植关系型社会资本网络的专业化销售网络的核心作用。因此，企业关系根植性影响着企业能力，同时关系根植性决定企业和区域的互动关系。从这个研究视角，促进区域发展的空间问题需要从企业根植性着手，一方面是基于市场的私人社会资本，另一方面是政府或团体（社会机构）组织和提供的公共支持环境。商业生活的相互性、信任及喜好交流的社会资本是基于市场的私人的而不是公共的企业支持环境，所以社会资本不仅仅是基于企业内部网络的。公共支持性社会资本主要包括：职业协会（会计师、律师协会）、产业协会、社会性俱乐部（高尔夫球俱乐部），等等。基于相互信任、交流喜好和判断可靠性、可信度和声誉来抵制机会主义行为的正式和非正式的合作关系是社会资本的主要应用。不仅仅如此，地理邻近性还为各种非正式交流提供了便利，非正式交流也是信息交换的重要途径。因此，有效利用社会资本的企业可以显著提高企业绩效，如营业额、创新、利润率和就业增长。因此，文嫣、曾刚（2004）指出：在全球化背景下的集群发展，不仅要挖掘区域的内部资源、强调内部联系，更要获取外部资源、注重外部联系。

舒勒等（Schuller et al.，2000）指出社会资本方法的主要益处在于：它使分析焦点从单一个体的行为转向个体、社会单位和机构之间的关系格局。创新性企业倾向于更善于利用联合和信息共享，融入更深的信任关系，并且更会利用非地方的网络资源。如果企业能够基于他们根植于本地环境的经历而利用知识共享过程，那么在全球化经济区，企业应该进化和学习如何利用其他各种知识来源（如科学知识、技术知识或者交流知识）（Chiarvesio, Maria and Micelli, 2004）。因此，低增长率和缺乏创新的企业倾向于利用基于家庭的社会资本，而不是个体高度发展的联系网络。此外，创新可以表现在产品技术、生产过程和产业组织创新，利用社会资本是基于知识和服务的社会资本创新[7]。

在那些不太受青睐的地区，通常缺乏联系中小企业的商业支持服务。因此，这些企业并没有被提供它们真正需要的帮助。因此，从政策视角来看，政府需要推动社会资本形成和巩固对企业的支持。在经济有活力的地区，政策制定要着力于企业利用社会资本的机会。此外，政策目标是最优化而不是最大化。否则，拥有较低社会资本的企业家转而依赖他们的家庭以及生意圈内外的熟人。虽然社会惯例和规则是在区域内日常生活中逐步形成的，但是非正式社会制度、社会资本也需要通过政策制定来促进（姚先国、朱海就，2002）。政府应通过各种渠道支持企业创建各种协会组织，为企业提供信息和交流服务，有助于企业网络关系的建立。

由于社会资本界定和实施依然存在问题，为了促进出台有效的政策，未来进一步的研究需要关注社会资本的指标、提供政策影响的证据以及推动社会资本形成方面何种政策作用更大。此外，经验研究与实际调查的方法获取的信息允许政策制定者更准确地界定有针对性的微观干预，并且制定地方、区域和国家不同层次的社会资本政策。从促进经济发展的角度，社会资本代表着一种潜在的、强有力的工具，它具有很强的启发意义，需要重视社会资本。

社会资本形成促进企业社会资源网络和生产资源网络扩大，进一步引起企业生产向国家或区域社会资本丰富的地区集中，它又引发生产要素迁移和集中。总之，根植性强调产业集聚的本地化过程，产业集聚是根植于地方网络与制度之中的社会资本，社会资本是由社会构筑且有文化意义的，企业间的非贸易性相互依赖关系对于产业集聚和网络结构的形成具有重要意义。它们包含了信息共享和学习机制，生成自我持续的本地经济增长。

第三节　地方生产要素与本地生产系统

区域是指经济区域，一般可以划分为三个层面，即：一国国内的经济区域；超越国家界限由几个国家构成的世界经济区域；几个国家部分地区共同构成的经济区域。第一个层面，如中国的东部沿海发达地区（简称东部）、中西部欠发达地区及中部地区等；第二个层面，如欧盟、东盟、北美自由贸易区等；第三个层面，如大湄公河次区域等。在大多数情况下，区域这一概念表明的是一国经济范围内划分的不同的经济区（陈秀山、张可云，2003）。此外，贝伦斯和蒂斯（Behrens and Thisse, 2007）指出：区域（Region）是有边界空间或网络的一部分，由大量的基本空间单位——场所组成，在它内部构成有各种类型的相互作用的区域系统。本书中（如没有特指），区域是指一个国家的某一个地区。区域生产要素既包括地理或自然资源禀赋等方面，也包括经济社会方面的特征。

生产要素分析是区域研究的起点，生产要素是经济活动的客观基础。韦伯（1909）指出要正确理解两个术语：其一，作为区位的经济原因运作的力，即"区位因素"；其二，我们认为那些原因所作用的对象，即"区位单元"。"区位因素"是指经济活动发生在某个特定点或若干点上，而不是发生在其他点所获得的优势。此外，韦伯（1909）划分了两对重要概念：地方原料和广布原料。地方原料指只产生于某些确定的地方，后者指到处都可得到的原料。广布原料不能认为它是随处可取的，那么对区位不起作用，实际上从运量最小来看，广布原料都是倾向于区位消费地的力量。由于不同区域之间存在着明显的异质性，物质资本、人力资本及社会资本都各有特点，从而使得产业集聚也具有不同的区域特点。韦伯（1909）也指出：从区域因素自身的作用来看，一般的可变要素可分为两类：一类是最先引起工业的区域分布的（区域因素）；另一类是第二次引起工业再分布的（集聚和分散因素），它们是区域要素引起的结果。通过对这一既定工业过程的分析，韦伯演绎发现了两种一般的成本区域因素：运输成本和劳动成本。因此，由于区域资源的类型、分布和数量往往大不相同，它也构成了区域经济发展各自不同的物质基础。自然要素包括自然条件和自然资源。自然要素存在着明显的空间上固定性和一定程度上的不可再生性。后天的人类投入会将要素固化在特定空间，这些要素附着在一般已经存在的自然条件、自然资源，它们有机地融合成一体，也具有较强的不可移动性。

然而，由于生产要素不是均匀散布在世界所有地区，而是呈现出在某些地区集聚布局。产业集聚存在许多地理层次上：全球范围的中心—外围结构，如北美自由贸易区（NAFTA）、欧盟（EU）和东盟（East Asia）；区域层面的产业集聚，如美国加利福尼亚的硅谷（Silicon Valley）、德国巴伐利亚的高技术集聚；城区层面的商业和金融集聚区，如伦敦的苏豪区（Soho）、纽约的华尔街（Wall Street）和日本东京的银座（Ginza）。产业区位和集聚研究最早是新古典经济学家自然优势理论的贡献，例如屠能（1826）市场场所、李嘉图（1817）地方技术知识以及俄克希尔（1918）和俄林（1933）要素禀赋差异[8]。然而，空间集聚主要来源的重大变化会产生不同的产业和经济活动格局。奥塔维亚诺和蒂斯（Ottaviano & Thisse，2004a）认为这些自然特征有助于解释经济历史和早期的经济发展，克鲁格曼（1993）称为第一性质（First Nature）。然而，它们不能很好解释区域进一步工业化和专业化过程是个体决策的结果。藤田昌久和蒂斯（2002）指出存在大量产业集聚很少依赖自然优势的广泛事例。因此，克鲁格曼（1993）提出的"第二性质"[9]（Second Nature）开始起作用，因为它关注人的行为、产业集聚驱动力，如获得接近原材料、最优化消费和增强投资收益。假定在初始条件时，第一性质和历史起作用，随着工业化不断发展和社会不断进步，经济活动的配置主要是第二性质拉动，推动消费者、企业和生产要素迁移的结果。

一个区域是由经济结构、产业组织和社会发展水平构成的生产系统，是各方面要素相互作用的结果，我们由图 2 - 1 可以看出。

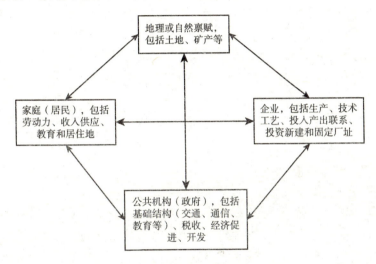

图 2 - 1 区域各要素之间相互作用关系

区域是产业经济活动集聚布局的各种社会网络的载体。任何产业经济活动都必须落脚于一定的、具体的地域空间，且必须扎根于当地的社会经济背景之中。传统区域经济理论认为，区域经济发展的动力主要是资本、劳动力因素，此外，区域地理位置、自然资源状况也是重要的影响因素，而具体企业的选址则主要是以劳动力、运输成本、基础设施状况等区位因素为依据。一般地说，区域生产要素至少包括：自然条件和自然资源、人力资源、资本、技术、制度等，又可以分为区域内生要素和区域外生因素。区域内生要素是指一个时期内区域经济系统自身能够决定的变量，内生要素决定了区域内生比较优势。外生因素指的是区域客观存在的自然的与历史的条件，是区域经济发展的外生变量。外生因素是区域分工的基本前提。由于不同区域之间的要素等级性和差异性，形成决定区域价值提升和创造的本地生产系统。此外，在知识经济条件下除了物质性因素之外，区域特定的社会环境、文化氛围越来越受到重视。人力资本和文化环境因素，如生活质量、经营文化、制度能力、社区认同等软性要素禀赋构成了一种地域性产业生产系统。因此，区域生产系统是以一定的资源禀赋为条件，各种资源会进入生产、消费领域，流入、流出区域，在区域内配置和重新组织资源的流动。

一般来讲，一个产业在一个地区的建立是首先在某个决定要素上取得了突破。一旦本地生产系统的产业形成过程开始进行，只要条件合适，其他决定要素也会逐渐加入进来，并促进该产业竞争力的形成和积累。产业集聚强调发挥区域各种资源整合的协同效应，寻求致力于区域具体特征的发展道路（李立辉等，2005）。也即是说，产业集聚是逐步由区位、区域、本国和世界的要素交换和满足需求的过程，是一个从低级形态到高级形态不断发展的阶段。

第四节 "蝴蝶效应" 与区位 "分岔"

经济活动、资源利用与所有活动的地域差异紧密相关，具体表现在区位优势、集聚、都市化地区以及全球性区域系统。其实，它们都是人类生存状况的反映。区位是依托于土地的特定经济空间的自我维持系统。区位生产要素的异质性推演出空间的非均质性，并且空间的非均质性是一个常态。区位的本质是对经济空间场所承载的社会经济关系的一种浓缩性表征，该表征应该被所有相关的经济行为主体所感知，但是重要性会因人而异，有所差别。这样，区位就以一种自我实施的方式制约着经济行为主体的区位选择，并反过来又被他们在连续的变化的环境下的实际决策不断再生产出来（高进田，2007）。金煜、陈钊和陆铭（2006）指出：沿海地区具有工业集聚的地理优势。沿海地区易与外界交流，并且具有较高的基础设施网络密度。艾萨德（1975）也指出：由于资源，包括气候和所有其他环境资源分布不均匀至少导致了世界不同地区的某些地域专门化。由于本地生产系统生产活动集中分布，带动要素迁移形成一个有机的功能完善区域。经济功能区是指"有同类的经济活动在空间上的高度聚集，连片分布形成的空间区域"（高进田，2007）。区域的生产要素对企业具有特别重要的意义，根本上影响着企业的技术工艺特性以及产品特征。区域生产要素、生产方式以及支持体系联合决定了产业集聚的空间区位，具体见

图2-2。

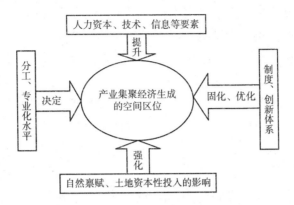

图2-2 区位影响因素关系结构

在既定条件一切相同的情况下，产业根植性决定区位分岔。由于各个地区的自然禀赋各异，处在一个极不均衡的状态，因此自然资源在一定程度上限制或促进了本地产业的发展。许多产业活动的进行需要一定的自然禀赋支撑，因此，各地区围绕自身的自然禀赋形成不同的地方性产业集聚是促进区域经济发展和区域协调的重要途径。企业在约束条件下根据自身经营的产业特性来选择自己最合理的区位，企业必然选择自然禀赋优越的生产区位。由于自然资源对区域产业集聚的影响是基础性的，因而也是动态变化的。

产业组织以资源、运输、能源以及劳动力等为指向进行生产布局，归根结底，生产要以市场为导向。个体决策者的区位选择行为决定产业区位格局，即为微观区位问题；个体决策者无法改变所处的外部环境，个体决策者只在给定的外部环境条件下做出选择，即为宏观区位问题。微观区位问题和宏观区位问题是相对的，都包含着个体决策者与所处外部环境互动，都可以从时间和空间两个维度进行剖析，即空间的产业活动分布格局以空间为载体，以时间为主线。人口、经济活动和资源的空间分布和空间差异影响经济发展潜力及福利差异，而发展潜力和福利差异很大程度上又会影响和改变空间分布和空间差异。由区域或空间的诸要素及其组合所形成的差异和变化历史地生成区位"分岔"，对不同等级和类型区域的社会、经济发展等问题进行研究是一个很有探究性的问题。区域是一个能动的机体或区域系统，影响区域发展的各种要素有社会经济的、自然环境的、文化心理的及其综合效应，某一方面因素一旦在某一时刻处于决定性作用，就会产生"蝴蝶效应"的效果，不同区域就驶进相异的路径。进而，形成各种社会经济现象的时空变动格局，其中起作用的有历史的、预期的以及外生因素等。因此，经济行为主体的经济活动直接作用于地理空间，对经济空间的形成起到了主观能动作用。政府对存在于区域内的各种行为主体的利益及价值观念的矛盾和冲突的解决方式以及对区域的社会、政治、经济活动与生态环境间的相互影响的作用模式的捕捉具有重大作用，进而需要系统地探讨解决区域发展中出现的各类问题的方法，并提出立足于区域发展的优化模式。

第五节　本章小结

根据新古典贸易理论（Borts and Stein，1964），制度变化的长期效果是一体化区域的国家经济绩效趋同（Barro and Sala-I-Martin，1992）和国家间要素比率均等化。然而，该结论需要严格的前提：要素不但在空间上自由流动，而且在均衡价格条件下，所有地区对于投资具有同等吸引力。然而，由于世界各国初始条件差异和历史因素冲击，经济活动起点和过程并非均匀分布。因此，世界各地都提出区域经济发展问题。尤其是，战后世界各国在迈向发展之路时，实力支配着思维，思考让位于方法，资本主义所创造的财富需要无边界市场，实现价值循环，重振世界经济的信心取决于世界终极发展。因而，不论世界上哪一个国家，产业发展都不是抽象的概念，而是要具体地落实到某个具体区域。总之，初始条件和历史因素所形成的优势是产业集聚的起始条件，它们连同地方制度和组织以及社会资本构成了产业集聚的根植性，它们也构成本书"资源依赖"的分析基础。然而，由于初始条件和社会资本构成的绝对优势和相对优势可以逐渐改变[10]，区域初始条件和社会资本形成了企业内部资源和外部资源网络，只有转化为产业集聚，形成集聚优势，才能更好发挥它们的作用。

此外，由于决定企业行为的因素主要有：自然禀赋、企业家决策、技术水平、劳动力质量、市场需求、企业之间关系、人文氛围以及政府政策和行为等，所以，市场需求、市场容量和市场结构都会影响产业集聚生成，产业集聚需要市场空间、生产空间和支持空间之间错综复杂的相互作用。

注释:

[1]"点"是国家或区域,忽略了土地空间这一载体。

[2]如温州鹿城鞋类专业化产业区在明朝就有制作鞋子作为贡品进奉朝廷,后来逐渐发展;如宁波服装专业化产业区,早在距今7000年的余姚河姆渡遗址就出土了织造衣物的工具;如永康五金机械专业化产业区早有"黄帝铸鼎"的记载。然后它们经过一个漫长的积累与沉淀过程,形成与发展成熟与某一产品生产有关的技术、技巧、技能与经验等知识。

[3]具体参见http://www.zjol.com.cn/gb/node2/node119729/node119733/node119736/userobject15ai1205161.html。

[4]黄勇(1999)指出:所谓"块状经济"是指在一定地域范围内集聚形成特色产业优势十分明显的专业化产销基地,并由其带动当地经济和社会发展的一种区域经济组织形式。目前,一乡一品、一县一业的"块状经济"已成为浙江经济的一大特色。

[5]刘友金、徐尚昆、田银华(2007)指出:种群互相回报式重复博弈使得守诺成为种群进化稳定对策,这构成了集群内企业信任机制产生的重要内在动因,集群内的"社会实施"有效地限制了企业道德风险和机会主义行为,为信任在集群企业内的产生和维系创造了外部约束条件。

[6]不发达区域和发达区域差异比较利用的是密西西比州和费城都市地区的比较。

[7]根据OECD(1999)的SIC码,中小企业(SME)被分成五类:高技术制造业、中技术制造业、低技术制造业、基于知识的服务和其他商业服务。

[8]或成为有差异的要素分布。

[9]由于产品贸易活动是间接的生产要素迁移,因此无论生产要素初始分配状态如何,通过要素迁移和贸易活动可以弱化生产要素(或者第一性质)的差异以及强化区域第二性质的优势。

[10]如果产业集聚在某一地区生成,要素禀赋决定的绝对优势就不能再决定地区专业化生产模式(如浙江)。此外,贸易成本的降低也可能使比较优势决定的专业化模式发生逆转(如东莞)。

第三章

企业家作用与产业集聚策动性机理

　　企业是生产要素的组织机构，企业活力是吸引要素集中和促进区域经济发展的微观源泉。企业家通过自身创新活动和运用自己社会资源而结成社会网络。随着产业链不断完善，形成产业网络。企业家社会网络和产业网络交互式联结形成有机系统，进行物质、信息、技术、资本交换，不断扩大二者融合范围和各自边界，促进要素集中和吸引生产集中，策动产业集聚生成。本书认为：企业家拥有超常的市场洞察力和发现创业机会的能力，并为新兴技术提供资本，他们的选址行为影响高技术产业集聚在何地出现。

第一节　"地缘"现象和产业网络结构

　　当今世界，全球化经济活动和本地化产业集聚相辅相成。产业集聚不仅是产业成长过程中的历史现象，而且是现代产业发展的特征（徐康宁，2001）。产业发展与地理关系极为密切。地理对经济发展有重要影响，因为经济活动必须在一定地理范围内发生。区域是地方性产业体系的载体，能提供产业发展的支持性环境。区域环境是产业发展的最重要基础，是支持产业创新的系统性条件。随着产品技术升级，先进的研究性基础设施、高素质劳动力和创新性文化比自然资源条件的作用更加重要，这就对创新性企业发展的支持性提出了更高的要求。因此，为吸引资源，发展创新性企业，区域需要建立特定制度和创新战略，形成高质量的区域环境来支持产业集聚的质量和层次的提升。因而，区域环境决定着产业网络结构，产业网络结构乃至产业集聚是一种"地缘现象"。区域产业网络结构是区域内的经济、技术、社会资源的存量和流量经过长期的环境选择，并对市场与技术适应而逐渐形成的区域特性与外部环境互动的结果。进而，区域产业体系都将体现在一定区域上，并在区域内形成不同程度的路径依赖。

产业集聚可以在邻近地理空间降低运输成本，减少交易成本，实现共用基础设施，减少信息搜寻成本，利用本地劳动力及社会资源等。产业集聚的地缘关系，可以提高生产柔性，以便及时应对需求复杂多样、不确定性增加的市场环境。在此基础上，空间及地理邻近性是获取知识、共享知识和技术，提高区域产业竞争力的重要因素。随着知识经济发展，知识共享和知识创新对于促进产业竞争力越来越具有重要意义。产业集聚高度根植于区域地方性知识，这种知识以隐性知识为主要载体，具有较强的地方性特征。因此，它很难在区域间流动，具有空间黏性，一般需要通过面对面（Face to Face）的交流才能获得和共享。因此，它是区域内互动学习的核心和重点，是形成区域独特优势的最重要知识来源。区域内各主体形成相互依存的社会网络，呈现较强的地缘现象，具有明显的地方性特点。不仅基于地方的文化和技术传统的隐性知识具有突出的地方性特征，显性知识学习也同样受制于地方特定环境。

地理邻近和集聚企业彼此之间的信任关系使技术、市场和竞争等信息能够迅速地扩散和分享。空间因素与地理邻近性在产业发展及创新中具有不可替代的作用。地理位置越近，企业之间学习的外部性就越大。创新取决于区域内经济主体间的相互作用，而这种相互作用必须依托于一定空间且受制于区域特定的社会经济背景。不同主体间的互动是由特定区域的制度所支持的，这些制度能增强区域的政府治理和企业互动。此外，由于需求具有地域性，供给和需求是具有强烈的地方关联。产业集聚给产业带来的好处是显而易见的。简而言之，由企业之间分工和协作的不断扩大促成在某一空间上产业集聚。产业集聚是其产生的内部规模经济和外部规模经济引发产业积极的"正反馈"，通过累积循环因果关系而自我组织的发展过程，进而形成地方性产业网络结构。

第二节 企业家引入与生产要素内生化

经济活动是空间不均匀分布的。要素禀赋和企业区位选择重塑了经济地理（Brakman et al.，2005）。此外，马库森（Markusen，1996）区分了黏性地区和滑性地区：对于黏性地区，能够抓住新观念，并把它们融入产业集聚；对于滑性地区，则长期中不能从创新和投资中受益。马库森的描述表明地区之间发展的不平衡是由地区本身的内在性质所决定的，但是并没有说明地区如何由滑性到黏性的重塑过程。许多文献提出复制一个运行完善的地区系统的主要特征来促进区域经济发展，主要包括：领先技术的策源地——地方性研究型大学，活跃的风险资本，积极的社会网络和充足的支持性服务。然而，产业集聚实际上是企业区位选择的宏观表现，企业是形成新经济地理的行为主体。奥塔维亚诺和蒂斯（2004）指出企业区位选择行为要么是迟缓的，要么是灾难性的。企业选址行为是既定条件下最优选择的结果，一旦重新选择，则会改变已有的地理格局。

大量的国内外文献探讨产业集聚的制度、信息和组织问题，它们解释了当前许多产业集聚的主流观点，逐渐聚焦到企业家作用——这一活跃角色的关键影响。麦凯恩、有田和高登（Mccann，Arita and Gordon，2002）采用交易成本的视角，依据产业集聚中企业性质、企业关系和交易性质（Gordon and Mccann，2000；Mccann，2002；Simmie and Swnnett，1999），划分了三类产业集聚：纯集聚、产业联合体和社会网络。藤田昌久和森雪（2005）认为新经济地理模型主要关心空间自组织性，忽略了政府和开发商的作用。另外，文献常常把制度设定为外生，而不是作为一个演化的、适应性的社会概念（Nelson and Winter，1982）。制度之间的具体配置和相互关系是在经济利益关系不断调整中形成的，比起制度的简单出现它要重要得多。更重要的是，这些视角忽视了企业家作为产业经济变化策动者的重要性。区域经济发展模型往往忽略了引起经济发展变化的企业家在区域经济发展过程中的作用（Appold，2000），也没有考虑到企业家如何积极作用于本地环境和重塑他们的环境（Boschma and Lambooy，1999）。菲尔德曼、弗兰西斯和博科维茨（Feldman、Francis and Bercovitz，2005）提出一个产业集聚形成的理论模型，认为企业家精神是产业集聚形成中的一个非常重要的要素。此外，金祥荣、朱希伟（2002）指出：浙江自改革开放以来依靠体制优势和企业家的"冒险、创新"精神，较早推动了以民营经济为主导的市场化改革，民营企业规模普遍较小使得专业化产业区的发展较为充分和普遍。吕文栋、朱华晟（2005）也指出：企业家通过改善自身企业的经营绩效、提高企业品牌知名度从而扩大地方产业规模、树立集群品牌形象，更重要的是还对地方其他行为主体产生直接或间接的影响。陈佳贵、王钦（2005）也提出：我国产业集群发展过程中，乡镇的一些"能人"根据市场需求变化首先成功地创立了某一类企业，在这之后它的生产技术和经营经验就会通过亲戚朋友、街坊邻居等各种非正式的信息渠道传递给其他人，他们也就通过模仿性学习，"干中学"、"面对面"交流，进入这类产业。张杰、刘东（2006）进一步指出：地方产业集群的转换和升级是组织架构、外向关联度、社会资本和企业家创新精神的协同转化进程。因此，企业家能够创造或吸引必要的资源并重新组合资源，创立制度来支持他们的冒险性事业，并能够利用他们所控制的丰富社会关系和区域关系。

本书认为：企业家触发产业集聚生成和促成区域竞争优势。企业选址和产业在空间分布及集聚有着显著的经济效率含义。企业家通过空间区位的资源配置把生产要素内生化，而产业集聚作为地缘现象则反映了企业家的敏锐嗅觉和创新精神。企业家的无形资源和社会因素是企业家创业的重要决定变量。企业家在增进他们自身利益的过程中，企业家通过创立各种制度增进他们新兴产业的利益，采取共同行动来塑造本地环境。这样，企业家有助于创新性产业集聚的形成。创新系统是一个不可预测的非线性过程，它依赖于企业家的适应性、自组织性的行为。但是，企业家依赖本地环境的支持，包括政府资源。尽管人们寻求模仿产业集聚所显现的可持续竞争优势，但是这些动态系统很难简单地模仿，需要专一的、难以复制的资产和能力的短暂发展（Feldman and Martin，2004）。

自从开办企业，企业家就作为变化的策动者，积极利用本地环境的现有资源，反过来，不断增加本地环境的新资源，而这些新资源又可以为其他企业所用。企业家通过主动学习和积极实验，利润和专有技术的再投资，扩大与大学、政府实验室的联系及建立地方性制度[1]，不断重塑本地环境。随着时间的推移，产业集聚会获得成功并难以改变。但是建立集聚需要很长的时间，产业集聚的持续需要何种最终结构或能力是不确定的。

企业家所催化的产业集聚的经济成功和持续性是政策环境和成长资源基础

上的适应性所产生的结果。本章旨在提供一个企业家策动产业集聚生成的模型，这个模型不依赖于大规模地复制现有产业集聚的条件，而是集中于将产业集聚的起源看作是带有有界拐点且具有共同演进阶段的过程。每一产业集聚的历史也许是独特的，包括初始条件和所涉及的企业家，但是我们可以通过研究成功集聚发展路径的共同点找到"政策药方"。本章强调企业家在创立企业、扩展资源和共同体时，创造产业集聚的能力。在这里应用的模型特指创新性、技术密集型产业集聚。

在产业集聚的形成过程中企业家是一个非常重要的要素，企业家是创业活动的主要策动者。企业家创新活动包括技术创新、市场创新和制度创新。企业家才能是稀缺的人力资本，它是企业占支配地位的资产，企业家能力对企业成长起到决定性影响。由于企业家的行为是由企业经济活动体现出来的，企业家主导的企业区位选择决定了在区域内的何处进行生产、营销、研究开发或者管理活动。贺小刚、李新春（2005）将我国企业家经营能力拓展为管理能力、战略能力、政府关系和社会关系能力四个维度，尤其是内部管理和战略定位是企业家的主导性经营活动。此外，产业集聚作为复杂的适应性系统，它的外部资源随着时间不断发展起来。高能力的企业家可以期望比较容易（成本较低）地获取经营企业知识以及建立未来可资利用的网络资源（李新春，2000）。企业家适应建设性危机并抓住新机会，创造新的生产要素和有利于他们利益的条件，反过来，有助于外部资源的发展，如图3-1所示。企业家能力促进外部资源缓慢爬升，然后转变为交互增强的关系。企业家建立广泛的社会关系网络，形成了企业独特的外部资源，有利于获取信息、把握机会和规避风险。此外，企业家整合外部资源和企业内部资源的能力影响着企业内部管理、战略定位和经营创新。先行投资的那部分企业通过不断扩充资本形成了稳定的产业结构，之后长期地、逐渐地向垄断发展。本章着重探讨了影响企业家创业决策的初始条件，并且考察外部要素如何影响高技术产业集聚的形成和选址。

企业可以把它的所有活动集中在一个地点，实行垂直一体化模式，实现企业内部资源的最优配置。企业也可以把生产经营活动分散化分布在许多地点进行，企业可以把不同功能一体化到一个企业，还可以把不同功能分布在不同地点，如生产地、研发中心、营销中心和管理中心等。企业之间通过供货、信息和控制形成相互之间的协作关系。

企业 A 可以将企业经济活动设址区位 m、区位 n、区位 p 和区位 q，将企业内部资源配置到不同区位，甚至可以进行企业资源比例、结构等的调整。企

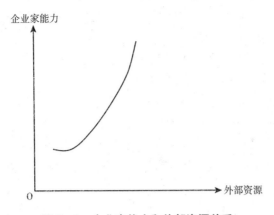

图3－1 企业家能力和外部资源关系

业 A 也可以将外部要素 a、要素 b、要素 c 和要素 d，通过联合或控制，内生化于企业 A。对于企业 B，分析方式和结果一样，具体见图 3－2。

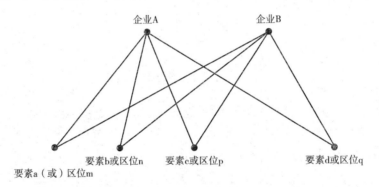

图3－2 企业要素内生化

企业之间在采购和销售市场上不仅交换货物和服务，也经常交换行情信息，如关于市场状况、技术革新、新产品、市场营销战略等。企业同重要的商业伙伴还保持着更紧密的联系，通过非正式的协议和具有合同义务的正式协定直到资本融合（相互持股）。李俊江、马颙（2004）指出：信息产业跨国公司是否能够将地区聚集的环境与合作关系转变为企业的地区聚集优势和合作优势，并将两者最终转变为竞争优势，关键在于他们的学习能力。同样，发展中国家和地区提升信息产业国际竞争力的关键在于将内力和外力有效地结合起来。

长期以来，企业区位论的研究往往注重企业自身区位选择，而不去考察变化的政治经济、社会、技术等外部环境。企业行为是一个复杂的制度设计体系，而不是古典经济学所说的单一经济目标。企业区位决策过程是一个开放系统，需要根据不断变化的外部环境来决定。决策过程还会受到信息反馈和循环过程的影响。

企业决策者与企业组织结构、企业对内部环境、外部环境的信息采集及处理过程的交互作用，决定了企业区位选择。企业在特定区位设址既有清晰的内部要素和外部要素的界限，又通过企业和企业家的智慧不断扩大企业边界，使外部要素内生化以及提高内部要素的组织效率，内在逻辑关系见图3－3。

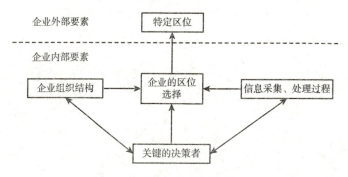

图3－3　企业区位选择决策过程

事实上，企业区位决策具有较强的外部效应，不仅影响着区域经济结构，而且还会影响到其他企业的选择以及为其他主体的选择构成框架条件。例如，企业的营销网络决策就会对区域销售市场结构产生重大影响，或者企业的库存政策（半成品存货或者"及时供货"）会影响区域采购市场的扩展。当某个企业通过创新取得较好的经济绩效时，对其他经营者起到了示范效应，后者在较低风险、较明确的发展路径以及较高的预期收益等激励下，成为创新企业的模仿者和追随者。此外，区域内同行企业的竞争是直接且相对透明的，企业成功创新常常会在当地引起激烈的社会反响。因此，某些企业创新活动及其创新绩效会给其他竞争对手造成现实的压力，并进而转化为创新动力，增强创新投入力度（吕文栋、朱华晟，2005）。从而，不断提高区域内产业集聚整体技术水平，增加资源利用效率。

第三节 企业家决策和企业区位选择：
一个应用模型[2]

在创新性产业集聚的形成和发展过程中，企业家作为积极的资源组织者，是一个关键要素。创业活动是一个地方性活动：企业家选择在他们已经形成商业网络并能接近资源的地区开办企业（Romanelli and Feldman，2004）。由于家庭束缚迁移性或者区位偏好，许多企业家具有区位惯性，面对外部因素的改变或者在其他企业工作的同时开办新企业。创新性产业集聚仅仅是企业的集合体，当形成大量创新性新技术企业时，该区域可以被认为是具有创业前景的。伴随着产业发展动荡，新企业的创造、失败或重组是地方经济活力的"晴雨表"。

对于企业家开办企业的决策有多种看法。新古典经济学认为风险厌恶和不确定性限制企业家的数量（Holtz-Eakin et al.，1996）。尽管就其他个体而言，企业家更能容忍风险，但承担风险和接下来的成功是否企业家谨慎在起作用以及成功创业是否带来较低的风险厌恶却是不确定的（Blanchflower and Oswald，1998；Carroll，2002）。熊彼特（Schumpeter，1939），奈特（Knight，1921）和柯兹纳（Kirzner，1973）认为企业家在发现机会、接受挑战和组织资源方面具备非同一般的能力。布兰奇弗劳尔等（Blanchflower et al.，2001）在吸收这个思想的基础上提出：发现机会以及接下来的执行能力是影响创业的最重要因素。

我们基于熊彼特的传统观点：创业决策是个体偏好、机会洞察力、接近资本和其他互补资源共同作用的结果。熊彼特（Schumpeter，1911，1934，1942）从混乱的经济变化追溯至出现革新，确认企业家是革新者（Blaug，1985），认定在动态不确定性中企业家发现机会的创业活动是经济推动的中心。创业决策意味着打破常规以及降低资源成本和机会成本，企业家利用它们来组织资源。当环境改变时，创业是对于建设性危机的一种反应。企业家的创业反应需要技术机会、市场机会以及追逐机会的动机。这些因素减少了开办新企业的风险，却影响着创业成功。

政策问题的核心是如何让主动的企业家进入潜在的创业活动。熊彼特

（Schumpeter，1942）强调资本主义的演化性质，提出生产系统的冲击或中断来刺激个体承担创新引入市场的风险。在本地环境中，中断或许是外生因素，例如企业缩减生产规模或失业，或者是大机构不情愿支持新观念。如果创业决策易受外部因素的影响，而不仅仅是个体偏好的函数，那么政府政策就会积极地或消极地影响创业决策。本章的模型认为一些外在初始变化———一场危机、产业发展中断或产业发展机会，推动潜在的企业家开始创业。这些初始变化与制度环境、经济环境和政策环境相互作用，反过来，制度环境、经济环境和政策环境支撑着产业集聚的创业启动以及推动产业集聚成熟来创造马库森（1996）形态学的黏性，进而，它会影响到区域能否获得成功。资源类型、资源质量、增进行业利益的网络以及制度的动态变化会影响创业可持续性。因此，单个产业集聚是互补企业和联盟利益体的集聚体。

图3-4是包含上面思想的一个示意图。它阐明了企业家、政府政策和本地环境[3]的相互依赖关系。此外，它也揭示了开办企业做决策时所面临的多项关系。从企业出现、稳定，再到成熟，尽管各个组成要素是不断演化的，但最重要的相互联系是保持不变的。在一个运行完善的创业系统，各组成部分互相强化，促进企业、产业和产业集聚共同发展。

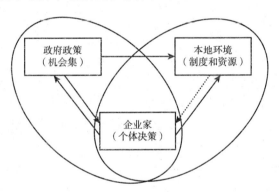

图3-4　区域资源相互作用模型

我们可以比较硅谷、128公路或北卡罗来纳州研究三角园的发展历史，这些事例强调强烈的直接控制。卡顿等（Kargon et al.，1992）强调弗雷德里克·特曼[4]创造了世界一流的研究机构与商业团体和本地环境的紧密联系，并且营造鼓励学生成为企业家或者积极参与企业研究项目的氛围。同样，128公路可以追溯到长期的校企合作传统和政府定约的桥梁作用（Kenney and Vonburg，1999），而北卡罗来纳州研究三角园则是由于公共部门的努力干预建立起来的

（Link，1995）。然而，这些事例很难复制到其他地区。本章的模型提出一个产业集聚的形成根本上是以创业环境为基础的，而创业环境是有机的、自组织的和由累积性阶段产生出来的。

图3-5表明一个高技术产业集聚随着时间的演化出现连续的三个阶段：第一阶段，新兴阶段的出现是由于一系列外部事件引起创新。第二阶段特征是产业集聚的自我组织以及在企业家、企业、制度和资源相互作用下自我强化的回馈效应的不断加深。第三阶段是产业集聚走向成熟，进入运行完善、富有创新和具有创业精神的创业系统。

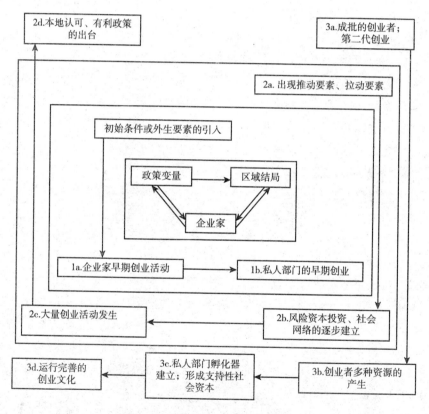

图3-5　创新性产业集聚的演化模型

在初期阶段，尽管一个地区有创业所需的人力资本或著名研究型大学，但是创业很少发生，并且该地区也极少或者根本没有风险资本进入。融合熊彼特（1939）企业家的动态化作用和奈特（1921）的企业家作为风险承受者的观点，外生冲击易触发创业反应。因此，企业家不仅重塑本地环境而且本地环境也塑造了企业家。这样，企业家被认为是产生产业集聚的积极的、不可或缺的组成部分。

因此，产业集聚来自于企业家的个体活动以及共同发展的起支撑作用的制度所产生的结果。一旦企业建立起来，创业过程是一个持续的试错或干中学的过程（Zaltman et al.，1973）。这样，本地企业学习和适应偶然事件的能力就是产业集聚发展过程中一个重要的决定性变量。马斯科尔和马姆伯格（Maskell and Malmberg，1999）提出技术性产业集聚可以抽象化为相互依赖的企业以及促进学习和知识创造的专用制度。这些技术性依赖关系在产业集聚发展的第一阶段开始慢慢形成。

第二阶段主要是不断增加的创业活动。企业家明确并组织所需资源来推动和保护他们的利益。这样，企业家的独立行动对于产业集聚这一自组织系统来说，起着重要的催化作用。技术商业化需要极强的市场洞察力：技术将如何使用，消费者是谁，消费者重视何种商品属性和如何把商品引入市场。企业家所面对的本地群体和不断发展的基础设施在这些决策中起到作用。产业集聚的演化路径和能否成熟发展起来是集体协作以及共享市场洞察力的函数。

在第二个阶段，初生的产业集聚进入一个重要时期。在这个时期，网络和团体在产业集聚的进一步发展中起到重要作用。组织网络和创业风险投资共同发展，甚至是共生的。由于具有初始创业的经验和事例，成功发展起来的产业集聚变得能够自我持续：企业家吸引物质资本和人力资本到该地区，公共和私人网络建立起来为企业家创业提供了便利；相关基础设施由公共和私人机构创建起来，辅助性服务也发展起来支持这些企业。然后，企业家继续发挥作用，激发本地环境进一步创新和促进本地化学习。企业家对于本地环境的创造性反应决定产业集聚的性质和稳定性。硅谷、田纳西大都市圈、北卡罗来纳州研究三角园和华盛顿地区的这些产业集聚，在本地独特环境下，企业家创造出带有他们自身标记和能够承受外部冲击且具有适应能力的集聚（Leslie and Kargon，1996；Feldman，2001）。

根据图3-5，最后是阶段3。在阶段3，一个运行完善的创业环境在具有创新性和适应性的产业集聚中出现。最初创业的成功和它们之间的协同作用产生新的创业和新的"副产品"。创业成功和经验促使本地对新兴产业的认可。本地认可意味着风险减少，第一波创业活动所创造的新增机会有助于进一步创业。企业家网络、政策制定者和二次转包商慢慢发展起来。大学、学院和技术中心认识到个人高技术培训的需要，并提供培训项目满足这种需要。

图 3-5 表明最初一批创业活动的绩效和积极结果反馈到该系统，生成新的创业机会。在第三阶段，政府政策刺激进一步投资行为。孵化机构和其他技术合伙人发展起来推动产业集聚的发展。成功企业家也从他们初始创业涉足其他企业，成为多元企业家，并在区域内打上他们深深的"烙印"。此外，风险资本家在该地区重新部署或者开立新的分支机构，表明这个地区在创新和创业活动中获得成功。当政府寻求吸引创新以及提供一个更加有利的环境来促进高技术的进一步发展时，成熟发展起来的产业集聚引致政府政策发生相应变化。总之，上面所述的诸因素表明了一个动态变化的系统，这个系统是自我持续和自我加强的。在风险资本、研究型大学参与、大学技术转移以及社会资本的类型和创业活动方面，这个产业集聚模型与硅谷略有不同。

尽管本章提供了一个高技术产业集聚发展的模型，仍有产业集聚失败的案例：当外部环境发生变化时，产业集聚不能适应冲击和企业家创业活动中止或者转移（Leslie and Kargon，1994）。企业或地区的创新能力可以提供长期的、可持续的竞争优势（Porter，1989）。不管地理范围的大小，区域推动及保持创新的能力、刺激资源配置的能力和适应环境变化的能力带来了长期的经济增长。在新古典经济学中，企业成功和地区成功是内生的或者相关的。当企业家建立外部资源时，他们肯定是要谋取自己利益，但在某种程度上，其他个体也受益于这些资源，本地企业家也有助于产业集聚的发展。

"创新性产业集聚"是指地理上有边界的相关企业的集合体。尽管很多产业由于资源需求或历史事件而呈现空间上集聚的趋势，本章侧重于创新性产业集聚[5]。创新性产业集聚是知识密集型的，并且融入最新的科技成果，有的来自于科学发现，例如生物技术或纳米技术产业，有的来自于实践发展起来的技术应用，例如工业装备制造业。产业集聚既包括相关的或支撑性技术的企业，也包括制度基础以及提供资源和推动整个集聚体利益的社会联系（Boschma，1999）。创新性企业常常挑战常规的市场版图，它们创造了新产业或者新的产业部门，而这些市场机会主要存在于大企业或现存企业无利可图的地方。

通常地，政府制定各种经济发展政策试图鼓励创业活动。美国生物技术和信息通信技术产业主要集中在华盛顿周边地区，它已经有超过 20 年的发展历史。它的发展过程有两个基本特色：第一，尽管华盛顿地区没有通常所讲的发展高新技术的先决条件，一些不相关的事件促使具有创业精神的个体开始创业。第二，支撑性组织和创业企业共同发展。在这个地区，生物技术和信息通信技术产业起初都是很不受重视并且进行低层次的活动。当企业家抓住机会开始创业，集聚逐渐出现，并且维持集聚的必要组成部分发展起来，在很大程度上是由于企业家个体自我组织的努力。华盛顿地区的成功创业表明，它们都有一个卑微的和艰难的创业期，而不是由经济发展政策积极推动和刺激形成的，并且辅助性的创业条件也是随着时间发展起来的。在这些新技术发展的早期阶段，它们向前发展的道路是不清晰的，并且很难预测企业家所需要的各种具体辅助条件。企业家单枪匹马推动技术、产业和地区向前发展。地方政府政策推动创业的作用也是不明确的，因为华盛顿地区发展早期并没有出现地方政府推动创业的事例。需要注意的是，硅谷的成功被认为是地区产业和大学密集性技术转移及相互作用的结果。地方政府政策起到了积极作用，但是它们往往是在集聚发展的稍后阶段实施和发挥作用的。

由于高技术产业集聚的创新性特征，产业集聚的规划是非常困难的。在产业集聚的初始阶段，由于技术创新还无法被认可以及潜在应用价值还没有被认识到，企业在创新性活动的中心设址能够带来重要的竞争优势。然而，认识一项技术的潜在价值需要对消费者需求、现在市场的产品革新和要素投入情况以及主流的生产技术进行全面而细致的了解。联合选址增强了对新兴产业发展趋势的认识，并且减少了企业发展的不确定性：由于知识外部性减少了区位的发现成本和产品的商业化成本，创新在该区位形成空间集聚。技术最新发展起来的区域，很大程度上已经获取了最大份额的产业收益，并且占据竞争优势地位。预测新兴产业的发展路径是很难的。新技术极不稳定，并且基于现有前提的规划也不能正确预见未来的科技发展方向（Lambooy and Boschma，2001）。

本章的产业集聚演化模型表明产业集聚源于一系列偶然事件：创业机遇和存在所需要素（包括想法、熟练的人力资本和风险减少）。探究其他产业集聚表明他们早期来源于路径依赖和特殊的发展道路，企业家创业活动和企业策略则发挥了决定性作用。菲尔德曼和舒尼达（Feldman and Schreuder，1996）考察了中部大西洋地区制药集聚的历史起源，发现一系列的偶然事件创造了早期的集聚。随着时间的推移，基础设施建立起来，为区域内企业提供了竞争优势，进而，更多企业和资源被吸引到该地区。科莱普（Klepper，2002，2004）认为密歇根州底特律的出现是美国汽车产业集聚发展起来的结果。Klepper 强调在汽车产业工作的成功一代企业家，认为企业家在 Olds Motor Works[6] 工作学习到的理念和经验是他们企业成功和地区接下来增长的主要因素。斯科特（Scott，2004）考察了加利福尼亚好莱坞动漫产业的起源，发现高度成功的商业模式的发展和传播起到了至关重要的作用，产业和技术共同发展起来。尽管这些产业集聚都有不同的起源，它们发展起来的支撑条件，很多文献称之为成功的创业环境。这些地区发展的成功，以至于我们常常把它们等同于集中于该地的产业集聚。然而，在这些区域发展过程中，企业家创业、创业过程中创造的资源以及支撑性制度的建立是产业集聚发展的决定性力量。重要的是，企业家是产业集聚的策动者。

总之，企业制度优于市场交易的是，它通过把生产的指挥权界定给企业的所有者，从而消除了不同的分工参与者之间发生争执的可能性。在市场经济条件下，推进经济效率水平提高的两种基本方式是市场价格机制和企业组织制度。按照主流的企业与市场关系理论，当企业分工模式和市场分工模式达到平衡时，由企业协调的分工放到市场上协调的成本会更高，而由市场协调的分工放到企业内部协调的成本也会更高。企业的分工、交易和合作是提高企业生产效率的基本源泉，也是企业资源内生化的重要行为。因此，产业集聚是一种"泛性"企业。

第四节　演化复杂性与创业良机

成熟的产业集聚，如硅谷和 128 公路，它们许多特征和功能已经广为人知。硅谷的经济成功以至于世界各地政府官员试图模仿或者复制它的成功。政府旨在复制硅谷地区的条件，他们基于这样的信念：其他地区也可以抓住高技术企业所带来的收益以及接下来的经济增长。但是，大多数主流发展思维圈于硅谷发展的先进阶段所带来的简单印象，如运行全面的创业系统的运作方式。然而，模仿成功地区的经验，它不可能提供关于这个地区如何发展起来的规定性信息。这些成功地区目前的创业环境所包含的条件是一个有效创业环境所产生的结果，它不能说明通过何种早期努力得以抓住创业机会以及通过何种努力使产业集聚发展起来。复制成熟的创业环境并不足以推动创业并获得地区发展的成功。本章的理论模型提供了一个地区如何适应变化发展成为运行完善的地区创业系统，这样的重组伴随着根本性的改变或者由迟缓的创新系统到积极的创新系统的阶段性变化。从这个方面来讲，资源集中、高度熟练的劳动力和接近新技术的使用者是先决条件。私人部门创业增长的转变不但表明沿着技术发展轨道运行，而且是建立在外生冲击、相关人力机构和产业集聚不断适应和发展的基础上。从政策视角来看，以前不具备创新特征的地区如何产生集聚是非常重要的，而产业集聚是如何发展起来并且为何发生在某些地区而不是其他地区的研究却非常有限。

尤其值得重视的是，创业最重要的条件是良机。这样，熊彼特的创新性破坏不仅是企业家对外生变化的反应，也会引发当地环境的改变。但是，利用政策推动企业家供给水平、提高区域创新能力是远远不够的。尽管区域条件并不满足成功产业集聚的那些条件，但是发展地方经济提供的机遇有助于创业活动发生。优秀的企业家会不断给自己创造机会，不断塑造产业前景和区域创新环境。尽管主要企业家的行为影响着个体行动，但是产业集聚的结构和产业集聚的技术轨道是联合决定的。这就表明：企业、产业和地区受益于同种要素和共同决策，它们的演化发展是错综复杂、相互交织。

很显然，产业集聚一旦建立起来，就进入有序的自我强化的轨道。政府通过制定法律和税收架构、研究机构、社会关系以及适应本地生活环境的公共政策，实施积极干预来建立有助于创新和创业的支持性的、积极的环境。影响企业家决策的其他条件以及创业文化的发展和持续方式都会影响本地环境，并影响创新和创业。我们对地区经济系统的理解需要强化企业家作为经济变化的策动者，他们积极地作用于当地环境，适应新形势、危机，或者利用本地专有资产的良机，最后建立和扩大本地制度。企业愿意受制度约束并在某一区域集聚的原因之一在于制度创新的收益。因此，从政策视角来看，在一个成熟的市场中，政府的基本职责就是界定产权制度、保证市场合约的有效履行、保证个人财产不受到他人侵害、建设性地反映环境变化、提供制度安排等。而这些基本职责履行就是通过政府的制度制定、创立、修改与完善等方式来进行。

第五节　本章小结

总之，企业家适应变化，当它们发展起来，不断建立各种支持他们创新活动的资源，在发展过程中有助于特定地区形成黏性地区系统。创新性企业家在由创业活动成功以后，面临着由创业型企业家向管理型企业家转型，企业家成长网络模式的发展方向是"以个人关系为导向的企业家个人网络"向"以能力为导向的企业家社会网络"转变（赵文红、李垣等，2004）。最后，企业家通过市场和自身关系网络将外部资源与企业内部资源优化配置，企业家可以跨越自身边界实现企业间资源共享、优势互补，企业家的能力及他所能使用和整合的资源决定着企业家创业活动成功与否，影响着此后能否策动产业集聚生成。

注释：

[1] 如产业网络协会，本地企业家联合会等对增强本地企业信用、减少交易成本以及增加交流的非正式制度。

[2] 部分内容已在《内蒙古社会科学》2008 年第 6 期发表。

[3] 譬如社会制度和商业制度以及物质资本和人力资本等。

[4] 他是硅谷的奠基人。

[5] 一般地，创新性产业集聚包括新颖产品的生产和增加经济体的新价值。

[6] 当时的一个主要创新者。

第四章

内部规模经济与产业集聚动力机理

超越简单的经济地理因素[1]探求产业集聚生成机理促成新经济地理学的兴起，它抓住了生成产业集聚的最为本质的经济力量：地方化规模报酬递增。地方化规模经济促进产业集聚和要素集聚是市场关联的结果，促进产业内部规模不断扩大；它是由同一产业生产差异化产品的企业集聚和产业上下游企业集聚来实现的[2]，共同利用产业市场关联的"金钱外部性"[3]（Pecuniary Externality）。

第一节 地方化需求与产业地方化

在当代世界上，有两种相互竞争的趋势引起了学者、企业家与政策制定者的兴趣：经济活动全球化和产业地方化。这也证明了位置和场所与经济活动过程相关。产业地方化是历史因素和企业家策动相互作用的结果，其中关键性因素是存在地方化需求。长久以来，世界发展的步伐一直让位于供给主导，需求力量没有受到足够重视，或者被弱化。符正平（2002）指出：企业集群形成的需求条件一直是集群研究中的一个薄弱环节。郑风田、唐忠（2002）也认为需求因素一般作为一个触发因素，刺激某一产业在一个特殊地域诞生，如果再加上其他合适的土壤，如宏观政策、人才等，就能够异乎寻常地成长起来。此外，屠能（1826）讨论了孤立国的产业布局，认为成本和价格是孤立国确定生产布局的决定因素，而产品生产地和消费地的距离成为孤立国生产布局的一个重要问题。因此，它已经包含了深刻的需求决定产业布局的思想。甚至是，马歇尔（1920）把集中在某些地方的工业称为地方性工业。这一地方性工业有两个主要特征：其一是分工；其二是在特定地区集聚。马歇尔（1920）在阐述地方性工业的起源时，他认为导致工业地区性分布的原因很多，但其中一个主要原因是自然条件，如气候和土壤的性质，附近有矿山和采石场，或是水陆交通便利；而另外一个主要原因是宫廷庇护。宫廷庇护是为了满足聚集在宫廷里的那群富人需要质量特别高级的物品。从根本上说，宫廷里富人的特定需求导致了产业地方化，地方化需求产生了产业地方化。艾萨德（1975）也指出："费城区域高工资工业可以大规模市场化的原因之一是该区域对该种工业的产品有大量的当地需求。"除此之外，艾萨德（1975）也指出："任何给定的地点或地区的市场的存在，都有赖于当地存在有使用或消费某一产品的行为单位。"另外，波特（Porter，1990）指出西班牙是世界第二大瓷砖出口国，在分析原因时提到西班牙瓷砖业历史悠久，气候条件和当地人喜好以壁砖装饰的习惯导致西班牙人大量使用瓷砖，再加上进口瓷砖税率也较高，所以本土瓷砖业大量发展起来。进而，我们可以从城市层面来分析，城市是空间经济系统的主体，它对经济空间的组织和发展起着重要作用。生产企业在空间上以城市为中心圈层集聚，本质上是生产服从于需求的结果，地方化需求产生产业地方化。史东明（2003）指出集聚所在区域的市场需求因素是产业发展的强大动力。有了旺盛的市场需求，才会刺激中小企业蜂拥而上。因此，本章主要研究的是马歇尔（1920）提出地方性工业起源的后一种原因，特定的地方化需求所导致产业地方化。

纵览国内外文献，地方化需求与产业地方化的关系，一般以为是既定的，但其究竟如何产生，它的作用机制都被回避，有很大程度上是由历史所决定的供给主导的结果。人类前进的步伐，必须予以消费者需求以公正地位，从某种程度上，研究地方化需求和产业地方化也是为了抛砖引玉，更好地让企业和区域政策制定者从自身区域需求属性出发，选好主导产业，促成产业地方化，最终发展有竞争力的产业集聚。

一、地方化需求和作用机制

海德和梅尔（2006）指出需求的空间分布是区域经济布局的重要决定变

量。从这个研究角度来看，市场进入（Market Access）是决定企业生产区位和它们的要素收益的重要因素。一个区位经济活动的水平以它所提供产品的市场为条件。市场进入（Market Access），与区位的固定特征相反，是有助于经济活动地理集中的集聚力。区域间产品——市场联系决定经济活动空间分布的变化。因此，一国国内经济一体化程度越高，市场越大，必然带来制造业的空间转移和增强地区产业差异性。

产品的需求市场可分为消费者市场、产业市场、政府和组织市场等（梁琦，2004），它们共同构成了独特的地方化需求。消费者市场由个人和家庭组成，它的一大特点是：人们是在各自生活、工作以及取得收入的地方消费，消费者消费具有地域性特征。劳动者本身也是消费者，劳动者从一个地方流动到另一个地方就意味着消费者市场的移动。因此，当地市场需求的一部分源于企业雇用的劳动者，企业集中的地方也是消费者市场集中的地方。产业市场[4]由所有购买商品或劳务并将其进一步用于生产其他商品和劳务，以供销售、出售或供给他人的机构组成。企业不仅出售产品，而且还购买数额巨大的原材料、零配件、附件、物料和劳务等中间产品投入。产业市场是巨大的，所有这些产业需求和产业购买的特征，都能吸引经济活动更多地集聚。反过来，集聚又进一步扩大当地的产业市场需求。此外，在一些国家里，政府和事业组织是商品和服务的重要购买者[5]。梁琦（2004）指出在英国，国家卫生局每年有55亿英镑的基金，而国防部每年花费在装备和供给上的经费超过90亿英镑。因此，政府市场需求也是巨大的，如果政府在当地市场是主要的采购者，自然会吸引供应商向当地集中。所以，企业都愿意坐落在对其产品有很大需求的地方。从这个研究角度来看，本地消费者、产业供需联系、政府和事业单位购买构成了庞大的本地需求市场，推动产业在本地集聚。

市场经济是通过市场来进行资源最优配置的经济体制。在市场经济比较成熟的西方，判断一个决定生产何种物品，提供何种服务的经济体系是高效还是低能，依赖于资源是如何严格按照消费者和生产者的偏好需求配置的。这里有两个因素在起作用，一个是资源，一个是需求。杨小凯（1998）指出："资源的有限性导致多样化消费与专业化生产的报酬递增之间的两难冲突。如果经济规模（人口）或可用资源增加，则有更大的市场空间来平衡上述矛盾，专业化生产的报酬递增和多样化消费才可以同时兼得。"由于作为经济中需求方的消费者偏好多样化消费，而消费品的生产具有厂商层次上的递增报酬或规模经济。因此，资源的有限性和生产的经济效率要求，使得只有需求才有意义。

　　随着生产力发展和生活水平的提高，人们对产品的需求变得日益复杂起来，成本不再是消费者消费决策的唯一决定性因素，消费者更加偏爱产品种类多样化、个性化、售后服务专业化，等等。由于专业化服务，产品多样化，配套产品，便捷运输，高品质等使得传统比较优势不复存在，促使产业围绕本地消费市场集聚布局，而产业地方化又创造新的比较优势。如果产业集中能够提供多样化的产品与服务，则在竞争中就可以发展壮大，成为有竞争优势的产业集聚。一般地，企业经营目标不仅包括价值创造，而且包括价值实现。价值创造是企业如何以较低的生产成本创造同等价值的产品。企业价值创造和价值实现紧密相关，而企业价值实现对企业来说更为有意义。企业的价值实现是要使企业创造的价值得到消费者认可。消费者要认可企业创造的价值有两个条件：一是消费者要能感知得到产品价值的存在；二是这些感知得到的价值要符合消费者的价值观。因此，企业要实现商品价值，必须要准确地把握本地消费者需求信息和变化，那么在本地市场周围布局就很有必要性。

　　从产业发展的微观层面来看，需求促使产业地方化。符正平（2002）指出：集群的产生往往是因为本地市场需求强大，而且具有超前性，本地的高级顾客迫使企业精益求精。由于供给和需求具有地方关联，需求具有地域性（梁琦，2004a）。宋泓（2005）也指出：一个新产业的形成意味着新企业的建立。新企业的形成条件之一是本地独特而巨大需求条件拉动的结果。此外，需求有数量上的需求，也有质量上的需求。数量上的需求固然能够使产业迅速集聚，发展壮大；但质量方面挑剔的要求能够保证该地市场领先于全球，反映市场需求的发展趋势，因而能够保证集聚的竞争优势与持续发展。质量上的高要求能够创造市场上更大规模的需求，当该地市场领先于世界潮流时，那么该地产品能够出口到世界各地，而非仅仅当地市场。梁琦、詹亦军（2006）也指出：产业集聚使得厂商之间知识溢出与技术传播迅速便捷，而且会培育内行而挑剔的客户群，从而提升市场水平，强化该地区和该行业的竞争。

　　从一国经济发展的宏观层面来看，市场需求空间特别是一个处于高速增长的市场需求空间，是决定一切产品生产要素投入的价值和增值活动能否最终得以实现的关键因素。对于一个有着高速增长的市场需求空间的经济体来说，可以无须借助外部市场，而通过本土市场需求容量对创新动力引致功能的作用，内在地培育出其国家自主创新的发展能力，这被称为"需求所引致的创新"（Zeweimuller and Brunner，2005）。

　　本地市场容量的大小，决定了企业的数量和规模，是产业集聚发展的前提和基础。市场容量是指市场上所产生的需求量和供给量的总和，其市场规模的大小与顾客的购买力紧密相关。克鲁格曼（1993）指出：在赫希曼的后向关联效应的定义中，与规模经济相关的金融外部性的作用相当明确，当一个产业的需求使它的上游产业至少可以达到最小规模经济，它就创造了一个后向关联。由于市场供求关系具有连续性，在空间地理集中的产业集聚，它的存在和发展更需要有广阔的市场作为支撑。因此，我们可以从克鲁格曼（1980、1991）看出，产业集聚生成的初始地点，还是取决于国内市场容量的大小，然后才是受到国际市场容量变化的影响。

二、产业地方化：专业化分工与中间投入品生产

一个地区的需求条件有助于该地区产业本地化的形成。如果当地对某种产业存在着较大的需求，那么同样有助于在当地形成该产业的集聚（Zeweimuller and Brunner，2005），实现产业地方化。产业地方化促发的产业集聚是一种区域组织形式，对区域经济的发展和区域竞争力的提升起着重要作用，并逐步成为地区经济发展的主要模式。克鲁格曼（1997）指出："发展经济学和经济地理学在二次大战以后都曾繁荣一时，而且都建立在同一个基本洞察力的基础之上：劳动分工受市场规模的限制，但市场规模反过来又受到劳动分工的影响。这种循环关系意味着一国可能会经历自我加强的工业化（或者无法实现工业化），而一个地区可能会经历自我加强的聚集过程。"

生产要素在本地范围内流动，形成地方生产系统。随着全球经济一体化程度的加深，产业链构成中的企业数量既大幅增加，又更为专业化，协同方式也由过去的浅层利益交易，逐渐发展成为以战略联盟、优势互补，资源共享、流程对接和文化融合为特征的深度合作（吴金明、张磐等，2005）。同种产业或相关产业的企业在本地有机地集聚在一起，不断进行产业专业化分工，通过不断创新而赢得竞争优势。产业分工不仅包括产业内各环节，即产业上下游之间产业纵向配套延伸的产业内分工，而且还包括产业横向关联拓展的服务于产业发展的服务链。专业化分工代表了从自然资源到最终消费之间的距离和社会资源的利用深度和广度。产业链越长，专业化分工的深度越深和广度范围越大，参与分工的中间投入品生产越多。中间投入品生产是为了提高最终产品的生产效率和更好参与企业竞争。专业化分工和中间投入品生产是产业内部的分工和

供需关系，体现产业配套性。然而，产业配套性是一个有效市场半径上产业链的完整程度，已经成为影响本地投资环境的最重要因素。专业化生产和中间投入品生产可以充分发挥产业链各个环节的协同作用，提高本地配套性来促进产业链的效率。企业在其产业链的构建与优化时，总是努力地寻找一条经济效率最优的路径。吴金明、张磐等（2005）提出："从供给的角度看，产业链是资源功能传递、功能集中和功能累加的手段。"产业链在特定空间各个环节的专业化分工进行资源和功能累加，产业链各个环节形成供给和需求关系。产业链各个环节对其上游环节提出需求，而又对其下游环节提供供给。因而，产业地方化促进本地劳动分工深化，经济规模不断扩大，产—学—研机构之间，以及产—供—销之间的协作关系不断紧密发展起来。产业链不断完善促进市场规模的扩大，它能使制造商获得日益增加的内部和外部市场规模的回报，形成劳动力分工和生产专业化，促进技能形成和技术发展，形成产业集聚良好的集聚区经济，这些都是市场通过贸易进行扩展而产生的动态效果。

马歇尔（1920）指出：一个巨大的本地市场能够支持达到有效规模的中间投入品供应商的发展，一个"厚"的劳动力市场的优势，以及同行业厂商聚集在一起时进行信息交换的优势。因此，一个地方性的产业可以支持当地更多专业化的供应商，这些供应商反过来又使产业更有效率，强化了地方化。首先，在很大程度上取决于至少一定程度的规模经济。韦伯式（Weber-type）的运输成本最小化的故事可能暗示只有当运输中间投入品比最终产品更昂贵时，才会出现地方性的行业大型企业（Krugman，2000）。其次，产业在空间集聚，促成产业内部分工专业化和供需连接关系的加强，不断完善垂直分工的产业链和横向分工的协作链，并且进一步强化产业本地化。最后，现代分工形式的主要特征是迂回生产，即在原材料和最终产品间分离出来越来越多的中间环节。间接或迂回生产形式的发展导致在产业链的原材料和最终产品生产间增加了越来越多的中间产品的专业化生产企业，不同的专业化企业扩大或延伸了产业链的市场范围，进一步强化了规模经济。

地理集中的基本思想依赖于收益递增、运输成本和需求[6]的相互作用。如果规模经济足够大，每个制造商就都想在一个地方生产，为整个国家的市场提供产品。为了最小化运输成本，它会选择当地需求大的地方。但当地需求大的地方也正是大多数制造商选择的地方；因此，有一种循环关系，使得一个制造带一旦被建立起来以后，就一直存在下去。因此，围绕产业链进行专业化分工和中间投入品生产可以形成上下游关联、产品互补、资源互补、功能互补的产业链条，可以获得企业自制—外购（孙鳌、陈雪梅，2007）的经济效率，可以促进本区域稳定发展和竞争力提升。

总之，本地需求是产业本地化的关键条件。存在本地需求，企业才会对这种有利的需求信息和条件做出积极反应，进行产品开发和技术升级，促进本地化规模经济的不断扩大。因此，从这个角度来讲，不断改善本地市场环境，依据本地需求进行产业化是地方政府制定政策的基础。我国在充分参与国际经济发展的前提下，促进国内市场竞争环境建设，从而促进当地企业和产业发展的自立发展模式是中国成为世界制造业中心的最佳模式选择（宋泓，2005）。

良好的区位因素提高一个区域的微观经济能力[7]，从而真正提高企业生产效率和企业竞争优势。由于许多产品需要一个最低的需求量，才能保证有盈利的供给。这些经济活动将集中在那些有较大需求的地区，如人口数量众多的城市地区、企业和私人部门较多的地区，也包括国家公共部门（大学、研究机构、文化设施等）集聚的地区。一个地区拥有这些设施反过来提高其对其他活动的吸引力。这些活动的相互吸引，来源于它们的特性和市场需求，从而导致一个区域的产业集聚。

第二节　联系效应与要素迁移

一、消费者多样性偏好

如果消费者可以任意地进行他们的消费行为，那么完全有理由想象消费者总是想方设法选择他们所需要的物品，而不是不需要的物品。否则，显然不属于经济人行为的范畴。我们分析消费者行为时，需要有一种作为我们分析基础的框架。由于资源被何种经济活动利用以及这种资源的回报（或价格）取决于社会对它的需求和它自身的价格。因此，经济学关于消费者理论是非常简单的：经济学家认为消费者总是选择他们能负担得起的最佳物品。因此，消费者受内心欲望的支配和自身货币收入的约束，在二者之间取舍，遵循"最优化原理"。

最优化原理：人们总是选择他们能买得起的最佳消费方式（范里安，2003）。

在实际生活中，人们要消费很多商品。但是，消费者需要直接面对的是货币收入的预算约束，消费者的需要必须是要负担得起的。用公式（4-1）表示：

$$p_1 x_1 + p_2 x_2 + \cdots + p_n x_n = \sum_i p_i x_i \leq m \quad i = 1,2,\cdots,n \quad (4-1)$$

其中，p_i，x_i 表示第 i 种商品的价格和消费量；m 表示消费者的货币收入。

消费者消费商品时，偏好种类和数量越多越好。我们把消费者选择的目标称为消费束，消费束包含了一切合适的商品，通常消费束用无差异曲线[8]来表示。在经济学中，通常消费者的消费约束（预算线）和无差异曲线相切的点，就是消费者效用最大化的点，满足消费最优化原理，如图 4-1 所示。消费者最优选择点为 $E(x_1,x_2)$。

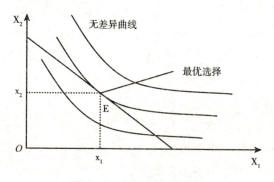

图 4-1　消费者最优选择

消费者最优选择的位置位于无差异曲线与预算线的切点上。然而，消费者消费偏好是严格的越多越好，不论是种类还是数量，并且如果在种类和数量之间做出选择，消费者严格偏好种类，因此消费者需求偏好多样性。马歇尔（1920）指出："人们不仅希望他们习惯消费的东西数量更多，而且也希望那些东西质量更好；人们还希望对事物可以有更多选择，并且希望有满足他们心中所产生的新的欲望的东西。"

长久以来，经济学发展思维一直执拗地坚持生产驱动，弱化消费在社会再生产过程的终极作用，其结果是各国竭尽全力发展工业化，工业化造成世界消费市场和资源市场的掠夺和倾轧。各国致力于发展本国经济，贸易摩擦和贸易壁垒此起彼伏，因此我们应该重塑经济发展的核心——消费决定。经济发展过程从理论到实践是一个不断具体化的过程，那么关注的主体必然要从世界、国家、地区直至消费者个人转向。经济发展到越高阶段，消费者的话语权越发显得重要，消费者货币的导向作用就会越充分发挥出来。经济发展的核心是个人需求的满足，它是社会再生产过程中至关重要的一环。

二、前向联系、生活成本联系和工人迁移

消费者需求的满足来自收入的货币化作用，在劳动力市场上，消费者又表现为劳动（生产要素）的提供者。生产要素是用于生产产品和劳务的投入。劳动、土地和资本是三种最重要的生产要素[9]（曼昆，2005）。生产要素的需求是派生需求，因为企业的生产要素需求是从它向另一个市场供给物品的决策派生出来的。劳动是最重要的生产要素。由于生产活动的前向联系，工人作为初级投入品进入生产过程。因此，大多数劳动投入不是作为最终产品供消费者享用的，而是作为生产成本投入其他物品的生产中去的，所以工人有强烈动机到企业集中的地方寻找工作机会。工人作为利益最大化的个体，关心的是自己的收益。因此，工人关心的就不光是他们目前的工资了，他们在做出流动决策时还要考虑未来工资的现值。因此，稳定性收益是工人最期望获得的，那么在产业集聚的区位有众多的企业提供各种各样的就业机会，并且收入待遇、就业资讯、就业培训等基础设施相对更加完备。由于企业集聚的区位形成共享劳动力市场，工人可以减小寻找工作的成本，工人可以以最小化市场风险进入生产活动。此外，工人会被吸引到较高市场潜力的地方，因为他们可以更好地接近更多最终产品，并享受产业集聚区更多便利基础设施，生成生活成本或者便利设施联系。因此，这产生企业和工人联合设址。即使工人是风险中性的，创造一个劳动市场共享的地方化产业，也会提高效率，带来收益。

三、前向后向联系效应和企业迁移

消费者是由世界上的人口组成，他们都存在于某一具体的空间载体，某一国家、某一地区、某一城市、某一街道。因此，消费者需求是位于某一空间载体的某种欲望的满足。事实上，消费可以看作是"负生产"，人们能生产各种产品及服务，也能消费它们。生产和消费都是社会再生产活动中一个

重要环节，起决定性作用。由于生产地和消费者居住地之间的距离会产生运输成本，那么消费者就需要对本地企业和外地企业提供产品做出选择。显然，本地企业不必承担运输成本，所以本地企业就具有某种程度的成本优势。一般地，其他条件相同的情况下，企业之间的竞争表现为最小化运输成本的斗争，因此企业倾向于靠近消费市场。但是，从根本上说，消费者是受收入约束决定的。

　　如果一个地区消费者的收入高，那么对于消费品的需求也就多，会导致本地消费品价格上升，吸引企业进入这一市场。同时，企业在本地的集聚也导致了工资的上升，消费者购买力进一步提高，从而导致地区工业发展良性循环。因此，在出现贸易成本和规模递增收益[10]的情况下，市场相互作用吸引企业向较高市场潜力的地方迁移。较高市场潜力的地方更好接近消费者，生成需求或者后向联系（Demand or Backward Linkages）。企业数量多，新进入企业就容易得到原材料和中间投入品的供给，同时它们生产的产品也更容易在本地销售，所以促使产业在企业数量多的地方集聚。由于更好接近企业中间投入品的供给者，可以生成成本或者前向联系（Cost or Forward Linkages）。前向联系效应最先由艾伯特·赫希曼（1991）引入，它是指生产活动过程中处于上游初级产品生产为中间部门或最终部门提供投入品。艾伯特·赫希曼（1991）指出：与我们用于描述社会间接资本——直接生产活动状况的两种可供选择的不同途径：经由短缺达到发展与经由能力过剩达到发展相类似，有两种诱导机制或许能在直接生产活动部门发生作用：（1）投入供应、衍生需求，或后向联系效应，即每一非初级经济活动将导致通过国内生产，提供其所需投入的意图。（2）产品利用或前向联系效应，即任何在性质上并非唯一满足最终需求的活动，将导致利用其产品作为某种新生产活动投入的意图。由于企业有最小化成本的倾向，那么需求区位决定了生产区位。消费者需求偏好多样性，对某一产业相关产品的生产商来说，为了扩大自身的垄断势力，都有动机向消费市场集聚。对生产者来说，消费者的最终需求具有强烈的后向联系效应，消费决定生产。艾伯特·赫希曼（1991）也指出："对于直接生产活动部门而言，一个行业必须出售其产品，只有预期其产品得以售出，它才能生存；如果这个预期最终证明是错误的，它便将被迫倒闭。"克鲁格曼（1993）指出：赫希曼对前向关联的定义也包含了规模和市场容量间的相互作用；前向关联指的是一个产业减少其产品的潜在下游使用者的成本，从而使它们开始有利可图的能力。因此，一个行业之所以能够生存，必须是事先已形成某种需求的结果，即强调生产活动与消费的相互依存与联系效应。尽管艾伯特·赫希曼前向联系效应和后向联系效应的分析主要是关于不平衡发展过程中的生产活动，但是对于社会再生产过程中的生产、分配、交换和消费四个环节来说，生产的最终指向是消费，消费是生产的最终目的。消费者多样性偏好具有强烈的后向效应，消费者多样性偏好对生产的顺利进行有决定性作用，消费者的消费决策影响着社会再生产活动的顺利进行，并且社会发展的物质程度越高，消费者作用就越发显现出来。在不同的经济发展阶段，产业的供给和产业的需求对地区产业结构的影响不同。在生产力水平较低的自然经济时代，产业的供给决定着地区的产业结构，产业的需求是完全被动的。在市场经济得到充分发展的工业经济时代，产业的需求成为决定地区产业结构的主导力量（任太增，2002）。

社会发展过程是指整个社会由于生产力与生产关系的矛盾运动推动社会由低级到高级的发展过程。人类社会发展经历了农业经济、工业经济阶段，现正逐步开始从工业经济向知识经济过渡。长期以来，发展一直是世界各国的主要目标，发展也一直是在生产领域进行研究的。囿于工业社会的研究体系，生产者发挥的作用得到理所当然的重视，但在工业社会后期以及知识经济社会，消费者作用需要得以重新认识。如今，生产不断发展，WTO组织不断扩大，但是各国贸易壁垒花样翻新和反倾销诉请增多，反复证明消费者"货币"的重要性。各国企业都在争夺市场，目标自然是消费者，局限于传统经济社会消费者行为理论的研究在新的经济社会条件下的探索是未来的一个研究方向。耐人寻味的是，马歇尔（1920）指出："总的来说，虽然在人类发展的最初阶段，是人类的欲望引起了人类的活动，但以后人类每向前迈进一步，都被认为是新的活动的发展产生了新的欲望，而不是新的欲望的发展产生了新的活动。"生产和消费不仅仅是重要的后向关联，重要的是随着经济的发展，生产更加呈现对消费的引致作用。正如我们所见的，真正有进取心的企业家常常不把需求看作是"给定的"，而看成是他应当能够创造的。因为如果企业家所认为的消费者的偏好决定着其提供给消费者什么样的产品，从而影响着消费者实际偏好，或者是消费者学着有此偏好，那么一个只涉及"需求条件"的调查将无法使我们理解企业家们的生产行为，特别是他们的革新行为（彭罗斯，2007）。归根结底，生产的最终目的是为了消费者的消费。

总之，要素迁移是产业地方化规模扩大的必要条件，要素地理集中性主导了产业集聚的地方化规模发展过程，它也形成了地区最有持续力的优势。

第三节 递增收益、贸易成本与制造业集中

产业地方化集聚不断促进同一产业企业在本地集聚生产，它进一步吸引要素集中和生产集中。经济地理空间不均匀分布是真实世界经济的最引人注目的特征之一[11]。从理论到实践上来看，世界经济的发展过程是一个不断具体化的过程，关注的主体不断从世界、国家到地区的转向。克鲁格曼（1991a）指出经济地理研究——空间生产要素区位研究仅占据标准经济分析相对很小的部分。尤其是，国际贸易理论习惯上把国家看作无纬度的点，并且也常常假定国家间运输成本为零。此外，在城市经济研究中，承接屠能（1826）的模型发挥了重要作用。然而，在产业组织研究中，Hotelling 型的区位竞争模型也越来越受到重视。总之，在经济理论研究中经济地理的研究仅仅是无足轻重的（Krugman，1991a）。产业组织理论模型和技术的应用允许重新考虑经济地理，并且这也是长期存在但非正式的传统思想[12]融入正式模型的一个很好的时机。克鲁格曼（1991a）创立的一个简单的基于规模经济和运输成本相互作用的制造业地理集中模型[13]，它强调需求和生活成本联系，表明一国如何内生地产生差异化，形成一个制造业产业中心和一个农业外围的格局。在最小化运输成本时，为了实现规模经济，制造企业趋向在较大需求的地区选址，但是需求区位本身依赖于制造业的分布。中心—外围格局的出现依赖于运输成本、规模经济和国民收入中制造业的份额。克鲁格曼（1991a）的新颖之处在于它把区域内劳动力流动引入克鲁格曼（1980）的贸易模型。区域内劳动力流动的引入意味着：集聚，或者更一般地说，经济活动的空间分布成为内生的。本章利用克鲁格曼（1991a）的模型作为基础，通过一个两地区的竞争过程用来弄清一个重要的区位问题：制造业为何及何时集中在少数地区，阐明产业集聚动力机理。

一、地区收敛的基础

产业地方化可以促成产业集聚。金祥荣、朱希伟（2002）指出：推动专

业化产业区发展壮大的动力主要是：分工、报酬递增和外部性，但专业化分工以及报酬递增对专业化产业区发展过程所起的作用，我们尚未加以细致的描述和分析。因此，我们需要回答一般地为何制造业最终集中在一国的一个或少数地区，而其余地区只是起着供应制造业中心农产品的外围作用。相应地，本章提出的解释主要关注的是规模报酬递增和一般化的外部经济而不是某一特定产业的特殊外部经济。

克鲁格曼（1991a）采用一个基础假设：导致中心—外围格局出现的外部性是金钱外部性而不是纯粹的技术溢出，与金钱外部性相关的通常是需求联系效应或供给联系效应。在出现不完全竞争和递增收益的情况下，金钱外部性的重要作用越来越被人接受。为了有助于理解金钱外部性假定，我们假定一个国家采用两种生产方式，农业和制造业。农业生产以不变规模收益和不可迁移土地的集约利用为特征。因此，农业生产的地理分布将很大程度上由适宜土地的外生分布所决定。我们假定制造业以规模递增收益和不可迁移土地的适度利用为特征。那么，制造业生产在何处发生呢？由于规模经济，每一种制造品的生产将仅仅在少数场所。由于消费者偏好差异化产品，促进同类产品企业生产集中。同类企业的地理集中又可以使其他企业发现新的需求，从而每个企业都可以获得其他企业产品多样化带来的外部范围经济。因此，其他条件相同的情况下，受到偏好的场所将是拥有相对较大需求市场的场所附近，因为在制造品的主要市场附近生产可以最小化运输成本。同时，消费者（买者）驱动起到重要作用。范剑勇（2008）指出，"规模报酬递增地方化是产业集聚的关键性因素，它显著提高了集聚地的劳动生产率"。进而，其他区位将由这些集中设址的场所提供制造品。然而，何处的需求较大？一些制造品的需求将来自农业部门；如果制造品的需求全部来自农业部门，那么制造业生产的分布将会围绕农业土地分布形成"网格"。事实并非如此，一些制造品需求不是来自农业部门而是来自制造业部门本身。这创造一种显而易见的可能性，制造业生产将趋向集中于大的市场区位，但是制造业生产集中的区位，它的市场将是较大的，谬尔达尔（Myrdal）（1957）称之为"循环因果关系"[14]，阿瑟（Arthur，1990）称之为"正反馈"。由这种赫希曼（Hirschman，1958）型"后向联系"引起的循环关系会被"前向联系"强化。其他条件相同的情况下，在制造业生产集中地附近的生活和生产将会是更可取的，因为购买由这个中心地提供的商品将会不太昂贵。经济地理学家已经沿着这条线进行了广泛的研究，他们强调循环过程的作用。

本章提出两个有趣的问题：这种地理集中的趋势将会进行多久和制造业实际生产最终在何处选址。第一个问题的答案依赖于经济体的基本参数。如果制造业仅雇佣小部分人口，因此仅生成小部分需求，或者弱的规模经济和高的运输成本的结合会导致对农业部门的产品和服务的制造品供应者在接近农业部门的区位设址，产生制造业集中的循环关系将不会起到很重要作用。然而，它们出现的前提是在未铁路化的、工业化前的社会[15]。在这样的社会中，大量人口从事农业生产活动，小的制造业部门和商业部门不具备规模经济的条件，并且由于运输成本大部分的需求不能由农村生产满足而是由服务本地市场的小镇提供。随着工业社会的到来，人们花费更高比例的收入在非农业产品和服务上；工厂制度和终端批量生产的出现，使得生产以大规模经济的方式；水路、铁路和汽车降低了运输成本。于是，生产从属于土地分布的联系被打破了。由于大的本地市场和可利用的本地生产的产品和服务，具有相对较大非农业人口的地区将是有吸引力的生产地区。这将会吸引更多的人口，在损害其他更小初始生产地区的情况下，这个过程将自我给养，直到全部的非农业人口集聚在少数地区。这表明经济体参数的微小变化会在经济体性能方面具有较大的效应。当我们考虑运输成本、规模经济和支出中非农产品的份额，它们超出某一重要的特定值，人口将开始集聚，地区开始分岔；一旦这个过程开始，它将会自我持续。

然而，地理格局的具体情况——最终何处出现全部人口，依赖于初始条件。如果某一地区比其他地区拥有稍微多的人口，或者当运输成本降到某一重要水平以下，该地区最后获得了全部人口。如果在那个重要时刻人口分布仅仅稍微不同，对地区的结局也许会倒转。

二、两地区模型

我们考虑一个两地区模型。在这个模型中，我们假定有两种生产部门：农业部门，以不变收益、束缚于土地的方式生产；制造业部门，以递增收益的方式生产，可以在任一地区选址。这个模型与许多新贸易理论和新增长理论模型类似，是迪克西特和斯蒂格利茨（1977）所提出的垄断竞争框架的一种变形。

假定经济体的所有消费者具有同样的效用函数，它的形式是：

$$U = C_M^{\mu} C_A^{1-\mu} \qquad\qquad (4-2)$$

C_A 表示农产品的消费量，C_M 表示制造品集合的消费量。给定方程（4-2），制造品消费将占支出的份额是 μ，农产品消费将占支出的份额是 $1-\mu$。份额 μ 是一个重要的参数，它将决定哪些地区收敛或者分岔。

制造品集合 C_M 由下面的方程定义：

$$C_M = \left[\sum_{i=1}^{n} c_i^{(\sigma-1)/\sigma} \right]^{\sigma/(\sigma-1)} \qquad\qquad (4-3)$$

制造品是由大量的对称差异化产品构成的集合。产品差异化是促成产业集聚的强烈力量（Fujita and Thisse，1996）。n 表示潜在制造品种类，σ 是制造品间替代弹性[16]，且 $\sigma > 1$。替代弹性 σ 是第二个重要参数，它决定着模型中的均衡特性。

在经济体中有两个地区，每一地区有两种生产要素。每种生产要素特定于某一部门[17]。农民[18]生产农产品；我们假定单位劳动需求量为1。我们假定：农业人口在地区间完全不可移动，且每一地区农民给定为 $(1-\mu)/2$。工人可以在地区间自由移动；我们假定 L_1 和 L_2 分别为地区1和地区2的工人供给，且要求地区1和地区2的工人总和等于全部工人数 μ [19]：

$$L_1 + L_2 = \mu \qquad\qquad (4-4)$$

单位制造品 i 的生产包含一个单位的固定成本和一个单位的不变边际成本，因此制造品是在规模经济条件下进行生产。

$$L_{M_i} = \alpha + \beta x_i \qquad\qquad (4-5)$$

其中：L_{M_i} 是生产制造品 i 所使用的劳动，x_i 是制造品 i 的产出。

为了容易处理两地区间运输成本问题，我们假定：第一，农产品是同质的，且农产品运输是无成本的。这个假定是为了确保两个地区农产品的价格是相同的，因此每一地区农民的收入也是相等的。同时，我们把农产品价格或者农民的工资率作为计价物。第二，制造品运输成本采用萨缪尔森"冰山"形式，因此运输成本由运输中产品承受。另外，每一单位的制造品从某一地区运输到其他地区仅仅 τ [20]部分到达，且 $\tau < 1$。τ 是运输成本的一个逆指数，它是决定地区收敛或者分岔的第三个参数。

接下来，我们分析企业行为。我们假定有大量的制造企业，每一企业生产单一产品。根据制造品集合（由方程（4-3）给出）和冰山运输成本，对于任一单个企业来说，它的需求弹性[21]是σ[22]。因此，地区 1 代表性厂商的利润最大化定价行为[23]是设定价格等于

$$p_1 = \left(\frac{\sigma}{\sigma-1}\right)\beta\, w_1 \qquad (4-6)$$

其中：w_1 是地区 1 工人的工资率。同理，我们可以给出地区 2 代表性厂商的定价方程。两个地区代表性厂商产品价格相比，我们可以得到：

$$\frac{p_1}{p_2} = \frac{w_1}{w_2} \qquad (4-7)$$

如果制造业部门可以自由进入，企业最终利润为零。我们可以得到：

$$(p_1 - \beta\, w_1)x_1 = \alpha\, w_1 \qquad (4-8)$$

我们可以得到：

$$x_1 = x_2 = \frac{\alpha(\sigma-1)}{\beta} \qquad (4-9)$$

我们可以看到，在每一地区每一企业产出是相同的，与工资率和相对需求无关。因此，所有制造品都以同样的规模生产。但是每一地区生产的制造品种类的数目与其制造业工人数目成比例，制造业种类数目也是一个地区市场规模效应的表现，我们可以得到

$$\frac{n_1}{n_2} = \frac{L_1}{L_2} \qquad (4-10)$$

在零利润均衡时，$\sigma/(\sigma-1)$是劳动的边际产品与劳动的平均产品的比率，也就是规模经济的程度。因此，尽管 σ 是偏好的参数而不是技术的参数，但是它可以看作是均衡规模经济的逆指数。

三、短期均衡和长期均衡

我们首先分析短期均衡。假定地区间工人的配置是给定的。然后，我们假定工人向提供更高真实工资的地区迁移，当工人迁移以至于工人比率/农民比率地区间趋向相等时，地区间走向收敛；当所有工人集中到一个地区时，地区间走向分岔。

我们从分析每一地区对两个地区的产品需求开始。我们假定：c_{11}是地区 1 对地区 1 产品的消费量，c_{12}是地区 1 对地区 2 产品的消费量。本地产品的到岸价是p_1，其他地区产品的价格是包含运输成本的价格p_2/τ。因此，我们可以得到某一地区代表性商品的相对需求

$$\frac{c_{11}}{c_{12}} = \left(\frac{p_1\tau}{p_2}\right)^{-\sigma} = \left(\frac{w_1\tau}{w_2}\right)^{-\sigma} \qquad (4-11)$$

我们定义Z_{11}是地区 1 对本地制造品的支出与其他地区制造品的支出的比率。对于 Z，我们需要明白两点：首先，地区 1 产品相对价格 1% 的增长，所销售产品的相对数量会减少 $\sigma\%$，并且由于价值效应，将减少价值仅仅（σ-1)%。其次，更多的产品在地区 1 生产，对于任何给定相对价格来说，地区 1 的支出份额越高。因此，

$$Z_{11} = \left(\frac{n_1}{n_2}\right)\left(\frac{p_1\tau}{p_2}\right)\left(\frac{c_{11}}{c_{12}}\right) = \left(\frac{L_1}{L_2}\right)\left(\frac{w_1\tau}{w_2}\right)^{-(\sigma-1)} \qquad (4-12)$$

同理，我们可以得出地区 2 对地区 1 制造品支出与对本地制造品支出的比率Z_{12}：

$$Z_{12} = \left(\frac{L_1}{L_2}\right)\left(\frac{w_1}{w_2\tau}\right)^{-(\sigma-1)} \qquad (4-13)$$

地区 1 工人的全部收入等于在两地产品的全部支出。由于我们假定产品承受运输成本，它包含着运输成本。我们用Y_1和Y_2代表地区 1 和地区 2 的收入，Y_1、Y_2包括农民收入。那么，地区 1 工人的收入是：

$$w_1 L_1 = \mu\left[\left(\frac{Z_{11}}{1+Z_{11}}\right)Y_1 + \left(\frac{Z_{12}}{1+Z_{12}}\right)Y_2\right] \qquad (4-14)$$

地区 2 工人的收入是：

$$w_2 L_2 = \mu\left[\left(\frac{1}{1+Z_{11}}\right)Y_1 + \left(\frac{1}{1+Z_{12}}\right)Y_2\right] \qquad (4-15)$$

然而，两个地区的收入依赖于工人的分布和他们的工资。由于农民的工资率是计价物，因此我们可以得到：

$$Y_1 = \frac{1-\mu}{2} + w_1 L_1 \qquad (4-16)$$

$$Y_2 = \frac{1-\mu}{2} + w_2 L_2 \qquad (4-17)$$

如果给定地区 1 和地区 2 劳动力的分布，方程（4－12）~方程（4－17）决定了w_1 和w_2 以及其他四个变量。我们假定初始情况是$L_1 = L_2$，$w_1 = w_2$。如果劳动力向地区 1 迁移，然而，相对工资率w_1/w_2 可以向任一方向变动。原因是有两种相对的效应在起作用。一方面，存在"国内市场"效应：其他条件相同的情况下，较大市场的工资率趋向更高[24]。另一方面，存在市场竞争效应程度的差异：在较少制造业劳动力地区的工人对于本地农民市场来说，将面对较弱的竞争，而较多制造业劳动力地区的工人对于本地农民市场来说将面对较强的竞争。总之，在亲近大的市场和缺少竞争的本地市场之间存在一个平衡。

我们转向分析长期均衡。工人对名义工资不感兴趣，而对真实工资感兴趣，并且较多人口地区的工人将面对较低的制造品价格。我们定义 $f = L_1/\mu$ 表示地区 1 制造业劳动力的份额。对于居住在地区 1 的消费者，制造品的真实价格指数为：

$$P_1 = \left[f w_1^{-(\sigma-1)} + (1-f)\left(\frac{w_2}{\tau}\right)^{-(\sigma-1)} \right]^{-1/(\sigma-1)} \qquad (4-18)$$

对于居住在地区 2 的消费者，制造品的真实价格指数为：

$$P_2 = \left[f\left(\frac{w_1}{\tau}\right)^{-(\sigma-1)} + (1-f) w_2^{-(\sigma-1)} \right]^{-1/(\sigma-1)} \qquad (4-19)$$

每一地区工人的真实工资是：

$$\omega_1 = w_1 P_1^{-\mu} \qquad (4-20)$$

$$\omega_2 = w_2 P_2^{-\mu} \qquad (4-21)$$

从式（4－18）~式（4－19），我们可以明显看出，两地工资率是相等的，工人从地区 2 向地区 1 迁移将会降低地区 1 的价格指数而提升地区 2 的价格指数。相对地区 2 的真实工资来说，这也会提高地区 1 的真实工资。因此，这也是两个地区分岔的另一个原因。

我们提出一个重要的问题：ω_1/ω_2 如何随着 f 变动？我们知道在两地对称的情况下 $f = 1/2$，因此两个地区拥有相同数目的工人，两个地区提供相等的真实工资率。但是，这是否是一个稳定均衡呢？如果ω_1/ω_2 随着 f 递减，当地区 1 比地区 2 的工人多，工人将从地区 1 迁移向地区 2。在这种情况下，两个地区将趋向收敛。如果ω_1/ω_2随着 f 递增，工人将会向已经拥有较多工人的地区迁移，即地区 2 的工人将向地区 1 迁移，地区将会走向分岔。我们已经看到，趋向分岔有两种力量起作用：国内市场效应和价格指数效应[25]，趋向收敛有一种力量起作用：本地农民市场的竞争效应的程度。最终结果由何种力量占优决定。

通常，真实工资作为 f 的一个函数会简化模型的求解。但是，这样很难分析。我们需要指明：在模型中，通过单位化的方法仅有三个参数不能消除：制造品支出份额 μ，制造品间替代弹性 σ，以及产品运输过程到达的比例 τ。这个模型可以通过各种各样的参数赋值很容易求解。这表明：我们得到的地区收敛或者地区分岔的结果主要依赖于参数值（见图 4-2）。

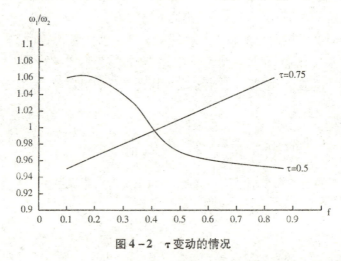

图 4-2 τ 变动的情况

图 4-2 可以说明这点。它说明利用计算机的计算，我们得到 ω_1/ω_2 作为 f 的一个函数的两种情况。在这两种情况下，我们均假定 $\sigma=4$ 和 $\mu=0.3$。第一种情况是高运输成本 $\tau=0.5$，相对真实工资随着 f 的增加而递减。因此我们预计会看到地区收敛，制造业的地理分布遵照农业的地理分布。第二种情况是低运输成本 $\tau=0.75$，相对真实工资随着 f 的增加而增加。因此，我们预计会看到地区分岔。

四、制造业集中的必要条件

地区分岔不会导致完全集中，尽管集中也是一个均衡，但是仍然存在稳定的内部均衡。然而，这些问题是紧密联系的。我们考虑所有工人集中在地区 1 的情形。那么，地区 1 将组成一个比地区 2 更大的市场。由于全部收入的份额 μ 将花费在制造品上，并且所有工人收入将趋向地区 1，我们可以得到：

$$\frac{Y_2}{Y_1} = \frac{1-\mu}{1+\mu} \qquad (4-22)$$

我们假定制造业企业的总数为 n，那么，我们可以得到每一个企业的销售值

$$V_1 = \left(\frac{\mu}{n}\right)(Y_1 + Y_2) \qquad (4-23)$$

此时，每一个企业得到零利润。

我们提出一个问题：是否可能有一个企业在地区 2 生产有利可图？我们假定这个企业为"叛逃"企业。如果这个"叛逃"企业不存在，那么生产在地区 1 集中就是一个纳什均衡；反之，这个"叛逃"企业存在，那么市场在地区 1 集中就不是一个均衡。

一个企业为了在地区 2 生产，它必须能够吸引工人。为了做到这点，企业必须给工人补偿，因为除了企业自身极微小的产品贡献外，所有的制造品都必须进口；因此，我们得到：

$$\frac{w_2}{w_1} = \left(\frac{1}{\tau}\right)^{\mu} \qquad (4-24)$$

考虑到更高的工资，该企业要索取比同一行业其他企业更高的利润最大化价格。因此，我们可以得到该企业的销售值。在地区 1，"叛逃"企业的销售值将是代表性企业销售值的 $(w_2/w_1\tau)^{-(\sigma-1)}$ 倍。在地区 2，"叛逃"企业的销售值将是代表性企业销售值的 $(w_2\tau/w_1)^{-(\sigma-1)}$ 倍，因此"叛逃"企业的全部销售值将是：

$$V_2 = \left(\frac{\mu}{n}\right)\left[\left(\frac{w_2}{w_1\tau}\right)^{-(\sigma-1)}Y_1 + \left(\frac{w_2\tau}{w_1}\right)^{-(\sigma-1)}Y_2\right] \qquad (4-25)$$

我们可以看到，对于"叛逃"企业销售产品给地区 1 的消费者，运输成本起到劣势作用，对于"叛逃"企业销售产品给地区 2 的消费者，运输成本起到优势作用。

从式（4-23）~式（4-25），经过计算，我们可以得到"叛逃"企业和

地区 1 代表性企业销售值的比率：

$$\frac{V_2}{V_1} = \frac{1}{2}\tau^{\mu(\sigma-1)}\left[(1+\mu)\tau^{\sigma-1} + (1-\mu)\tau^{-(\sigma-1)}\right] \qquad (4-26)$$

有人会想：只要 $V_2/V_1 > 1$，由于企业将会收取任何销售值的固定比例作为边际成本加成，企业"叛逃"是有利可图的。然而，这并不正确，由于更高的工资率，地区 2 的固定成本也更高。因此，我们必须 $V_2/V_1 > w_2/w_1 = \tau^{-\mu}$ 成立。因此，我们必须重新定义一个新的变量：

$$v = \frac{1}{2}\tau^{\mu\sigma}\left[(1+\mu)\tau^{\sigma-1} + (1-\mu)\tau^{-(\sigma-1)}\right] \qquad (4-27)$$

当 $v < 1$ 时，如果所有其他制造业企业集中在地区 1 生产，企业在地区 2 开办生产是无利可图的。因此，在这种情况下，制造业生产在地区 1 集中是一个均衡；当 $v > 1$ 时，如果所有其他制造业企业集中在地区 1 生产，企业在地区 2 开办生产是有利可图的。因此，在这种情况下，制造业生产在地区 1 集中不是一个均衡。

我们详细分析一下式（4-27）。它定义了一个边界：一组重要的参数值划分了集中和分散。因此，我们仅仅需要在 $v = 1$ 的临近区域来确定它们的值，来弄清这三个参数中的一个参数需要如何变化来抵消其他两个参数中的一个微小的变化。

我们先分析参数 μ。我们得到：

$$\frac{\partial v}{\partial \mu} = v\sigma(\ln\tau) + \frac{1}{2}\tau^{\sigma\mu}\left[\tau^{\sigma-1} - \tau^{-(\sigma-1)}\right] < 0 \qquad (4-28)$$

我们可以得出：制造品支出的收入份额越大，"叛逃"企业相对销售值就越少。这有两个原因：第一，为了移向第二个地区，工人需要更多的工资津贴；式（4-28）第一项反映了前向联系效应。第二，制造品支出的份额越大，地区 1 市场的相对规模就越大，因此国内市场效应就越强。式（4-28）第二项反映了后向联系效应。

我们接下来分析运输成本。仔细观察式（4-27），第一，我们注意：当 $\tau = 1$，$v = 1$ 时，则运输成本为 0，区位与企业选址不相关。第二，我们注意：当 τ 很小时，v 接近 $(1-\mu)\tau^{1-(1-\mu)}$。除非 σ 非常小或者 μ 非常大，否则对于足够小的 τ，v 必然超过 1。最后，我们计算 $\partial v/\partial \tau$：

$$\frac{\partial v}{\partial \tau} = \frac{\mu \sigma v}{\tau} + \frac{\tau^{\mu\sigma}(\sigma - 1)\left[(1+\mu)\tau^{\sigma-1} - (1-\mu)\tau^{-(\sigma-1)}\right]}{2\tau} \qquad (4-29)$$

对于 τ 接近于 1，式（4-29）的第二项趋近于 $\mu(\sigma-1) > 0$；由于式（4-29）的第一项总是为正，所以对于 τ 接近于 1，$\partial v/\partial \tau > 0$。

综合考虑，我们用 v 作为 τ 的函数，由图 4-3[26] 表示，来分析这些结果。在低水平的 τ 时（如高的运输成本），v 超过 1，并且企业"叛逃"是有利可图的。在一些重要的 τ 值，v 降到 1 之下，制造业集中是一个均衡，并且 v 从下方接近 1。

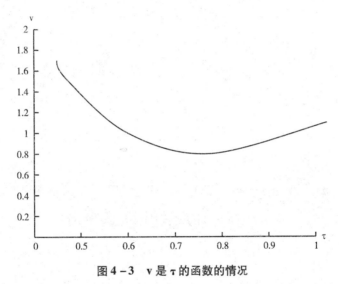

图 4-3　v 是 τ 的函数的情况

从图 4-3 中我们可以得到一个重要的启示：在一些重要的 τ 值，它对应于集中和分散的边界，$\partial v/\partial \tau$ 是负的。也就是说，高的运输成本妨碍了地区分岔。

我们分析制造品间替代弹性 σ。如果在 $\sigma(1-\mu) < 1$ 的情况下，因此即使出现任意低的 τ，v < 1，规模经济是如此之大（小的 σ）或者制造品支出份额是如此之高（高的 μ），因此无论多高的运输成本，在地区 2 开办企业都是无利可图。

最后，我们计算 $\partial v/\partial \sigma$：

$$\frac{\partial v}{\partial \sigma} = \ln(\tau)\left\{\mu v + \frac{1}{2}\tau^{\mu\sigma}\left[(1+\mu)\tau^{\sigma-1} - (1-\mu)\tau^{-(\sigma-1)}\right]\right\}$$

$$= \ln(\tau)\left(\frac{\tau}{\sigma}\right)\left(\frac{\partial v}{\partial \tau}\right) \qquad (4-30)$$

由于我们已看到在相关的特定值$\partial v/\partial \tau$是负的，这表明$\partial v/\partial \sigma$是正的。也就是说，高的替代弹性，即这意味着在均衡中较小的规模经济，起着阻碍地区分岔的作用。

这些结果可以用图4-4来表示。我们让σ保持不变，我们在μ，τ空间里划出一条分界线。这个分界线标出参数值，在这些参数值上企业对于保留在地区1集中和"叛逃"是中立的。如果一个经济体位于分界线以内将不会演变成为产业在某一地区集中；如果一个经济体位于边界线以外产业将会在某一地区集中。这条边界线的斜率是：

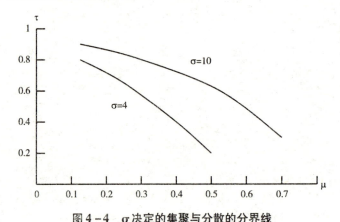

图4-4 σ决定的集聚与分散的分界线

$$\frac{\partial \tau}{\partial \mu} = -\frac{\partial v/\partial \mu}{\partial v/\partial \tau} < 0$$

如果我们让μ保持不变，并且让σ变化，我们可以得到：

$$\frac{\partial \tau}{\partial \sigma} = -\frac{\partial v/\partial \sigma}{\partial v/\partial \tau} > 0$$

因此，σ的增加将会把μ，τ空间的边界线向外移动。

图4-4表明当$\sigma=4$，$\sigma=10$时，得到的两条μ，τ空间分界线。如果一个经济体具有高的运输成本、很小比例的"松脚"制造业或者弱的规模经济的特征，那么制造业生产的分布将由主要的农民人口的分布所决定。如果一个经济体具有低的运输成本、很高比例的"松脚"制造业或者强的规模经济的特征，循环因果关系的作用，那么制造业生产的分布将集中在任一领先地区。

这是一个非常简化的、一般性的中心—外围模型，它没有特指某一产业。我们表明外部经济是金钱外部性，它来自于其他生产者在某一地区集中所形成的该地区销售和购买商品的吸引力。通过运输成本，距离自然地进入模型。模型的行为依赖于可观测的个体偏好和企业技术特征，并且有趣的动态演化也是来自相互作用。CES 函数来描述消费者的多样化偏好，其含义非常简单，即消费者消费的产品品种越多越好。CES 函数表示消费者效用，可以容易地得出产品品种数目与商品数量之间的转换关系。当然，数量指数和价格指数的隐含条件是消费者决策的效用最大化，价格指数和数量指数是对偶关系。由于消费者需求多样化产品，促进同种制造品生产集中。因此，它也反映了需求关联的累积因果关系效应。

　　由于存在厂商层次的规模经济和产品区位间运输有运输成本，那么企业倾向于设址较大的市场。生产的规模递增收益使得每一种产品只在一个地区生产才有利可图，促进更多要素流入，更多生产差异化产品，促进生产集中，并获得产业规模经济效应。但是，新经济地理学模型假设农产品没有运输成本，这显然与现实不符，因而有一定的局限性。新经济地理学的主要思想是需求区位和生产区位是联合决定的。尤其是，以低成本向不可移动的需求出口的机会容许所有可迁移的消费者和生产者集聚到制造业中心（Manufacturing Core）。从长期来说，由于运输基础设施和技术提升以及贸易壁垒的减少，贸易成本倾向随着时间下降。克鲁格曼（1991a）指出高贸易成本将会生成分散，低贸易成本将会生成集聚。由于推动分散的离心力比推动集聚的向心力随着贸易成本以更快的比率下降，所以当运输成本变得很微小，将会出现完全集聚。

　　总之，产业集聚是生产驱动地区发展的结果，本地区的生产扩大效应以破坏其他地区对手竞争力为代价，实现生产的扩大和本地区的发展。生产扩大的过程是以初级阶段的完全竞争发展到高级阶段的不完全竞争，乃至最高阶段寡头垄断结束。

第四节　产业上下游垂直联系

　　产业地方化集聚不断促进同一产业上下游企业在本地集聚生产，它进一步吸引要素集中和生产集中。在出现要素迁移的情况下，生产集中才有可能；此外，产业集聚还遵循企业间相互作用。这种市场相互作用主要是中间产品的投入—产出关系。产业链的上下游企业会产生大量纵向关系（杨惠馨、纪玉俊、吕萍，2007）。埃米蒂（2005）指出：贸易自由化给各国生产和贸易带来很多变化，出现两个截然不同且相互矛盾的全球化特征：一是产业生产链国际分散化；二是垂直联系的产业集聚。此外，庞特斯（Pontes，2005）也指出中间产品运输成本与最终产品运输成本的比率更高时，产业集聚更可能发生。我们利用维纳布尔斯（1996）的模型进一步分析产业链上下游与产业集聚的关系。

企业区位决策依赖于生产成本和接近市场容易性的相互作用。如果由供应不同区位所产生的贸易成本是低的，意味着对生产成本差异高度敏感的企业和产业是"松脚的"；而高的贸易成本意味着企业紧密联系市场以及其区位决策对生产成本不是很敏感，因此企业为了服务各地消费者将会分散。在中等贸易成本情况下，一个不完全竞争产业的企业分布倾向容易接近市场的区位，尽管不是完全集中在该区位。与其他区位比较而言，这样的区位能够提供更高的真实工资，就像克鲁格曼（1980）和克鲁格曼和维纳布尔斯（1990）所表明的那样。如果有两个不完全竞争的产业：位于两个区位的上游产业和下游产业。这两个产业在何处选址？产业上下游垂直联系（Vertical Linkage）形成投入—产出关联肯定会显著地影响产业集聚（Head and Mayer，2003）。庞特斯（2002）也提出企业区位选择，企业间交换中间投入品的技术相互作用有两种不同的影响：一是，它们为企业提供动力去空间集聚；二是区位均衡多样性，由于企业拥有相邻企业形成投入—产出联系，某些区位具有优势，从而产生区位均衡多样性。奥塔维亚诺和蒂斯（2003）则指出：出现企业间投入—产出联系的情况下，市场规模扩大成为内生的，这样，区域新企业进入不但增加了类似企业的激烈竞争，而且也增加了上游企业供应的市场规模（市场规模效应），还减少了下游企业的投入成本（成本效应）。直到融合了其他决策制定者的行动，上下游产业区位抉择问题才受到越来越多的重视。克鲁格曼（1990a、b）加入劳动力迁移性，接近较大市场的区位比企业需要更高成本才能到达消费者的区位支付更高真实工资。因此，接近较大市场的区位吸引劳动力流入，这又进一步扩大市场，并且促使经济活动集中。产业集聚力依赖于贸易成本的水平以及对应于工资差异的可移动人口的比例。

在不同区位内生的情形下，劳动力迁移性不是市场规模的唯一原因。如果产业之间经由投入—产出结构是垂直联系的，那么下游产业形成上游产业的市场，市场在下游企业多的区域更大。此时，生产者驱动起到重要作用。因此，市场接近的考虑吸引上游产业在较多下游企业的区位选址。除了产业间的需求联系，还有产业间的成本联系。如果下游企业在较多上游企业的区位选址，它们将节省中间品投入的运输成本，因此下游企业将具有较低成本。需求联系和成本联系形成产业活动在单一区位选址的集聚力。文玫（2004）指出：如果某一地区由于某种原因（如有较多的人口、有邻近大出口港的地理优势，或享有工业区域发展的优惠政策）而有较大的制造业部门，在其他条件相同的情形下，垂直联系效应将使该地区吸引到更多的制造商而成为制造业中心。刘天卓、陈晓剑（2005）也指出地方需求效果越强，市场关联越显著，越容易发生集聚，且产业集聚是由市场创造的。因此，如果没有技术外部性，集聚力唯一来自市场相互作用，并且依赖于上游产业和下游产业存在着不完全竞争。节省运输成本的考虑，有助于创造空间需求联系。产业间的成本联系和需求联系产生集聚力，但是不可移动生产要素的区位和最终消费需求的区位在相反的方向起作用。离心力和向心力的平衡依赖于产业特性，更重要的是产业间垂直联系的力量和区域间运输成本。由于依赖这些特性，这会存在着唯一均衡或多重均衡。这包含着或者分散生产，或者在单一区位集中生产。因为均衡的数目、类型和稳定性依赖参数，这些参数的变动会产生重要的影响。企业之所以在某区位设址是由于其他产业企业的出现，这说明产业活动对某些参数的变动极为敏感。然而，一些参数的变动会促使系统朝向另一均衡移动，具有"灾难性"的后果。因而，参数改变会促使均衡从分散到集中，反之亦然。

一、产业模型

每一个经济体有三个产业，一个是完全竞争、生产可贸易商品的产业，我们把它作为计价物[27]。另外两个是垄断竞争和垂直联系的产业，并且一个为另一个提供中间品。我们利用标准的、带有产品差异化的垄断竞争模型来模型化这三个产业，它由迪克西特和斯蒂格利茨（1977）发展而来，由克鲁格曼（1980）、赫尔普曼和克鲁格曼（Helpman & Krugman, 1985）应用到国际贸易领域。我们主要讨论单一产业模型。

每个产业的企业在两个区位都从事生产，所有企业为两个区位提供产品。区位由下标标出，产业由上标标出。我们用 e_i^k 表示区位 i（i = 1, 2）对产业 k 产出的支出额。我们运用不同种类制造品的 CES 集合，那么某一种类商品的需求由下面给出：

$$x_{ii}^k = (p_i^k)^{-\varepsilon^k}(P_i^k)^{\varepsilon^k-1}e_i^k, \quad x_{ij}^k = (p_i^k t^k)^{-\varepsilon^k}(P_j^k)^{\varepsilon^k-1}e_j^k, \quad i \neq j \qquad (4-31)$$

其中，x_{ij}^k 是产业 k 的某一种类商品在 i 地区生产而在 j 地区销售的数量，p_i^k 是在地区 i 生产的某一产品的价格。ε^k 是某单一类别的需求弹性，且 $\varepsilon^k > 1$。我们特别假定：贸易成本按单位计价物支付，$t^k \geq 1$。P_1^k 和 P_2^k 分别是地区 1 和地区 2 的产业价格指数，并由下式来定义：

$$(P_1^k)^{1-\varepsilon^k} = (p_1^k)^{1-\varepsilon^k}n_1^k + (p_2^k t^k)^{1-\varepsilon^k}n_2^k$$

$$(P_2^k)^{1-\varepsilon^k} = (p_1^k t^k)^{1-\varepsilon^k}n_1^k + (p_2^k)^{1-\varepsilon^k}n_2^k \qquad (4-32)$$

其中，n_i^k 表示在地区 i 生产的产业 k 的企业数量。

我们分析供给方，我们用下面公式表示单一地区 i 企业的利润 π_i^k：

$$\pi_i^k = (p_i^k - c_i^k)(x_{ii}^k + x_{ij}^k) - c_i^k f^k \qquad (4-33)$$

其中，c_i^k 是边际成本，$c_i^k f^k$ 是固定成本。利润最大化的一阶条件是：

$$p_i^k \left(1 - \frac{1}{\varepsilon^k}\right) = c_i^k \qquad (4-34)$$

由于零利润的条件决定着企业规模，它不依赖成本水平，利用式（4-33）和式（4-34），可以得到：

$$x_{ii}^k + x_{ij}^k = f^k(\varepsilon^i - 1) \qquad (4-35)$$

在整个模型中，支出水平 e_i^k 和成本 c_i^k 将是内生的。但是，我们可以看出局部均衡的单一产业，从方程（4-31）到方程（4-35）决定了价格、数量、价格指数和企业数目，而支出水平和成本是外生的。

为了进一步分析，我们需要知道产业产出如何在两个地区分配。我们可以分析每一地区的相对值，因此我们定义变量 ν^k，ρ^k 和 η^k。

$$\nu^k \equiv \frac{n_2^k p_2^k(x_{22}^k + x_{21}^k)}{n_1^k p_1^k(x_{11}^k + x_{12}^k)}, \quad \rho^k \equiv \frac{c_2^k}{c_1^k} = \frac{p_2^k}{p_1^k}, \quad \eta^k \equiv \frac{e_2^k}{e_1^k} \qquad (4-36)$$

其中，ν^k 是两个地区产业 k 产出的相对值，ρ^k 是两个地区供应商的相对成本或者相对价格，η^k 是两个地区对产业 k 产出的相对支出。我们利用式（4-32）和式（4-36）可以得到两个地区价格指数的比率，由：

$$\left(\frac{p_2^k}{p_1^k}\right)^{1-\varepsilon^k} = \frac{(t^k)^{1-\varepsilon^k} + (\rho^k)^{-\varepsilon^k}\nu^k}{1 + (t^k)^{1-\varepsilon^k}(\rho^k)^{-\varepsilon^k}\nu^k} \qquad (4-37)$$

由方程（4-35）可知，零利润暗含着在每一地区企业按同样的规模进行生产活动。因此，利用需求函数和式（4-36），我们可以得到：

$$1 = \frac{x_{22}^k + x_{21}^k}{x_{11}^k + x_{12}^k} = \left(\frac{p_2^k}{p_1^k}\right)^{-\varepsilon^k} \frac{\left[(p_2^k)^{\varepsilon^k-1} e_2^k + (t^k)^{-\varepsilon^k}(p_1^k)^{\varepsilon^k-1} e_1^k\right]}{\left[(p_1^k)^{\varepsilon^k-1} e_1^k + (t^k)^{-\varepsilon^k}(p_2^k)^{\varepsilon^k-1} e_2^k\right]}$$

$$= (\rho^k)^{-\varepsilon^k} \left(\frac{\eta^k (p_2^k/p_1^k)^{\varepsilon^k-1} + (t^k)^{-\varepsilon^k}}{1 + (t^k)^{-\varepsilon^k}\eta^k (p_2^k/p_1^k)^{\varepsilon^k-1}}\right) \qquad (4-38)$$

利用式（4-37）和式（4-38），我们可以得到ν^k：

$$\nu^k = \frac{\eta^k\left[(t^k)^{\varepsilon^k} - (\rho^k)^{\varepsilon^k}\right] - t^k\left[(\rho^k)^{\varepsilon^k} - (t^k)^{-\varepsilon^k}\right]}{\left[(t^k)^{\varepsilon^k} - (\rho^k)^{-\varepsilon^k}\right] - \eta^k t^k\left[(\rho^k)^{-\varepsilon^k} - (t^k)^{-\varepsilon^k}\right]} \equiv g^k(\rho^k, \eta^k, t^k)$$

$$(4-39)$$

通过方程（4-39），我们可以得到两个地区生产分布ν^k，它是相对生产成本ρ^k、相对支出水平η^k和贸易成本t^k的函数，我们用函数g^k表示。如果零利润条件成立，我们需要n_1、$n_2 > 0$。它成立的必要条件是$t > \rho > 1/t$，它适用于我们所有的讨论。

二、单一产业

为了说明垂直联系效应的作用机制，我们首先分析单一产业的情况。对于局部均衡的单一产业来说，支出为e_1和e_2，因此η是内生的。同样，成本和相对价格ρ也是内生的。两地区的生产分布由式（4-39）给出。我们可以看到，ν随着ρ递减，因为较高的成本减少企业数量，因此$\partial g/\partial \rho < 0$。由于式（4-39）方括号中的项都是正的，这表明$\partial g/\partial \eta \cdot \eta/g > 1$。这意味着：如果地区之间仅仅存在着市场规模的差异，那么拥有较大市场的地区将生产与其不相称的较大份额。[28] ν对t的依赖性稍微复杂。如果地区间有同样的市场规模和成本，那么不管t的大小如何，产业将在这两个地区均匀分布。另外，存在高额贸易成本的情况下，需求考虑支配区位决策，而在低贸易成本的情况下，成本差异支配区位决策。这样，当$t \to \infty$时，$\nu \to \eta$。产出的相对值等于支出的相对值，这两个地区是自给自足的，不发生贸易活动。当$t \to 1$，$\nu \to (1 - \rho^{\varepsilon})/(1 - \rho^{-\varepsilon})$时，产业分布不依赖于每一地区的支出，但对于成本差异却无限敏感，因此当且仅当$\rho = 1$，两个地区有正的企业数目。当$\rho = 1$且$t = 1$时，企业选址是不确定的。

三、垂直联系的产业

我们分析两个产业的情况，上游产业 a 为下游产业 b 提供原料，下游产业 b 为消费者提供最终消费品。因此，对产业 a 的需求来自产业 b，产业 b 的成本依赖产业 a。这种需求联系和成本联系的出现表明 ρ^b 和 η^a 是内生的，ρ^b 是产业间的成本联系，η^a 是产业间的需求联系。尽管如此，我们继续在局部均衡的框架下进行分析，这样上游成本和下游需求（ρ^a 和 η^b）是内生的。

为了模型化成本，我们假定每一地区只有唯一生产要素：劳动力，支付工资为 w_i，并且相对工资 $\omega \equiv w_2/w_1$。在局部均衡时，ω 是内生的，并且记作 $\bar{\omega}$。产业 a 只使用劳动力，因此我们可以得到相对成本和相对价格：

$$\rho^a = \bar{\omega} \qquad (4-40)$$

产业 b 使用劳动力和产业 a 的产出作为投入。产业 a 差异化产品的产出以 CES 集合的形式进入产业 b 的成本函数。从方程（4-32）可知，它可以用地区 i 的价格指数 P_i^a 来代替。我们假定劳动力和产业 a 复合产出采用 Cobb-Douglas 技术，因此我们可以得到产业 b 的成本函数、地区间的相对成本和价格：

$$c_i^b = w_i^{1-\mu}(i=1,2)$$
$$\rho^b \equiv \left(\frac{c_2^b}{c_1^b}\right) = \bar{\omega}^{1-\mu}\left(\frac{P_2^a}{P_1^a}\right)^{\mu} \qquad (4-41)$$

其中，μ 是中间投入品的份额，我们可以看出 ρ^b 依赖 $\bar{\omega}$ 和产业 a 的价格指数。产业 a 的价格指数依赖产业 a 的成本和产业 a 中企业数目，我们可以从方程（4-37）得到产业 a 两地区的价格指数比率的表达式。我们令 k = a，联合式（4-37）、式（4-40）和式（4-41）可以得到：

$$\rho^b = \bar{\omega}^{1-\mu}\left[\frac{(t^a)^{1-\varepsilon^a} + \bar{\omega}^{-\varepsilon^a}\nu^a}{1+(t^a)^{1-\varepsilon^a}\bar{\omega}^{-\varepsilon^a}\nu^a}\right]^{\mu/1-\varepsilon^a} \equiv h(\bar{\omega},\nu^a,t^a) \qquad (4-42)$$

成本联系可以由方程（4-42）给出，下游企业成本是上游企业区位的函数，我们用函数 h 来表示它们的关系。我们可以看出：下游产业 b 的相对成本随着相对工资 $\bar{\omega}$ 而递增，而随着上游产业的相对区位 ν^a 递减。因此，下游产业如果在上游产业区位设址，它的成本较低，这种影响程度的大小依赖于产业 a 产品的运输成本 t^a。

我们接着分析需求方，对产业 b 的需求仅来自消费者的支出。我们把两地区消费者的支出看作是内生的，因此我们得到 $\overline{\eta}^b \equiv e_2^b/e_1^b$。每一地区对产业 a 产出的支出 e_i^a 是内生的，它仅来自于产业 b。中间品投入占产业 b 成本的份额为 μ，因此我们可以得到对产业 a 支出的绝对和相对值：

$$e_i^a = \mu \, n_i^b \, c_i^b (x_{ii}^b + x_{ij}^b + f^b) = \mu \, n_i^b \, p_i^b (x_{ii}^b + x_{ij}^b), \quad i = 1,2$$

$$\eta^a = n_2^b \, p_2^b (x_{22}^b + x_{21}^b) / n_1^b \, p_1^b (x_{11}^b + x_{12}^b) \equiv v^b \qquad (4-43)$$

方程（4-43）给出了两个产业的需求联系，我们可以看出每一地区在产业 a 的支出与该地区产业 b 的生产成比例。

我们已经建立了两个产业的成本联系和需求联系，我们进一步分析均衡区位问题。利用成本联系方程（4-40）和需求联系方程（4-43），联立产业区位方程（4-39），可以得出：

$$\nu^a = g^a(\overline{\rho}^a, \eta^a, t^a) = g^a(\overline{\omega}, \nu^a, t^a) \qquad (4-44)$$

$$\nu^b = g^b(\rho^b, \overline{\eta}^b, t^b) = g^b(h(\overline{\omega}, \nu^a, t^a), \overline{\eta}^b, t^b) \qquad (4-45)$$

给定 $\overline{\omega}$、$\overline{\eta}^b$，t^a 和 t^b，我们就可以求解内生变量：ν^a 和 ν^b。方程（4-44）揭示了产业 a 的区位依赖于产业 b 的需求，它给出了 ν^a 是 ν^b 的增函数。方程（4-45）揭示了产业 b 的区位依赖于产业 a 的供给，它给出了 ν^b 是 ν^a 的增函数。这两个增函数揭示了产业集聚的两种力量：需求联系和成本联系。

产业区位均衡取决于贸易成本，贸易成本降低抵消了产业接近最终需求设址的要求。在贸易成本 t 足够大的情况下，为了满足最终消费者的需求，生产在两个地区均匀分布。拥有较多上游产业企业的区位对下游产业来说意味着较低的成本，因此它吸引着下游产业设址，反过来，也为上游产业创造更大市场，产生累积循环因果效应。因此，低的贸易成本 t 会产生集聚，它会在任一地区发生。在中等贸易成本 t 的情况下，由于贸易成本是足够大的，所以分散均衡是稳定的；然而，如果生产在一个地区集聚，由于其他产业企业的存在，没有企业有动机迁移到其他地区。

由式（4-44）和式（4-45），我们可以得到产业均衡的"分岔"点：

$$g_1^b(h(\bar{\omega}, \nu^a, t^a), \bar{\eta}^b, t^b)h_2(\bar{\omega}, \nu^a, t^a) = 1/g_1^a(\bar{\omega}, \nu^b, t^a) \quad (4-46)$$

其中，g_1^b、h_2 和 g_1^a 是对 ν 的导数，式（4-44）、式（4-45）和式（4-46）决定了 ν^a 和 ν^b 的均衡值，并且对参数施加了限制。满足这个限制的参数定义了分岔集。

我们只考虑对称的例子，$\bar{\omega} = \bar{\eta}^b = 1$ 且 $\nu^a = \nu^b = 1$，我们就可以用单一方程来表示分岔集。计算在对称均衡下式（4-46）的导数，我们可以给出分岔集：

$$\frac{(t^b)^{\varepsilon^b} + (t^b)^{1-\varepsilon^b}}{1+t^b} = 1 + \left(\frac{2\mu\,\varepsilon^b}{\varepsilon^a - 1}\right) \quad (4-47)$$

因此，我们可以得出下面的命题：

命题：假定两个地区是对称的（$\bar{\omega} = \bar{\eta}^b = 1$），并且 μ，ε^a，ε^b 为固定值。当且仅当 $\mu > 0$ 和 ε^a，$\varepsilon^b \in (1, \infty)$，在分岔集中存在一个值 $t^b \in (1, \infty)$。这个值 t^b 是唯一的。

我们可以看出，命题成立的必要和充分条件是方程（4-47）的右边比单位 1 大且是有限的。当 $t^b = 1$ 时，方程（4-47）的左边等于 1，它随着 t^b 严格递增，当 $t^b \to \infty$ 时，它趋近于 ∞。

要求 $\mu > 0$ 表明必须有产业间的垂直联系；ε^a，ε^b 是有限的，可以用两个产业出现不完全竞争来解释（价格大于边际成本）。因此，在正的贸易成本的情况下，这个命题阐明了产业间和两个产业不完全竞争的联系是唯一分岔点的充分和必要条件。

我们接着分析福利情况。由于产业间没有利润，并且没有政府收入，所以相对工资是内生的，并且消费者只能购买商品 b，因此相对效用由相对产业 b 的价格指数来决定。如果产业集聚在地区 2，那么由方程（4-42）可知，ρ^b 较低，即 ρ_2^b/ρ_1^b 是低的，因此地区 2 具有相对高的福利。像本章模型所预计的一样，产业集聚的地区产品价格指数较低，因此消费者单位产品支出也较便宜。

四、一般均衡

我们分析一般均衡，我们把工资和最终需求，ω、η^b，看作是内生的。如果相对于要素市场和总收入来说，产业规模小，那么要素市场、总收入和产业规模也是成比例的，即也是小的。我们分析一种相反的情况。第一，如果一个地区拥有很少的产业，那么它具有低的劳动力需求和工资；这将吸引产业进入，因此会带来产业在两个地区分布。第二，较小的产业和低工资减少最终消费者的支出，这就会扩大产业在另一地区集中的集聚力。我们上面分析了在低贸易成本的情况下，区位对成本差异的敏感性是很高的。此外，在临界点 t^a，$t^b \rightarrow 1$，产业区位均衡与前面部分的分析有本质不同。我们前面分析了当 $t^a = t^b = 1$ 时，产业在工资最低的地区设址。如果每一地区的工资随着产业雇佣量严格递增，这就存在着唯一且稳定的均衡。另外，如果两个经济体是对称的，那么均衡将是分散的，产业在两个地区均匀分布。因此，我们对均衡集做如下结论：

（1）在低 t 的情况下，存在唯一的分散均衡。

（2）在中等 t 的情况下，存在着多重均衡，且集聚均衡是稳定的。

（3）在高 t 的情况下，存在唯一的分散均衡。

如果集聚力占优是由于工资差异，或由于最终需求，对所有 t，分散均衡是稳定的、可能的。这就增加了企业和最终消费者的联系，连同企业和工资差异的联系，这说明对所有 t 分散均衡是稳定的。但是对于中等 t，有五种均衡：除了对称均衡，还有两个稳定均衡和两个不稳定均衡，而后面四个均衡的情况，产业在区位间的分布是不均匀的。

因为工资是内生的，一般均衡的福利经济学比局部均衡要丰富得多。如果生产是专业化的，产业所在的区位真实工资比其他区位要更高。这部分地是由于较低的价格指数，而且由向上倾斜的劳动力供给曲线来说明。因此，产业集聚吸引产业在单一地区集中，产品贸易和企业迁移导致增加工资差异，而不是减少。

五、需要进一步研究的问题

首先，劳动力迁移和企业迁移都会促进产业集聚，而劳动力迁移需要在较大的一体化区域才可以发生。一国的生产活动可以分两种联系：一是投入联系，本地劳动力和自然资源联合生产产品提供给世界市场；二是产出联系，联合世界产品和本地投入生产最终消费品。我们阐释了由投入—产出联系的产业间企业区位决策的相互作用产生产业集聚。尽管我们没有考虑劳动力迁移，但是由于产业上下游联系在一体化区域的某一特定区位依然可以生成产业集聚。当运输成本高时，产业必须接近消费者，或者当运输成本低时，要素价格决定选址，生产在两个区位同时存在。不完全竞争和运输成本产生上游产业和下游产业间前向和后向联系，并且在中等运输成本情况下，这些联系决定产业选址。这存在着多重均衡，有一些是产业集聚在单一区位。运输成本从高到中等减少，造成产业集聚和经济结构与收入分岔；运输成本进一步减少，则会削弱产业集聚，带来收敛。

其次，产业链条反映了一定技术水平条件下，产业上下游之间的关联情况。产业链条的演化具体表现为产业节点数量的增减、产业链条长短的伸缩和产业节点上企业分布的聚散情况（邵昶、李健，2007）。因此，从产业链的研究视角下，制造业上下游联系产业如果能够集聚在一个地区，则能为下游产业的需求减少中间投入品的在途损耗、减小运输成本，从而降低中间投入品的价格，从而导致厂商有内在的动力集聚进行协作。产业上下游的成本和需求联系可以生成产业集聚，但是它高度依赖于市场不完全竞争。这些联系效应纯粹是市场联系，它们来自贸易成本、规模递增收益和不完全竞争的相互作用。我们假定上游产业是完全竞争的，来揭示不完全竞争的重要性。如果上游产业是完全竞争的，那么部分上游产业将在下游企业所在的区位设址，下游企业将只使用本地供应商提供的产品，因此上游产业就起到原材料供应者的作用。不完全竞争改变了市场格局，一个地区的价格依赖于该地区供应者的数目，更多的企业带来较低的价格，要素供给的考虑除外。产品差异化保证所有下游企业使用所有的上游产品。在一个同质产品寡头的情况，一个地区更多的供应者产生类似价格效应的更加激烈的竞争。产业集聚的范围经济给企业节省大量成本，相关企业的联合需求使企业发展始终处于相对稳定的产业环境，企业资金约束和其他资源约束将会弱化。因此，更多上游企业意味着较低的价格减少了下游产业的成本，带来产业集聚。下游产业中间投入品的比例越高，上下游产业集聚设址的好处就越大。因此，多种产业的空间相互作用（Liu and Fujita, 1991）需要进一步正式模型的发展和融入更多实际因素。

最后，要素价格差异的考虑和某一产业的特性联合决定了是否贸易成本的减少会导致产业集聚，以及接下来的经济结构和收入水平的分岔，或者相反的情况，产业分散和收入收敛。在多产业模型，这就表明在经济一体化的过程中，一些产业应该集聚，一些产业根据要素价格差异而分散。在决定产业选址时，其作用的力量需要进一步弄清和量化，进而能够形成判断：何种产业向心力起支配作用和何种产业离心力起支配作用。

总之，本章的分析框架也为弄清产业集聚区是否重要提供了一个视角。一些产业在保持上游产业和下游产业存在是非常重要的，我们需要了解这些产业的特性。规模收益、产品差异化程度和产品市场竞争的形式是非常重要的，与其他产业的联系效应也是非常重要的。新经济地理学（NEG）重视多种联系作为集聚力的来源。维纳布尔斯（Venables，1996）重视需求联系和成本联系。我们发现联系效应与产业集聚的确相关，企业的需求联系效应和成本联系效应比工人的生活成本联系效应更重要。因此，企业选址取决于消费者市场接近和供给市场接近二者之间的相互作用，由此形成了企业集聚或者分散的向心力和离心力，它们之间的均衡依赖于产业上下游之间垂直关联的强度及运输成本的大小，决定了企业集聚生产还是分散（Ottaviano and Pinelli，2006）。

本章的分析具有很强的实践和政策含义。第一，它生成了一个分析经济一体化对生产地理集中效应的框架。如果经济一体化减少贸易成本，它将导致集聚，并且接下来会产生地区经济绩效的分岔，或者对应工资差异它将促进产业分散，这是否将导致地区收入水平收敛？答案依赖于垂直联系的力量和运输成本的水平。如果垂直联系是强大的和运输成本是重要的，那么经济一体化会导致生产在单一区位集聚。如果垂直联系很弱小和运输成本很小，那么当企业应对工资差异重新选址时，一体化会导致分散。第二，适宜的区位"产业基础"的理念。在本章的模型中，企业想要在接近其他企业的区位选址，因为它有供应商和消费者的产业基础。强大产业基础的出现保证该区位提供相对高工资。相反，削弱一个区位的产业基础使该区位缺少吸引力。这是累积的，因此超出某些临界点，这会导致区位的削弱的工业化，除非较小产业基础的劣势由足够低的工资所抵消。因此，本章所建立的框架是包含着产业基础理念的且非常有意义的，并且影响一个区位产业基础生存能力是可以被评估出来。

第五节　市场潜力和累积循环因果关系

自从克鲁格曼（1991a，b）的开创性工作以来，新经济地理学（NEG）已经涌现出大量的研究文献。新经济地理学（NEG）的核心思想是在出现贸易成本和规模递增收益的情况下，市场相互作用吸引企业移向较高的市场潜力区位：更好地接近消费者（需求或后向联系效应）和更好地接近供给者（成本或前向联系效应）。工人也被吸引到较高市场潜力的区位，因为这些地区更容易接近最终产品（生活成本联系效应或生活便利联系效应），因此，在较大的市场区位，工人的福利提高（Head，Mayer and Ries，2002）。这就产生企业和工人联合选址的动机，因此，支持经济活动的集聚。

市场潜力最早由哈里斯（1954）提出，他认为：其他条件相同的情况下，生产者将会倾向选择接近市场的地点。他运用一些特别的但是相对敏感的"市场潜力"（Market Potential）度量指标，市场潜力是区位间购买力的加权总和，且每一区位的权重与它的距离成反比，来测度美国每一个县的市场接近度。他的结果表明：美国高度产业化的区域通常是优越的、强大的市场潜力的区位。这并不值得吃惊：准确地说，由于较大部分的美国人口和生产集中在制造业带，在制造业带的区位相比国内其他区位而言就具有更好的市场接近度。通过这个简单的观测，Harris 提出一个有趣和令人振奋的建议：生产集中是自我加强的。企业选择较好接近市场的区域进行生产；接近市场的区域往往是大多数企业选择进行生产的较好的区域。从这个研究视角，克鲁格曼（1993）指出：在 20 世纪 50 年代和 60 年代，地理学家，尤其是哈里斯（1954）和普利德（Pred，1966），详述了经济活动较大区域集中的出现[29]被视为前后一致的、直觉上必然存在的故事。

在新经济地理学中市场潜力起作用的主要机制是市场规模效应，克鲁格曼（1980）引入国内市场效应（Home Market Effect），表明拥有大量消费某一产业产品的一国将获得该产业的贸易剩余（Trade Surplus）。克鲁格曼（1980）的国内市场效应主要关注市场规模对一国递增收益产业净出口的影响。在两区域的框架下，国内市场效应的贸易解释（Trade Version）表明区域拥有递增收益产品的需求份额超出 1/2，将会是这种产品的净出口者。赫尔普曼和克鲁格曼（1985）进一步发展了克鲁格曼（1980）的思想，表明较大国家收益递增产业的企业生产份额将会超出消费者消费量的份额。他们表明一国需求的增加导致生产超出 1:1 的增加。此外，拥有较大市场的国家是有吸引力的，因为生产者可以节省贸易成本。除非工资的上涨抵消这种优势，越来越多的生产者将会在较大的市场设址。这个结果常常归因于国内市场效应（HME），或者市场扩大效应（Market Magnification Effect）。它表明国家将倾向出口那些它们具有相对较大国内市场的产品。汉森等人（2004）也指出国内市场效应依赖差异化产品产业的数目，如果世界上有很多这样的产业，国内市场效应表现为更高运输成本和更多差异化产品的产业比较低运输成本和较少差异化产品更易集中在较大的国家；不完全竞争和规模递增收益影响国家间贸易格局。同时，文玫（2004）指出：区域在工业总产值中的份额也是与区域市场规模正相关，进一步降低交易和运输费用似乎会促进工业在地域上的集中。金煜、陈钊和陆铭（2006）也指出市场容量、城市化、基础设施的改善和政府作用的弱化也有利于工业集聚。因此，国内市场效应的产生是通过存在递增收益产业与本地化生产扩大来实现的，它表明区域间产品市场联系。

在存在递增收益和运输成本的世界，显而易见，尽管其他地方也有对企业产品的一些需求，但是企业有动机在最大市场附近的地方集中生产一种产品。原因非常简单，在某一地区集中生产可以实现规模经济，而靠近最大市场选址可以最小化运输成本。区位理论比贸易理论更加重视这个观点，即国家倾向出口本国具有较大国内需求的那些种类的产品。因此，我们分析企业的区位决策，我们会得到一个结论：利润是市场潜力的函数。藤田昌久等人（1999）通过表明市场潜力（Market Potential）函数可以来自正式的空间模型而重新阐释了市场潜力的概念。汉森（2005）也指出：在市场潜力函数的现代形式，表明接近消费者和产业需求的集中地，名义工资是更高的。如果企业利润率（Profit Margin）和市场份额很高，较大的需求转化为较大的利润。给定的区位有更多的竞争者，并且更多的竞争者能够低成本地进入，这个区位和周围的竞争者的边际成本较低。也就是说，P_i较低。因此，任一企业的市场份额较低。换句话说，由现存企业供应很完善的大市场与很少竞争者的较小市场相比，缺乏值得考虑的利润潜力。我们可以看出，一个区域高的市场潜力，对于在该区位设址的企业来说，具有相对较高的利润。从长期来看，自由进入驱使企业利润为零，投入价格必须上涨来吸收高市场潜力区域的额外利润。因此，产业集中既追随市场准入而出现，又反过来创造市场准入，制造业基本在拥有最大市场的地区有很好的发展，反过来这些市场的规模又有所扩大，同时这个行业的增长也创造了其他一些有利条件。因此，产生产业集中和市场准入（Market Access）的循环作用关系。克鲁格曼（1997）指出缪尔达尔的核心思想是"循环因果关系"。

企业和工人的区位决策依赖市场潜力和供给潜力，这是两种类型的区位选择，它们是通过迁移来实现的。我们分析后向联系和前向联系：后向联系（Backward Linkages）是指大的市场需求的区位吸引企业向该地迁移；前向联系（Forward Linkages）是指较多产品种类的生产区位吸引工人（作为消费者）迁移。因此，前向联系效应和后向联系效应共同构成了区域自我强化的累积因果关系。在新经济地理学中，生产的规模收益递增和消费者的多样化偏好会使不同区域之间微小的不对称自我增强，并自我组织，形成中心—外围结构。由于某个区域企业数量和生产产品种类的优势，从而吸引多样化偏好的劳动力流向该区域，而这必然增加本地支出并缓解了本地劳动力市场的压力，自然也就增加了本地市场的利润，进而吸引更多的企业。只要区域间的贸易成本（运输费用）足够小，这两个地区将会分岔为一个工业化的中心和一个抑制工业化的外围。

因此，规模经济将促使企业在空间集聚，运输费用激励企业向较大市场周围布局，而要素流动将会实现产业集聚自我增强、自我组织的路径依赖。新经济地理学把地理空间因素引入经济过程，从而使经济地理进入主流经济学。产业集聚现象是地理空间因素影响企业生产组织活动和市场交换行为的最突出表现形式。消费者多样化偏好意味着较大规模生产集中的区位能够提供相对较多的差异化产品，消费者偏好这样的区位，并且同等收入能够获得较大的效用[30]。同时，生产的规模收益递增是由于固定成本的存在，生产规模越大，产品平均成本越小。

新经济地理学的核心思想是规模递增收益、贸易成本和不完全竞争可以生成产业空间集聚。由于厂商层面的规模经济和运输成本，一方面会产生在少数厂商集中生产，另一方面厂商会亲近消费者和供给者，它们都是产业需求的来源。由于不完全竞争，企业通过精心的地理定位，可以增加它们的市场势力，因此增加它们的利润。在这个过程中，它们生成决定区域吸引力[31]的本地化外部性，并且生成累积循环过程。此外，这种本地化外部性越强，规模收益越高，并且生产越多差异化产品，它与企业市场势力强化是同一过程。

总之，经济空间结构的渐进变化的"图景"逐渐显现空间集聚经济的格局。经济活动在地理空间上集聚是一个普遍现象。何种原因导致了经济活动的集聚，一个显然的解释是能够更好地生存，由于市场潜力和累积因果关系促进产业地理集中形成竞争优势。人类社会进步的根本原因在于经济组织的社会关联化和生产分工专业化的发展的正反馈累积循环过程。

第六节　本章小结

总之，本章从企业横向关系的角度讨论了生产同类产品企业的生产集中和要素集中，又从产业链纵向关系的角度分析了产业垂直上下游联系效应促使产业上下游的生产集中和要素集中，而生产同类产品和产业垂直上下游联系连同地方化需求促进产业地方化以及市场潜力和累积循环因果关系，促成了中心——外围格局的生成。

其实，我们分析空间竞争，也应包括价格竞争。存在两种相反的力驱动上下游企业区位决策。要素成本考虑鼓励企业选址依据比较优势[32]，因此上下游企业的垂直联系生成需求和成本联系，推动上下游企业在一国或一个地区集聚。这些集聚力的平衡依赖运输成本的水平。但是，理论研究倾向于两国或两个地区模型，而经验研究不可避免地要面对多国或多地区的现实情况。因此，理论模型的产品差异化、自由贸易和要素价格均衡化等假定经验研究都无法解决。

最后，运输成本和劳动力可迁移性是决定空间集聚与扩散的关键因素。国家或地区的发展政策必须努力谋取再生产过程中这些众所周知的后向联系和前向联系的效应，根植于本地特殊地理区位优势，发展产业相互关联的要素投入、生产、消费机制，塑造本地区的竞争优势，提升发展的广度和强度。

注释：

[1] 金煜、陈钊和陆铭（2006）指出传统经济地理学不能解释两个重要的经济现象：第一，一些在纯自然条件方面并不一定非常有优势的地方却成为工业集聚的中心（如浙江和福建）。第二，两个在自然条件方面非常相近的地方却可能在工业集聚方面有非常不同的表现（如广东和广西）。

[2] 韦伯（1909）指出：我们能识别集聚的两个阶段，简单地通过企业扩张使工业集中化，这是集聚的第一阶段又是低级阶段。第二阶段，每个大企业以其完善的组织而地方集中化。同小规模生产相比，大规模生产显著的经济优势就是有效的地方性集聚因素。此外，由于更经济地利用设备和依靠某地固有的补充贸易优势促使产业集聚，导致生产廉价。工厂扩张的集中化倾向和这种倾向的深化影响吸引工业集中依赖于若干工厂紧密的地方联

合产生的优势。

[3] 金钱外部性，国外学者又称市场相互作用。一般地，国外研究有市场相互作用和非市场相互作用（Non-market Interactions）之分。

[4] 与消费者市场相比，产业市场的特征是：购买者虽然较少，但购买量大，流动资金量也较大，因而规模更大。此外，客户集中，地域性更强。在生产链上，每一个中间环节既是上游生产的市场，也是下游生产的中间投入品的供给地。如果已知原料、中间投入品产地和市场的某种布局，后续阶段的生产布局受不同种类商品的相对可运输性所支配。换言之，受各生产阶段的产品的相对可运输性的支配，受原料供应和市场不同地点的距离所支配。产业需求是衍生需求，即是由对最终消费品的需求衍生出来的，所以产业需求随消费者需求变化而变化。产业需求缺乏需求的价格弹性，且更易产生波动。产业购买的特征有：（1）直接购买，即从上游生产商处直接购买；（2）重复购买，购买者不加任何改动地重复订购，这一般由购买部门作为日常业务处理；（3）互惠购买，或称对等贸易或双向贸易，即选择自家的客户为供应商；（4）租赁，如计算机、包装设备、重型建筑设备、运输设备、机械工具等，承租方可获得一系列收益如节约成本、获得最新产品、得到更好的服务以及在税收方面享受优惠；而出租方可以最终获得更多的纯利润。

[5] 在美国，联邦、各州和当地政府的各个机关就构成了近十万个购买单位。这一类组织购买范围广泛，从办公室用具到公共建筑，从军靴带到军舰，从飞机票到汽车高速公路，从垃圾清理到管理咨询。政府组织市场与产业市场有许多相同之处，但也有自身的特点。政府采购的特点是：第一，采购决策受公众监督，经常要求供应商竞价投标；第二，他们并不像产业采购者那样关心利润，而更多地考虑利润之外的问题，每个国家的政府机构差不多都会有选择本国供应商而不是外国供应商的倾向，非经济标准所起的作用略大。而地方政府或多或少地有地方保护主义情结，使他们更倾向于采取多种形式的公开招标，在选择供应商时更多地关爱本地的供应商。

[6] 需求也可以理解为具有较大的制造业份额。一方面，较大的制造业份额可以提供更多种类差异化产品吸引更多工人迁移，需求较多；另一方面，较大的制造业份额意味着制造业互相提供市场，需求较多。

[7] 它是指企业经营与战略效能以及微观经营环境质量。

[8] 在二维空间中通常只用两种商品，把其中一种商品代表"其他一切商品"，消费者消费抉择集中在一种商品和其他一切商品之间。无差异曲线由消费者偏好的两种商品的消费束连线画出。

[9] 马歇尔（1920）认为生产要素包括土地、劳动、资本和组织。

[10] 规模递增收益是一种技术特性。

[11] 为了说明这个特征，Krugman（1991b）列举了两个例子：第一个是美国。美国是地广人稀的国家，大量的人口居住在少数大都市群；仅 1/4 的居民在并不特别受欢迎的东海岸地区。第二个是欧洲。在欧洲夜间卫星图上，我们很难看到国家的政治边界，但可

以清晰地看出中心—外围格局，中心在比利时或它的附近地区。

［12］这里指经济地理。

［13］制造业产品过程的可分性及最终产品的可运输性决定了产业集聚的易发生性。

［14］Myrdal（1957）指出：初始条件的异化在长期中倾向不断增长。

［15］就像美国 19 世纪早期的社会。

［16］新经济地理学认为制造品之间具有差异性，其差异性大小由产品间的替代弹性表示。当替代弹性越小，则产品差异性越大，制造品的种类越多。

［17］这里的简化可以参考 Krugman（1991a）。

［18］农民是不可迁移性生产要素，起到了第一性质的作用，制约经济体空间结构（Krugman，1993）的变化。

［19］这种单位选择确保在长期均衡中工人的工资率等于农民的工资率。

［20］若 x 是从地区 j 到地区 k 的某种产品的运输数量，而 z 是到达数量，那么下式成立：$z_{jk} = e^{-\tau D_{jk}} x_{ij}$

［21］由于效用函数的形式和"冰山"运输成本假定暗含着不变的需求弹性。

［22］可以参考 Krugman（1980）。

［23］由企业利润最大化行为决定的企业最有定价可以看作是边际成本的一个加成定价：$p_1 = \left(\dfrac{\sigma}{\sigma-1}\right)\beta_{w1} = \left(1 + \dfrac{1}{\sigma-1}\right)\beta_{w1}$

［24］可以参考 Krugman（1980）。

［25］价格指数效应是指：一个地区制造品份额越高，那么本地不需要运输成本就可以获得的中间和最终产品种类就越多，这就降低了整体价格指数，提高了实际工资率。

［26］它由 $\mu = 0.3$，$\sigma = 4$ 通过实际计算得出。

［27］企业根据这个计价物最大化利润。

［28］这里是指与所拥有的市场相比，其生产所占的份额超出 1∶1 的比例。

［29］例如在美国东北部和中西部内陆的"制造业带"。

［30］新经济地理学认为在生产集中的区位提供给消费者的产品（或者工业化中心）能够节省运输成本，所以产品价格较低，因此消费者能够获得额外的效用。其实，还应该包括由于生产集中，生产者激烈竞争，所以会导致市场价格较低。

［31］它会吸引企业和工人进入。

［32］劳动力密集型生产阶段在劳动力丰富国家选址，资本密集型生产阶段在资本丰富国家选址。

第五章

外部规模经济与产业
集聚自增强机理

企业集聚生成、发展及竞争优势的获取也取决于企业内部资源和能力，以及它所能支配、利用的所有外部资源和能力。产业集聚生成、发展及竞争优势等方面存在的不同，则可归结为其所拥有的共享性或集体性区域资源之间的差异。产业集聚内企业与外部资源、中介组织及机构之间互相共生、紧密联系，逐渐形成一个整体的系统结构，从而使整个产业集聚能够迅速与外界进行信息、资源交换，获得产业集聚外部规模经济扩大[1]。因此，产业集聚引发产业中介机构、共享基础设施等集聚在某一区域内通过社会分工发展带来的外部规模经济和范围经济[2]的不断扩大，促进共享劳动力市场形成、专业化技能工人的集中以及带来其他区域外部性。

第一节　公共物品投入和中介组织发展

企业产品的竞争力来自于高效的投入，从另一个角度来讲，企业区位选择和对公共环境的选择形成了地方政府公共物品投入的"倒逼机制"。当产业集聚能够吸引公共物品提供和各类专业化的中间投入商加盟时，市场潜能和区位的合意度（黄泽民，2005）上升，产业就可以专业化生产达到规模经济，降低生产成本、激发创新，提升产业集聚的竞争力。显然，中间投入品生产商提供的机器设备、零部件、各种服务等，由于集中在产业集聚区附近，可以降低运输成本，并且能够产生与上游和下游企业更强的投入—产出联系，从而促发新的加入者和更多的专业化服务。因而，公共物品投入和经济中介的产生是产业分工细化的产物，这种制度安排有利于获取分工利益和提高经济效率。

一、公共物品提供

区域经济发展的条件差异主要可以从自然资源、良好的公共设施、宽松的融资条件、高素质的人才、完善的市场规制、高效率的企业制度以及有效的、有边界的政府（李景海，2007）等方面来比较。共享基础设施以及类似需求最低规模的考虑是区位经济的存在基础。戴维斯和温斯坦（Davis and Weinstein，2002）指出本地基础设施对于区域经济活动空间格局起着决定性的影响。有吸引力的区位经济会导致给定的产业集聚在一个有限的地域，而且它还促使了城市出现和成长。政府是区域共享性资源的主要提供者。政府对基础教育、医疗保健、交通设施、通信网络、环境和住房等方面的投资，配以适当社会福利措施能够增加本地对企业的吸引力，并能够为本地经济的持续发展提供基础性条件。在产业集聚区域内，不同企业可以共享公共基础设施，从而节约生产成本，提高社会效益。良好的基础设施和其他公共物品的提供，不仅提高集聚企业的经济效率，而且客观上增加集聚区域的吸引力，促使区域外企业不断加入本地生产网络，从而提升产业集聚的优势和区域竞争力。

赫希曼（Hirshman，1991）提出"社会间接资本"的概念，它是指为包括那些进行一次、二次及三次产业活动所不可缺少的基本服务。就其广义而言，包括从法律、秩序以及教育、公共卫生，到运输、通信、动力、供水，以及农业间接资本，如灌溉、排水系统等所有的公共服务。由于社会间接资本是直接生产活动的基础和先决条件，它一般由国家免费提供。另外，它不能从国外进口，且这些投资具有技术上的不可分割性及较高的资本—产出比。因此，社会间接资本是经济发展最重要的因素之一，它能够减少企业的经营成本，影响企业投资决策。一般地说，社会间接资本越不足，特定产品直接生产活动的成本越高，具体见图5-1。

图5-1中，横坐标表示社会间接资本供应量及成本，纵坐标表示直接生产活动的产出总成本[3]。曲线a表示某一特定直接生产活动投资中，要获取等量产出，一个特定产品全部开工的生产成本和社会间接资本供应量的函数关

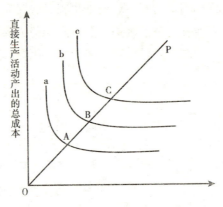

图 5 - 1   社会间接资本供应量及成本

系。曲线 b，c 则分别表示因继续增加直接生产活动投资而使产出不断增加时的成本函数关系。由于最少的社会间接成本是进行任何直接生产活动所不可缺少的，我们从曲线的斜率可以看出：从最右端开始，社会间接资本充裕而直接生产成本低廉，因此增加社会间接资本很难进一步降低直接生产成本。当向左移动时，某特定直接生产产品的成本先是缓慢上升，而后加快，成本曲线最后变成垂直线。从整个经济系统考虑，经济效率的目标是以最小化的资源成本投入直接生产活动和社会间接资本，来获取不断增加的直接生产活动产出。因此，在每一条曲线上，各坐标值之和最小的点是最为理想的结合点。通过原点的 45°线 OP 与每条曲线的最理想的点相交，因此 OP 是直接生产活动与社会间接资本投资平衡增长的理想点（赫希曼，1991）。

公共物品是赫希曼（1991）的社会间接资本之一，具有消费的非竞争性和非排他性特征。许多基础设施建设具有部分的公共物品性质。一般情况下，基础实施是由国家免费提供的，然而它们在区域内的建立与完善必须考虑需求。与私人产品类似，许多基础设施也要求有一个最低的需求量。从区域发展的前提条件来看，良好的基础设施条件是引发区域产业集聚网络效应良性循环的重要因素。基础设施的状况也从各方面强化了区域经济活动的集中。中小企业的地理集中不是随意进行的，而是在有利的区位上集聚形成的。这些区位因素是：市场需求状况、本地的人力资源情况、历史文化传统、便利的交通运输条件以及专业化中介服务提供等方面。事实上，机场、大型交通枢纽通常只设在较大的城市。现代通信技术（接收站、计算机网络）也首先出现在大城市（陈秀山、张可云，2003）。各种公用基础设施的完善，譬如一个国家或者省际间交通运输条件等的改善，可以降低产业集聚企业的运输成本和费用。布雷克曼等人（Brakman et al.，2005）也指出基础设施建设加速了产业活动向中心城市集聚。因此，现代制造业的发展越来越依赖于现代交通通信网络等基础设施，集聚效率改进与公共物品提供会相得益彰（史东明，2003）。

政府需要把集聚区内的公共物品如道路交通、通信、电力、交易市场等基础设施建设好，这样才能便于企业利用好各种资源，实现企业规模收益递增。产业集聚需要多方的服务和支持，其中最不易提供的是准公共物品。由于公共物品服务有很强的外部性，很难杜绝"搭便车"行为。显然，单一私人企业不可能也不情愿提供这种服务，只能由地方政府或者产业协会等来提供。特别是集聚区的教育培训机构、公用图书馆、公共实验室、公用会议室、公共信息服务机构、技术交易展览会、各类中介服务机构等设施，若能有序地建设起来，对集聚的长远发展和效益提高极为有利。专业化的基础设施、教育项目、信息、贸易展等都是这些公共物品的一部分。产业集聚企业数量比较多时，提供公共物品的可能性就较大，因为这有一个规模效应。普遍存在的"搭便车"的机会使企业不愿做某些方面的投资，这时就需要政府协助。如果没有政府的支持，产品的区域性特征，如区域品牌等虚拟无形资产无法建立起来。因此，政府在质量标准体系、技术等方面的服务可以为产业集聚的生成奠定良好的基础。在产业集聚的发展过程中，本地政府都曾承担或还在承担着重要的角色。

产业集聚的存在，一方面有利于政府节约资源，提供更有效的公共物品供给，提高资源的利用效率；另一方面，产业集聚企业规模也推动了集聚企业协商提供公共物品的可能。产业集聚的规模描述是集聚控制利用资源的总量状况，反映了集聚利用资源的协同效应的广度，也常常是集聚的竞争优势所在，尤其是集聚的形成原因是为了占有市场和实现规模经济。衡量集聚规模的量度可以从成员的数量、市场占有率及生产规模来考察。成员数量在公共物品提供的规模经济上起着重要作用。这些公共物品是构成集聚竞争优势的重要资源，如一些咨询机构、销售网络等。在成员数量有限的情况下，由于规模不经济很难形成这样的公共物品（蔡宁、吴结兵，2002）。

总之，从居民的角度，区域公共物品的提供可以由居民迁移和消费者投票权（Tiebout，1956）的完善决定。因此，从产业集聚的角度，"松脚"产业具有同样的效力，并且产业集聚还可以发挥集聚提供公共物品。我们应该认识到，改善集聚区企业的建议权以及构建产业集聚与地方政府的公共服务沟通诉求渠道更具有实际意义。

二、中介组织和专业化服务

企业为了提高竞争优势，实现规模经济，实行专业化分工，经济中介组织的发展与产业分工细化有着密切的关系。企业劳动分工的深化不仅使企业内部的生产经营管理专业化，而且也促使整个产业链的分化，出现专业化服务的经济中介组织。在工业化的最初阶段，市场主体（包括企业和个人）将其一定规模的交易专业化时，提高竞争力和降低交易成本的需要产生了对中介服务的需求，中介服务组织应运而生。尤其是，经济中介组织产生与发展，节约了产业链不同环节之间中间产品的交易成本。经济中介组织形成以后，有利于提高整个产业的经济运行效率，有效地降低运行成本。经济中介组织经历了从无到有，同时，产业组织进行了从分散到集中的演变过程。因此，实体经济部门产业分工细化为中介组织的发展创造了客观条件，而中介组织的规范化发展又推动了经济增长，从而进一步促进产业分工细化。产业集聚各类服务业的延伸，可以促进关联产业的拓展，强化产业横向联系，实现产业外部规模经济。

在美国，中小企业集聚（如硅谷）的发展得到了金融、保险、律师事务所、会计师事务所等中介组织机构的强有力支持。中介组织是保证市场经济顺利运转的"润滑剂"，是中小企业集聚正常运作的支持系统。它的主要功能是为交易双方提供中介服务，以便降低交易成本，特别是信息成本。马斌、许越倩（2006）指出：具有鲜明社区属性的产业集群融入社区企业之间的关系性契约之中，使得温州民间商会提供企业之间不可或缺的合作性激励。如果中介组织能得以迅速发展，并能提供一种高智力的服务，它的活动就会有助于提高集聚的效率，降低市场交易成本。中介组织对中小企业集聚形成结构竞争力，起到至关重要的促进作用（史东明，2003）。发展中介组织，必须按市场经济的要求，使其在自由竞争的环境中锻炼成长。当然，政府也要适宜地提供扶助。龚绍东（2005）指出大唐镇政府建设三大工业园区和轻纺袜业城，建立中介机构和协会，提供各类咨询培训和信息中介服务，为大唐袜业产业集群的创新升级提供了多方位服务。为了促进中介组织发展，一是要取消对民营中介组织的歧视政策，允许民营组织进入外贸、金融、保险、投资银行等行业发展业务。二是要在加强政府监管的条件下，积极为民营中介组织营造透明的法制环境。三是要大力培养、培训各类中介服务人才,通过考试制度、选拔制度不断促进中介服务人员的自身素质和业务水平的提高(史东明,2003)。

目前,实行市场经济的国家存在的中介组织大体上分为四类:第一类是行业自律中介组织,由私人企业或个人自愿参加,目的是维护参与者的利益,主要形式有雇主协会、工会组织、行业协会,例如香港商业总会、香港银行工会、香港工业总会、澳大利亚金属贸易工业协会、德国雇主协会、德国工业联合会、德国手工业联合会、德国工商会、加拿大制造商与出口商联合会、法国企业运动委员会、法国中小企业联合会等。第二类是经济鉴证类中介组织,其作用是为市场交易各方提供公证、评估、咨询等服务,并间接发挥着规范市场竞争、促进公平交易的作用,主要形式包括管理咨询类公司,会计师事务所、律师事务所、资产评估事务所、公证事务所和保险评估机构等。第三类是信息类中介组织,其作用是为市场交易各方提供所需信息,主要形式有企业介绍所、专业咨询公司、猎头公司和市场调查公司等。第四类是经纪业务中介组织,其作用是提供各种沟通和协调服务,主要形式包括科技中介、房地产中介、金融中介(如证券经纪、保险代理、典当拍卖、租赁融资和信托代理等)、文化代理、教育代理、税务代理、广告中介和体育中介等(任曙明,原毅军,2003)。在这四类中介组织中,行业自律组织通常是非营利性中介组织;其他三类中介组织多数是营利性中介组织。目前,国内研究将两类中介组织统称为市场中介或社会中介,并将其定义为:介于政府、企业、居民三者之间的,为提高市场运行效率而从事沟通、协调、公证、评价、监督、咨询等服务活动的个人或机构。我们可以看出,界定的中介组织定义包括非营利性中介组织和营利性中介组织。前者旨在为参与者与政府建立联系,通过提供各种中介服务促进参与者合作并维护其利益。后者的目的则是通过提供中介服务获得利润,事实上,降低交易成本也是这类中介行为的客观结果。

产业集聚能否快速成长起来,与其所在环境能否提供多样化的专业服务密切相关。如果一个产业集聚区能够提供各种专业化的服务,则可为本地的产业集聚企业成长、发展奠定良好的基础,从而使企业能够形成较大的竞争优势。这些专业化的服务主要包括:(1)产业集聚区内微观金融服务类行业,如银行、投资公司、保险公司、租赁公司、证券公司、产权交易市场、各种基金机构等,这些服务机构为产业集聚区内企业提供高效的金融服务;(2)产业集聚区内中介服务类行业,如会计师事务所、律师事务所、咨询公司、人才服务机构等;(3)产业集聚区内商业服务类行业,如公共交通、邮电、通信、运输、情报信息服务、广告、装潢以及各种供应商、代理代销商等；（4）产业集聚区内生活服务类行业，如零售、餐饮、旅馆、医院、文化艺术、体育、旅游、休闲、家庭服务、环卫、修配等；（5）产业集聚区内的人才服务，如专业人才群体、人才培养及再培训基地、创业激情、创新精神、不惧怕失败的精神文化产品服务等；（6）产业集聚区内的企业经营，如商业计划、商业模式、管理班子、持续创新能力等；（7）产业集聚区内的法制环境，如自由企业制度、完善且配套的法律、鼓励创新的分配政策和法律保障；（8）产业集聚区内要素的流动性，如人才、资本、股权、信息以及其他生产要素具有高度的流动性等；（9）产业集聚区地方文化，如人的观念革命、鼓励创新、容忍失败、商业文化对人才是否具有吸引力等；（10）产业集聚区地方政府的服务，如建立社会保障体系、提高办事效率、增强服务意识、降低交易成本、减少腐败等（郑风田、唐忠，2002）。值得重视的是，产业集聚为现代服务业发展提供了市场容量，发展现代中介组织服务业是促进地方产业转型升级，实施创新驱动的重要方向。

　　一般地，随着企业内部分工的发展和产业分工的细化，企业不再生产所有中间产品，而由专业化企业承担，经济中介组织从企业内部和产业分工中内生出来的。产业分工越细，经济中介服务的种类就越多。企业内部以及产业内分工形式是由专业化决策内生决定的。产业分工不断细化，经济中介组织出现以后，越来越多的中间产品进入最终产品的生产。由于企业通过科层组织结构分工以及还要与市场分工进行交易，所以专业化分工带来的收益和分工产生出来的中介组织交易成本的增加的"两难冲突"影响着经济中介组织的市场结构，最终形成少数的几个大型经济中介组织拥有大部分市场份额的市场结构。

第二节　人力资本外部性和共享劳动力市场

一、人才吸引与专业化

　　空间异质性在某种程度上与产业专业化相联系。产业集聚是同一产业或相关产业的企业在一定空间的地理集中，基于金钱外部性（市场关联）和知识外部性（技术溢出）形成的空间经济自组织体。产业集聚促进区域内企业分工，有利于形成稳定有效的劳动力市场，及时便捷地得到本行业竞争所需要的市场信息，比较容易地获得配套产品和服务，并以较强的议价能力和较低价格从政府和公共机构获得公共物品和服务。因此，一个区位的技能收益与该地区的熟练技术工人的数量有关。高技能工人集聚的区域倾向于吸引大量熟练工人的雇佣者。马歇尔（Marshall，1920）揭示了产业集聚的这种机制。正式的模型由克鲁格曼（1991b）和赫尔斯利和斯特雷奇（Helsley and Strange，1990）提出。在卢卡斯（Lucas，1988）的经济发展理论，人力资本外部性是最重要的。除此之外，约翰斯·鲁夫等人（Johansson、Loof and Olsso，2005）提出劳动力迁移性是知识转移和智力资本内部化企业活动的主要来源。

产业集聚能否成功发展起来吸引人才是其成功的基本要素之一。当产业集聚可以提供更多的就业机会和较大的发展空间时，必然会吸引更广阔地域的优秀人才向产业集聚区迁移，如深圳的移民城市兴起。韦伯（1909）指出：我们就得到工业基本指向的以下概念，即依照运输成本而建立的工业基本指向和"劳动力区位"改变基本指向的工业指向。吕文栋和朱华晟（2005）也指出："浙江集群的外商投资动力来源于当地相对完善的生产配套环境，尤其是熟练的技术工人。"因此，产业集聚可以把各种人才吸引到该地区，从而使厂商可以更容易得到所需专门人才，而各种人才也倾向于向产业集聚的区域寻找就业机会，因为那里有更多的工作挑选机会，也可以找到更有挑战性的工作。然而，紧紧吸引人才还不够，产业集聚的核心竞争力来自于对人才的深层次挖掘，即围绕产业链条人才创新性和延展性的专业化分工。如果产业集聚的人才不能进行有效分工，产业集聚就会停留在较低的发展水平，产业集聚缺乏弹性提升和创新范围。人才集中可以加剧竞争，优胜劣汰，从而也迫使人才向专业化方向发展。因此，工人空间分布依赖于他们的教育水平（Mori and Nishiki-mi，2001），教育水平与地区教育资源紧密相关。专业化人才也需要产业集聚区能够成立相应的专业化培训机构，这些机构可以由地方政府或者中介组织提供，以确保产业集聚需要的高质量人才。地区人力资本水平高，新进入企业就容易招聘到所需要的人才，这样，较高的人力资本意味着 R&D 的成本较低，企业容易获取创新收益。

在我国一些中小城市的企业集聚区里，企业间分工不断深化，不仅可以提高不熟练和半熟练工人的使用效率，还能有效地培养出大量熟练的劳动力和专业化的人才。从一定意义上讲，分工专业化可以创造出人才专业化。

二、人力资本外部性和共享劳动力市场

Thruow（1996）指出发达国家正在从基于大生产的资本主义社会转向脑力社会。在脑力社会，脑力在知识和信息创造中发挥着首要作用。安德森（Anderson，1985）称之为"创造性社会"，其实和脑力社会意义相同。发达国家逐渐舍弃依赖简化生产、简单产品以及高度依赖自然资源和能源的工业社会，进入越来越多依赖创造性、交流能力和复杂性产品的创造性社会。人力资本[4]是个体自身的能力和无形资源，它是现代产业生产最重要的生产要素。斯密（1776）认为一国国民每年的劳动，是供给他们每年消费的一切生活必需品和便利品的源泉。财富的源泉是劳动以及不断增进的劳动生产率。因此，人口构成一国财富的基本组成部分，而提高人口的生产和创新能力是经济增长和财富增加的根本。然而，一个人精力是有限的，如果能将其有限精力用于相对狭小的范围，其效能将会大幅度提高。企业内高度分工使得人们掌握的生产技能比较单一，只有在企业内部因高度专业化而有较强的竞争力。我们需要注意的是，由于经济主体的趋利性，个体会向高收入和环境适宜的地方迁移。因此，人才流动可以推动地区人力资源的相对优势，所以人力资本具有很强的外部性（Human Capital Externalities）。

知识是一组思想（或想法），它们属于特定时期的某个人，但是知识又不是一个稳定的概念。布雷克曼和加雷特森（Brakman and Garretsen，2006）指出企业和工人的异质性也是很值得研究的方向。知识的价值和潜在学习能力是"因人而异"和"因地而异"的（梁琦，2004a）。个人或者团体可以产生新知识，并且思想可以与他人共享。技术知识是一类具有外溢扩散的自然趋向以及兼容共享的生产性潜能的新型资本要素（李永刚，2004）。由于生产知识的流动，生产者受益于空间接近同种产业的竞争对手。人力资本溢出使得产业集聚的地区对工人更有吸引力（Rauch，1993；Black and Henderson，1999）。知识有两种类型：一种是可编码知识（Codified Knowledge），如信息。信息是可以容易编码并具有单独的含义且能释义的（梁琦，2004a）。另一种是缄默知识（Tacit Knowledge），它是含混的，不易编码整理的，并且是偶然可认知，但是它是创新的重要源泉。缄默知识存在于组织内个人的专业技能、团体的特殊关

系之中，也存在于特别的规范、态度、信息处理以及决策程序之中。创新过程所需的大部分知识依赖于个体在组织中干中学所获得隐性知识，在创新过程中隐性知识比外显性知识的共享更为重要（刘友金，2006）。在产业集聚区内，由于社会经济活动的空间集中，劳动力，尤其是高素质劳动力大量集聚，信息交换便利、技术扩散迅速，各种行为的关联度和依赖性较强，外部性特征和劳动力市场规模效应明显，市场效率增强。产业集聚区为缄默知识提供了最好的传播方式，同行的面对面交流以及连续地、重复地接触和联系引发知识溢出、知识共享以及知识创新。这类知识的传播还不易和个人、社会及环境分开，所以才产生了知识溢出（Knowledge Spillover）的地域性，所以才使得产业集聚在知识传播中具有特殊的意义（梁琦，2004a；刘友金，2006），如表 5 - 1 所示。

表 5 - 1　　　　　　　　　　知识溢出的分类和途径

类别途径	知识的正式扩散	知识的非正式扩散
具体渠道	研究他人自主创新的产品而解密	专业化知识的个人信息与构想的非正式交流，如酒吧、茶室、野炊、舞会等场所，闲聊以及工程师、设计师之间技术资料流动

注：部分参考了梁琦. 高技术产业集聚的新理论解释［J］. 广东社会科学，2004a，（2）：48，并由作者整理得到。

区域经济发展常见的经济特色是低工资、低税收和运输可达性，这反映了一个广泛的政府策略。然而，人力资本的活跃性也逐渐进入理论和经验研究的视野。对于一个谋求经济发展的地区来说，引进技术或者单纯进行技术创新需要大量的投资，并且面对很大的风险。缪尔达尔（Myradal，1968）指出：现代技术需要大量的初始投资，由于当今技术主要是劳动稀缺、资本相对丰裕经济中的产物，它往往是节约劳动和资本密集型的。因此，如果能够有效利用人力资本的可迁移性，改善区域本地人力资本状况就是突破点。缪尔达尔（Myradal，1968）也指出："在循环因果关系中，生活水平的提高几乎能够改善其他一切条件，特别是改善投入工作的能力和劳动的效率，因而改善生产率。同样，态度和制度也受这些水平提高的影响。"区域可以通过改善投资环境，吸引企业进入。企业提供大量的就业机会，就会促进就业人口流入。技能工人的流入就会带动技术和经验传播，促进该地区的技术进步。张杰、刘志彪、郑江淮（2007）指出：技术人才在企业间的相互流动是我国创新技术的学习和扩散、低成本竞争优势的形成和新企业衍生的主要模式之一。由于各种机构集中、广泛的网络联系、频繁的人员接触与交流，使得信息交流更为容易，因此会形成累积循环因果关系，促进企业、人员、要素及机构等进一步在该区域集中。

劳动力的可得性是企业区位决策问题主要关心的问题。在具有行业专业人力资本的区域设址，相对于其他地区将会减少企业劳动力获取成本，包括劳动力培训成本。然而，肯定的是这样的劳动力已经内化信息，这种内化信息的传送主要受本地劳动力滞后作用和随之而来的搜寻成本的影响（Simpson，1992）。与此同时，罗森塔尔和斯特雷奇（Rosenthal and Strange，2003）指出：一方面，由于大城市的城市化效应或产业集中的本地化效应，劳动力共享市场的存在工人可以更好地和企业配对；另一方面，劳动力共享市场可以减少企业招聘工人和工人寻找工作的风险。随着产业集聚，本地区域完善的培训及就业前景，外地工人被吸引过来，形成共享劳动力区域性市场。劳动力共享市场保证企业可以及时调整工人数量，节省成本。进而，劳动力在区域企业间自由流动，促进劳动力自身素质提高和对自己能力要求的提升，也促进信息、技术的传播和扩散，提高了产业集聚区内劳动力供给的效率。劳动力市场共享不仅有利于技术人才易于就业，而且促进人才在集聚厂商之间流动，带给厂商学习模仿对手长处的机会。技术创新和技术进步使企业不断将研发总部靠近高校科研院所集聚的大中城市地区，将生产机构设在劳动力、土地等资源要素相对廉价的区域。在美国，公司一般都相信靠近大学能获益，公司和大学能通过多种方式进行科研合作而相互受益，并且它们的研发设计（R&D）产学结合模式往往具有地域性：公司雇员和大学教师及研究生互相参加学术研讨会，这种知识交流一般是在某个城区，地理范围不大使得参加研讨交流的成本很低（梁琦，2004a）。技术推动的生产方式的变化，又使企业不断根据自身在产业链中的地位和变化来修正自己的区位选择。

从经济发展的角度来看，加工制造业产业集聚迟早会遇到市场创新需求的限制，随之而来的是加工制造业产业集聚向创新型产业集聚的升级问题。从长远来看，加工制造业产业集聚的发展方向应该是具有自主创新能力的产业集聚。

第三节　知识溢出和企业创新

一、知识溢出和脑力社会的三重联系

区域技术进步取决于两个因素，即区域自身的创新能力和吸收其他区域技术创新的能力。技术扩散的研究有时间维度（diffusion over time）和空间维度（diffusion over space）。20 世纪 70 年代以前，经济学家只注意到技术知识随时间维度传播（如产品生命周期理论（Vernon，1966）），而对技术随空间维度扩散[5]（如产业集聚区内企业知识与信息溢出）和企业技术创新的机制则关注不多。本书的知识创造模型提供了分析区域如何自身创新以及它的微观基础。

新经济地理学和新经济地理学的重要特征是提出一个统一的模型化各种各样经济集聚的空间经济方法。它重视递增收益、运输成本[6]和生产要素的迁移三方面的相互作用，并且在一般均衡框架下联合非线性动态和均衡选择的演化方法。我们可观测到的经济活动的空间格局被认为是由两种相反类型的力量作用的结果，它们是集聚力（或向心力）和分散力（或离心力）。当这两种相反类型的力量经过错综复杂的角力处于均衡状态时，出现某种经济活动的地方集聚，并且整个经济体的空间结构成为自组织的。伴随着技术和社会经济环境的逐渐变化，经济体空间系统经历一连串的结构变化，并向复杂系统演化。

在新经济地理学框架下，集聚力和分散力的均衡决定空间格局，因此弄清集聚力和分散力是非常重要的。解释分散力要相对容易得多，因为某一区位的经济活动集中将会增加要素价格（如土地价格和工资率），进而导致拥挤效应（如交通拥堵和空气污染），并且增加产品市场竞争程度。这一般可以用传统经济理论得到很好解释。因此，如何解释各种各样的空间集聚[7]形成背后的集聚力是新经济地理学关注的核心。在大多数新经济地理学模型，集聚力仅仅来自由消费者和产业联系所带来的金钱外部性，忽略了集聚经济的其他可能来源，如知识外部性和信息溢出。因此，这也导致很多学者批评新经济地理学理论关注的范围过于狭窄，像传统贸易理论一样忽视了很多现实性。这是由于新经济地理学为了建立基于经济理论现代工具的地理经济学的企业微观基础。此外，它的框架对于进一步发展是非常开放的。藤田昌久（2007）承认新经济地理学的进一步研究仍旧有很广阔的空间。

空间知识溢出和知识外部性，已经有大量的概念研究。最早有马歇尔（Marshall，1890，1920）的外部性，城市方面有雅克布斯（Jacobs，1969）、安德森（Anderson，1985）和卢卡斯（Lucus，1988）。此外，在产业集群方面有波特（Porter，1998）。张和奥克斯利（Chang and Oxley，2008）认为产业集聚扩大知识溢出，因此创造了更多的创新机会；创新集聚会导致产业全要素生产率（TFP）增加。另外，有学者对企业创新扩散做了研究。吕文栋、朱华晟（2005）提出新产品的制造过程技术创新扩散的两种方式，一是主要企业外派专业技术人员对承包商进行技术指导和质量监测，进而由承包商传递给制造企业，二是众多承包商的自主创新成果也会沿着产业网络汇集到主要企业。然而，空间知识联系的微观基础研究还没有得到很大突破。尤其是，知识创造和转移产生的人们之间的联系，简称知识[8]联系（K-linkages），由知识联系所带来的集聚力研究，它的微观基础至今没有很大进展。值得重视的是，在发展知识联系的微观基础过程中，知识创造必须清晰地从知识转移或学习中区分出来。此外，对于新思想的创造，异质性个体之间合作非常重要。然而，通过交流和迁移，某一区域人们的异质性程度随着时间不断变化。这样，从本质上说，知识联系的性质是动态的，因此合适的处理方法需要一个动态演化的框架。

习惯上，知识联系的影响被称作"知识溢出"或者"知识外部性"。然而，术语"溢出"往往有消极影响的含义。此外，术语"外部性"往往包含了太多范围广阔的事物。为了强调它们表示集聚力，知识溢出更广泛地来自知识创造和知识转移或与学习相关活动的个体联系，本章用术语知识联系来替代知识溢出或知识外部性。与知识联系相反，由产品、服务生产与交易产生的传统联系可以被称为经济活动联系（E-linkages），而经济联系（E-linkages）与知识联系（K-linkages）的有效融合需要制度联系（I-linkages），如表 5-2 所示。

表 5-2　　　　　　　　　　　脑力社会的三重联系

经济联系（E-linkages）	由产品、服务生产与交易带来的企业和消费者的联系
知识联系（K-linkages）	由知识创造和知识转移带来的人们之间的联系
制度联系（I-linkages）	由政府主导性[9]和企业主体性耦合互动所形成的联系

利用这些专门术语，我们认为真实世界的集聚力产生于经济活动联系、知识联系与制度联系的三重效应。尤其是，在世界新工业革命汹涌澎湃的情况下，我们认为知识联系的作用目前已经日益占据主导地位。因此，发展知识联系的微观基础就是一项更加有挑战的工作。

二、企业创新和创新驱动

研究与创造并获得技术发明，将技术转化为产品，再成为具有竞争力的产品，整个过程需要技术转化和转移的畅通机制、成熟的人才市场、公平的市场环境、诚信的交易体系等，而这些是当前中国制造业的短板。

研究与创造以"直线"的方式引起创新和创造财富的单向过程，具体见图 5 - 2。基础研究力图得到新的科学知识、假说和理论，它们多见于研究论文、备忘录等，而发明是要利用这些基础研究去获得能够申请专利的发明。设计与开发是利用已有的知识存量和专利性发明去开发新的和改进的产品与工艺。因此，完整的创新过程是对新想法的成功应用，包括两个特征：一是新想法的产生；二是它的商业化应用。

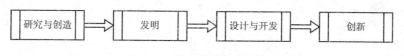

图 5 - 2　简化的线性创新模型

目前最先进的技术是战胜许多疑难的结果，它包含了很多想法。为了重组这些想法需要联合许多个体，也许可以解释企业产生的原因。因此，知识创造与增长的永久效应也解释了微观层面的社会资本积累。同时，想法提炼是拥有这些想法个体选择的函数，而形成过程则是找寻能力与交流条件的结果。由于企业可以形成创新联盟，来协调成员间的找寻过程，并最大内部化学习外部性。在这样的联盟中，居于受支配地位的个体依赖于组织形式，无论采用何种配置规则，都会肯定提升联盟找寻机制，不断完善企业的创新能力。最后，企业创新依赖于社会高素质创新（或差异化）人才的培育、包容性企业文化、开放的进出通道，以及人力资本流动的相关社会安排等。

值得强调的是，我们也可以利用知识创造和转移模型来解释 R&D 企业的空间集聚。由于企业只能在本地区内和其他企业相互作用，要打破一个空间维度的局限，迁移才可以产生，并与不同地区个体重新组合。当个体面临是否认识其他个体的决策时，除非他清楚自身知识并且也清楚他人知识。然而，我们不能假定知识联系是同样时间恒定的关系。相反，从图 5-2 可以看出，知识联系代表一种动态关系。因此，提供便利而富有效率且多层次技术培训的地区更容易激发工人间密集的相互作用，促进技术进步。同时如果某一地区拥有相对异质性的劳动力，有助于形成专业化生产新知识的创新区域，也会影响地区产业结构、企业迁移、创新速度和工人相互作用变化格局。

当前，严重的制造业过剩产能需要强有力的制度措施干预，增强适应能力，来激励企业创新，推动经济转型升级。驱动创新政策实质上政府干预行为的总和。创新驱动与构建创新型国家关键是激发市场主体的创新动力，建立协调市场决定和政府干预创新的国家创新政策体系，促进创新型人才的开发，强化创新型企业的培育，提升全社会的创新能力，才能充分发挥制度优势。

第四节　分工和生产过程的相互依赖性

一、分工的一般性

分工是生产力发展到一定阶段必然出现的产物，它是社会经济的核心现象，并且它也是经济组织的基本原则。分工是人类内生需求的结果，可以增进经济效率和专业化技能的提升。斯密（1776）指出：劳动生产力最大的增进，以及运用劳动时所表现的更大的熟练技巧和判断力，似乎都是分工的结果。斯密从分工的结果来探寻分工产生的原因，他也遵循了一般的逻辑思路，从现象出发探究内在的原因。斯密也指出：人类倾向互通有无，物物交换，互相交易。由于我们所需要相互帮忙，大部分是通过契约、交换和买卖取得的，所以当初产生分工也是人类互相交换的倾向。同时，斯密（1776）在分析分工促成生产力增进时，指出三个原因：第一，劳动者技巧因业专而日进；第二，分工可以免除转换工作的时间损失；第三，分工可以促进简化劳动和缩减劳动的机械发明。此后，马克思（1867）指出分工的原因是一定期限内需要提供大量商品，因此各种操作不再由同一个手工业者按照时间的先后顺序完成，而是分离开来，在空间上并列在一起，每一种操作分配给一个手工业者，全部操作由协作工人同时进行。这种偶然的分工一再重复，显示出它特有的优越性，并逐渐地固定为系统的分工。商品从一个要完成许多种操作的独立手工业者的个人产品，变成了不断地只完成同一个局部操作的各个手工业者的联合体的社会产品。另外，马歇尔（1920）指出：分工的前提条件是工厂工序的可分性，每一道工序所需要的技能或力气的程度都不同。生产上的经济效率不但需要每个人在狭小的工作范围内不断地操作，而且在需要每人承担不同的工作时，每种工作都应当使他的技能和能力尽量地发挥出来。这种机能[10]的再分的增加，或称为"微分法"，在工业上表现为分工、专门技能、知识和机械发展等形式。因此，由于社会化分工，生产制造某一产品的全部过程由多个企业共同完成，开始形成产业链。

分工是和市场紧密交织的一个概念。分工和市场之间存在互馈关系，即市场规模引起分工的深化，而分工演进又推动市场规模的进一步扩大。一般地，分工是市场交易出现的前提，由于分工和交易，就需要合作。斯密（1776）指出：分工起因于交换能力、分工的程度，因此总要受交换能力大小的限制，换言之，要受市场广狭的限制。市场要是过小，那就不能鼓励人们终生专务一业。因为在这种状态下，他们不能用自己消费不了劳动生产物换得自己需要的别人劳动生产物。钱学锋、梁琦（2007）也指出：市场范围有市场广度和市场深度[11]两层含义。但是，产业集聚既可以扩大市场广度，也能增加市场深度，从而拓展市场范围，促进分工的进一步发展并实现分工的利益。

生产过程工序的可分性为同一时空进行操作提供了可能，分工将一组复杂的生产过程转化为相继完成的简单过程，分工导致专业化。由于每个人从属于某一工序，而不必顺次地进行工序生产，节约了工序转换的时间。同时，专业化提升实际经验和技巧的积累，出于节省体力和简化操作，有技能的工人会从实践中发明机械来替代人力的耗费。机器革新不断增加机器的复杂性，机器越复杂，进入生产操作的联合要素越多。因此，制造业生产过程分解为模块或者小单位通常是很容易的。马歇尔（1920）指出：机械改良与日益精细的分工这两个运动是同时并进的，而且在某种程度上有关系。引起进一步再分工的原因是：市场扩大以及对同类大量物品——在有些情况下是对制造极其精密的东西——的需求有所增加；机器改良的主要结果是使得无论如何都要进一步分工的工作价格更便宜，分工更精密。机械促使工业规模扩大，并使工业更复杂，因而也增加了各种分工——尤其是企业经营方面的分工——的机会，这种倾向已绰绰有余地抵消了上述影响。分工不仅产生了生产专业化，而且也导致了社会化分工条件下的技术创新。

总之，分工是生产过程可分性的结果，促进企业以最优规模进行生产，提高劳动效率和对环境的应变能力，不断推动经济进步。然而，社会形式的生产活动必然需要组织，必然采用某种组织形式，如市场或者企业。

二、福特时代的分工

一般地，企业生产模式经历了三个阶段：手工操作、福特制[12]和弹性生产。20 世纪 20 年代，随着惠特尼（Whitney）及奥利弗（Oliver）提出的"互换性"、"大批量生产"和"传送带"等思想在企业界推广，企业家们把泰罗的科学管理企业思想与电气化、标准化、系列化等相结合，研究出"品种少、批量大"的机器生产模式，使制造业进入一个大规模生产的新阶段。20 世纪初，福特汽车公司（Ford Motor Company）根据福特提出的"单一产品原理"，只生产 T 型车，采用流水线进行加工和装配，以单一品种的大批量生产来降低成本，在 T 型车生产中规模经济得到了充分体现。从某种意义上讲，福特发明了现代工业革命史上具有里程碑意义的流水装配线，奠定了大规模生产方式的基础。"福特制"带给企业生产方式两个重要变化：专业化水准提高和生产规模扩大。流水线生产方式使工人的负责范围缩小，从而使工作效率得到大大提升。由于工人专业化水准提高，促进了专门的自动化机器设备的生产。同时，福特制不仅能够大规模生产，而且又使分工程度加深，从而企业的生产活动处于一种高度专业化的生产过程。产业链由于规模经济区间的变化和专业化程度的提高而出现了更细致的分工。随着专业化分工的不断提高，以及专门机器设备的普遍应用，单一产品的生产规模不断扩大，导致中间产品不断增多，产业链逐渐延展。

分工是提高生产效率的根本源泉，同时，分工就有一个将各个不同分工部分协调为一个有机整体的问题。由于产品技术复杂程度日益提高，单独企业已不能完成所有的生产经营，不同经济主体（供应商、合作企业等）必须通过协作才能创造最大价值；同时，信息技术的迅猛发展，交易成本显著下降，促进制造业分工更加精细化。于是，分工前后顺序关联的、横向关联的、纵向延伸的经济活动不断重组和融合，形成新的集合。

福特制分工方式在当时证明是一种具有竞争优势的组织形式，它造就了20世纪初期西方资本主义制造业的繁荣与发展。但是，福特制的生产装配线是刚性的，无法适应多变的、个性多样化需求的市场结构，此外，工人的技能结构也是刚性的，所以调整成本很高。因此，20世纪50年代开始，乃至70年代石油危机以后，日本企业倡导一种即时生产方式（Just-in-time），又称精益生产方式（Lean Production）或者柔性生产系统（Flexible Production System）。它的主要特点是传递的部件是小的，但是多批量的，来保证最低库存，并且可以促进质量控制。它能够以较少库存成本，快速反映消费者订单以及快速检查和固定或替换有缺陷部件。因此，有效实施即时生产方式需要长期的供应商/消费者联系，这样部件厂商和组装厂商亲近或者集聚就很有必要性。这种生产方式促使日本汽车业迅速发展，并在日本取得巨大的成功，不久在全球盛行。即时生产方式的倡导者强调企业组织和设址生产来确保及时传递零件和部件的重要性。我们关注与传递时间有关的成本，不但从数量方面来看亲近很重要，而且从质量方面来讲也非常重要，起到了促进经济活动集聚的作用。时间包括开动一个项目，完成它并把它传递到消费者手中。传递及时的需要创造了厂商围绕下游厂商或市场集聚生产的动力，这也是一个重要的集聚机制。同时，"互联网＋"将更加改进企业与客户的交互模式，智能化生产与核心生产部门，如研发、生产、物流等，将出现更加明显的集聚分工态势。

三、生产过程相互依赖性

由于生产对象是连续地、熟练地生产单个部件或者组装单个部件，大多数生产过程包括大量阶段。各个生产阶段的相互作用证明每个阶段都缺一不可，由于技术和经济原因，它们必须并列和互相配合。然而，由于经济学中大多数生产模型局限于投入—产出关系，生产过程的内在结构无从考察。的确，研究一个广泛地与生产相联系的问题，经济生产理论模型证明是富有成效的。然而，在出现技术变化的情况下，投入—产出联系不能有效地反映生产过程所有相关信息。

我们强调生产过程单个阶段之间相互依赖性的重要性。我们把生产过程看作是相互依赖的单个操作的序列。生产过程存在并行操作和组成相互依赖部件的其他系统。在制造业生产领域，要求"连续性"、"均衡性"、"稳定性"及"节奏性"，因此，生产过程分工越是细化，各个部分的相互依赖程度就越高，任一部分变化都可能对整个系统产生不可预知的影响。因此，生产过程的内在结构是过程革新和技术变化的重要决定变量。

生产过程相互依赖性是技术变革的一大障碍。制造自动化是过去 20 年技术变革的一个重要维度。自动化有助于实现各种目标：减少生产成本、提高产品质量水平和稳定性、减少体力劳动和提升工作场所安全。由于面对具体操作的技术障碍，生产者无法将整个生产过程一步到位地实施自动化。同时，某一阶段自动化并非经济上可行的，或者各自生产阶段并不全在室内进行，因此是否进行自动化生产并不由生产者决定。自动化的另一个实际障碍是生产过程常常不是重新设计，而是通过改进现存的设施和设备使现存生产过程实现自动化。在这些限制下，沉没成本和流动限制只能允许部分的和零碎的方法来实现自动化。生产部件的外观和特征决定自动化设备（如机器人和自动进料系统）的执行效果（Buenstorf, 2005）。因此，需要为自动化进行设计（Designing For Automation）是自动化生产的预先步骤。这就包括生产过程早期阶段的修改，如部件要易于下一阶段继续进行加工。这样，自动化设备可以更好处理早期的加工部件。当然，如果采用精巧的设备（如电脑成像系统），这些部件处理和进料困难基本上可以避免。然而，这种解决办法会增加成本，或者减少设备绩效，这会导致自动化是非经济的（Hirzinger, 1998）。

生产是一系列相互依赖的操作。事实上，所有生产过程都包含大量的加工阶段。这些操作都是并列进行的，产生第一维度的依赖性。如果根据温度和压强要求不同的环境条件，这些操作不可能同时进行。因此，生产过程的操作按次序进行。由于生产对象由单个操作执行，但是它是下一道工序的投入品，因此需要不同阶段的协调，这也产生依赖性。经常地，执行操作的次序是由技术考虑而指明的，并且有些操作仅仅由于较早操作对生产对象的影响而是必需的。从技术革新的视角，如果在较早操作阶段引入变化，它改变了生产对象在这个操作阶段熟练操作的方法，这些改变也会影响接下来的操作绩效。

大多数生产过程包括一系列并列操作。通过吸收适应性复杂系统理论和产品设计的观点，我们探讨生产过程单个操作之间的相互依赖性如何影响技术变化和依赖性的程度，以及结构自身如何随着时间发展。我们试图阐明两个问题：第一，我们表明：生产过程分解化和模块化产品设计存在显著的差别。从严格意义上讲，生产过程不需要模块化就可以实现分解，而模块化适用于产品设计的情况下。第二，由于依赖知识存量，生产过程的分解程度自身受演化变化的影响。知识、经验学习和技术革新的重要发展促使生产可分解性的变化。因此，生产过程的可分解性部分地内生于生产过程采用与使用。在更广的范围内，由于生产模型的限制性，无法处理生产过程的内在结构，这也是生产理论与创新研究分离的主要原因。我们提出模块化产品设计和分解的生产过程存在显著的区别。模块化既不容易发生设计技术、商业机密等信息泄露，还可以在较低信息成本下获得专业化分工收益。同时，由于整个模块系统的存在，可以实现系统信息和个别信息的协调。生产过程进行模块化操作可以超越前后关系，把完成统一功能的一系列工序结合起来构成"功能模块"，将相关工序逐渐集中起来作为"处理模块"进行统一管理（朱瑞博，2004）。进而，产品过程分解化自身随着时间不断演化。但在知识、经验学习和技术革新方面的重要进步促使分解程度的内生变化。

总之，劳动分工深化不仅使企业内部的生产经营管理专业化，而且也促进了整个产业链的分化，促进产业模块化。从而，获取分工的经济效率性和有效利用生产过程相互依赖性，模块化提供解决两者冲突和融合优势的可能。

第五节　模块化和创新型网络组织

模块化可以帮助我们处理事物的复杂性，且增加了事物复杂性。一方面，模块本身不断增进的复杂化；另一方面，联系规则的进化发展要求模块适应其变化。产品模块化是产业模块化的必要条件（巫景飞、芮明杰，2007），我们通过模块化可以从根本上改变企业之间的关系，让复杂的系统分解为一系列相互独立具有特定功能价值的模块（子系统）企业。然而，持续创新能力已经成为模块时代企业最重要的核心能力，以个别模块的革新竞争为基础的自下而上的系统创新越来越显现出经济效率性和组织竞争性。

一、知识时代的分工：模块化[13]

（一）模块化产生和内容

风险企业的源头毫无疑问在美国，最早的风险投资企业可以追溯到1946年诞生于美国东海岸的 ADR。硅谷这一名称来源于尖端的半导体制造业。大量半导体企业集聚实力为了股票上市（IPO）或以被最具实力的大公司并购为目标互相开展竞争。因此，围绕同一模块，存在多个独立队伍。风险投资企业选择最具发展前途的企业提供资本、商务支持，以期在未来模块化企业发展壮大或被并购中获取超额回报。

模块化最早由 IBM 的设计者为了克服不同型号电脑之间兼容性而提出的。主要是在设计过程中创造性地将设计规则分成两类：一类是预先规定的设计规则，它由 IBM 决定并向参与设计者公布与宣传。这个预先规定的规则包括确定哪些模块、详细规定模块之间如何安排和联系在一起（即确定所谓的"界面"）以及用于衡量模块的标准等。另一类是自由的设计规则或者叫"看不见的设计规则"，它允许和鼓励设计人员在遵循第一类规则的条件下自由发挥对模块内的设计。明确规定的规则可以分为以下三种：结构——确定哪些模块是系统的构成要素，它们是怎样发挥作用的；界面——详细规定模块如何相互作用，模块相互之间的位置如何安排、联系，如何交换信息等；标准——检验模块是否符合设计规则（如 X 模块在系统里是否能发挥作用），以及测定模块的性能（如 X 模块为何比 Y 模块好）（Baldwin and Clark，2000）。但是看不见信息是模块化的关键，只要知道共同界面等最低限度的规则，在各自模块中如何研究开发是每个队伍自主决定的。模块化是组织设计复杂产品或过程的有效战略之一。

模块化是随着电子、通信、计算机等信息技术革命而产生的。20世纪90年代，美国风险企业发展引人注目，揭开隐含的奥秘，关键就是：产业模块化。模块化，从字面上理解，它是"将事物分解为模块（各个部分），分工"的意思；但它还有超越字面解释的更深含义。模块是指在信息技术革命背景下，产业发展过程中逐步呈现出来的用于解决复杂系统问题的新方法。它是指通过每个可以独立设计的，并且能够发挥整体作用的更小的子系统来构筑复杂产品或业务的过程。青木昌彦（2003）认为"模块"是指半自律性的子系统，通过和其他同样的子系统按照一定的规则相互联系而构成更加复杂的系统或过程。将一个复杂的系统或过程按照一定的联系规则分解为可进行独立设计的半自律性子系统的行为，我们称之为"模块分解化"。按照某种联系规则将可独立设计的子系统（模块）统一起来，构成更加复杂系统或过程的行为，我们称之为"模块集中化"。目前，模块化理论对于当今世界范围内产业结构调整和产业竞争力的提升起着至关重要的推动作用。

模块化不仅体现在生产过程中，更重要体现在设计过程中，模块化分解的结果构成了一个更加复杂的系统。设计和制造的模块化，特别是设计上的"看不见的设计规则"的那一部分，才有可能使研发独立的"模块"队伍壮大并展开模块内部的竞争，因为只要知道了共同的界面和标准等最低限度的规则，在各自的模块中如何研究与开发是每个队伍自己决定的事情。这是形成硅谷产业雄厚技术层的根本原因（张军，2003）。在信息处理数码化和通信技术爆炸性发展的形势下，迫切需要我们重新定义产业组织，重构产业结构，进行"现代化的分工"。这种分工涉及"设计分工"、"生产过程划分"、"产品结构划分"、（包括其他公司在内的）产品零部件通用化、"（企业内外的）组织形式"、"组织间信息传递方式"、"技术体系创新与发展"等多个方面，涉及人力、资本、信息、技术等所有的经营资源，并且要求我们用现代化的视角重新思考资源的结构、组织与管理问题。模块化正在产生新的价值——创新的可能性，而隐藏在其背后的巨大财富促使企业展开了激烈竞争。

对于日本企业[14]来说，过去曾十分擅长共享"沉默（不成文）知识"，在高水平的数码化不断发展的今天，必须重新建立知识体系，有意识地区分两种制式：一种是能够转换为数码化信息的知识，另一种是作为核心技术需要进行战略管理的知识（青木昌彦、安藤晴彦，2003）。

（二）模块化的主要方式

模块化设计规则的形成模式主要有两种：一种是"中央集权型"，它由一个或者几个主导企业确定系统设计的模块化和每个模块设计所要遵循的设计规则；另一种是分工演进型，它指每个模块内部所预设的设计规则只能分权化，子模块设计者自己独立创新，而且模块之间的联系规则在很大程度上也都要靠"事后"的独立改进而不断创新出来。

　　中央集权型设计规则形成模式是系统设计和每个模块的设计所必须遵循的联系规则（又称之为"设计规则"）由中央集权地构思设计而成。然而，联系规则事先由中央集权型设定，无法完全预测各模块设计过程中可能发生的不确定性和必须解决的问题，以及由于模块的联系而产生的各种外部效果，等等。随着系统不断演化，联系规则不可能一成不变。因此，分工演进型设计规则形成模式是各模块在设计过程中不断探索创新，导致对其修改乃至调整。它是通过上级系统的设计者与个别模块设计者之间的信息交流，或通过各模块的设计者之间水平信息交流进行改进和创新。

　　中央集权型看得见的设计规则一旦确定，每个模块的设计和改进都会独立于其他模块的设计和改进。因此，设计每个模块所必需的信息处理过程能够包含在模块内部，是被隐藏的，或被浓缩化的。由于每个模块的改进不需要和其他模块进行协调，因此在每个模块的开发改进过程中提高了信息处理效率。分工演进型的整体系统的改进和创新，即使没有中央集权式的、事先的指挥，也可以通过事后将经过独立改进的各模块联系起来从而达到进化和发展的目的。模块化的演化发展是"模块分解化"和"模块集中化"顺次进行的同一过程。在企业模块化竞争过程中，联系规则或连接每个模块的界面标准化进程都会进化发展、改进创新。模块分解化或模块集中化是由事先给出的系统决定的，是为了处理复杂事务而进行的分工协作的努力。因此，模块化的联系规则（看得见的设计规则）呈现为多样性，为了更好地发挥它的作用需要各种条件。

　　本章用抽象的四个单位构成的系统来阐明模块化的基本类型，系统的目的是尽可能以更低的成本来设计、生产最终产品。这个系统有三个子系统或三个模块构成，这三个子系统（三个单位）分别承担不同子系统的设计和实施。系统必须处理两种信息：一种为"看得见的信息"；另一种为"看不见的信息"[15]（Baldwin and Clark，2000）。看得见的信息是有关系统环境的信息，它同时影响各个模块之间的活动。在处理这种信息之后做出的决策决定了子系统之间的联系规则乃至界面的状态。"看不见的信息"是有关各模块活动（设计、工序等）的固有环境的信息，它们可以互相保密。系统里的最后一个单位是处理系统信息的"舵手"（阿罗和赫维兹，1960）。处理系统信息乃至创造出看得见的信息，进而实行模块集中化的步骤，可以划分为三种组织框架。各模块的设计者只要遵守设计规则，确保模块之间能够正确地发挥作用，就可以自由地、广泛地尝试各种方法。

1. 金字塔型分解（IBM/360 型电脑）

"舵手"负责处理专业的、排他的系统信息，事先（即在设计、生产各模块之前）决定模块的联系规则（设计规则或界面规则）。各模块的活动开始后，即使系统环境发生了很大变化，也只有"舵手"有权决定改变联系规则。也就是说，"舵手"起到了系统设计师的作用。各模块在"舵手"发出"看得见的信息"的条件下，负责处理各自活动所必需的个别信息，如图 5 - 3 所示。图中箭头表明舵手的指令具有命令性质。

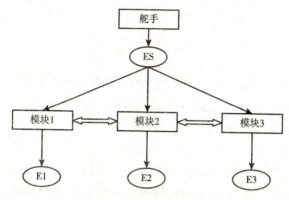

图 5 - 3　金字塔型分解

其中，ES 指系统信息或者"看得见的"信息；E1、E2、E3 指的是个别信息或者"看不见的"信息；⟸⟹指的是联系规则。

2. 信息共享型联系（丰田汽车型）

在"舵手"的领导下，"舵手"与模块之间（或者在某种情况下是模块与模块之间）不断地交换经常发生变化的系统信息，各模块的活动开始后，联系规则也会做细微的调整。在这种情况下，看得见信息在舵手与模块之间来回流动，被两方面所利用，如图 5 - 4 所示。

3. 信息分解（离）型、进化型联系（硅谷型）[16]

第三种模式是对硅谷现象进行的一种抽象概括。我们假定多个模块主体同时反复活动，而且也存在多个"舵手"。各模块主体独立于其他模块，负责处理个别信息和（从一开始就已确定的）有限的系统信息。于是，各模块发出的看得见的信息不一定是相同的，而是不同的信息。但是，这种异化信息由舵手对他从舵手本

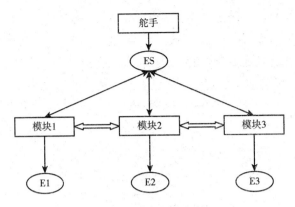

图 5 - 4　信息共享型

身所处的系统环境角度加以解释[17]后以简约形式再反馈到整个系统。各子系统的活动主体对系统信息的处理就包括对反馈过来的异化信息的比较、解释、选择等活动。通过这种分散的信息处理、传达、交换，使单一的（有时是多数的）模块之间的联系规则不断被筛选，从而进化发展。舵手通过稍后（即在各主体的信息处理、设计、生产之后）对整体规则的整合，找出最合适的模块组合，形成生产系统。在这里，舵手的功能就是找出路径的人。在界面标准的发展进化和事后实现模块的最优组合方面，舵手起到了中介性的选择作用，如图 5 - 5 所示。

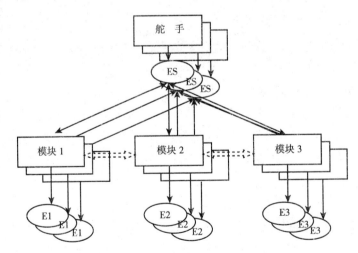

图 5 - 5　信息分解型、演化型联系

各模块能够专门从事局部的设计与活动，可以发挥它的专业化优势。由于无法保证设定的联系规则完善地概括了所有系统环境信息，而这种信息会对所有模块的活动成果产生影响。由于这三种类型是特定于某些行业的，这三种模式很难比较。但是，以实践效果来看，信息分离型、进化型联系是最优的，其他两种模式不断向信息分解型、演化型靠拢。

（三）模块化的发展方向

最优的结构来自于竞争[18]。模块化与分工是有联系但不完全等同的事物。模块化不仅仅是将系统进行分解的行为，它还是一个进行有效整合的过程。模块化不仅要有先进的技术和高效率的制度作为保障，而且也需要设计者对模块化对象有充分的认识。生产和技术模块化不仅需要具备可能性，而且需要具备必要性。由于模块化本身是与信息技术共同演进发展的，分解复杂的系统后得到的模块本身也是一个复杂的封闭系统。模块化最令人向往之处是构成复杂系统的"自我繁殖"能力，因为它本身是可自我追加的集合。

早期的模块化主要发生在电脑产业，现在的互联网、汽车和金融业等都正在运用模块化原理。甚至，模块化思想造就了新型高科技企业的诞生，如思科公司的并购与开发的研发模式，它灵活运用模块化原理，从公司外部购买了最尖端的技术成果组成的模块（张军，2003）。鲍德温和克拉克（Baldwin and Clark，2000）也指出：模块化现象在许多产业领域从生产过程扩展到了设计过程，并且敏锐地指明模块化对产业结构调整所具有的革命性意义。尤其是，青木昌彦（2003）认为鲍德温和克拉克（Baldwin and Clark，2000）为我们理解系统创新提供了理论框架，这里的系统创新是指模块与模块之间的操作功能，并且阐明了模块化操作方法能够创造价值。

模块化是充分利用外部资源。在信息时代，企业利益最大化演化为竞争和合作的模块化，与独自发展一整套技术相比，把技术要素模块化分解，集中力量设计、制造特定的模块。其他部分则通过与外部企业开展合作，灵活地运用其他企业资源，这种企业战略就更有竞争力。

二、柔性生产与创新型网络组织

在信息技术革命的背景下，产业结构正在发生根本性的变化。模块化操作可以把设计、制造任务分配给不同的队伍，让它们独立操作，而看得见的设计规则保证了模块的兼容性。模块化优势是可以有效地处理复杂事务，而且可以平行地开展操作，同时还可以让子系统独立创新，激发子模块的创造力，最后以各种方式将这些成果结合起来。模块标准化使得模块之间可以形成不同的组合，参与模块化网络的企业可以在很短的时间内生产出不同类型的产品（李平、狄辉，2006）。

系统分解得越细，模块之间的"技术上、性质上的互补关系"也就越强。模块化混合了横向分工和纵向分工的界限，生产系统具有柔性。当模块之间互补性很强时，需要中间阶段的信息交换以及对联系规则作细微的调整。因此，技术模块化就体现为柔性生产特征。吴金明、张磐等（2005）认为产业链的培育主要表现在产业的配套类型和配套半径上。大量的模块化企业（包括系统设计师企业和模块供应商企业）集聚在特定区域，就形成了具有专业化、柔性化的系统结构，具有较强的灵活、动态、柔性的适应能力和生存能力，是一种具有崭新特性的创新型网络组织。

系统事后选择从模块内部吸收新的成果，使整个系统不断创新演化推进。模块化发展不仅体现在将原来的模块进一步分解，而且还产生于去掉某个模块之后再增加新的模块，或者将用在某个领域的组合规则复制到其他领域，创造新的生产系统。鲍德温和克拉克（2000）把这种模块的联系规则本身的变化叫做"模块操作"。熊彼特（1934）指出创新就是创造性地破坏旧的结合，实现新的结合。通过模块操作，系统自身可以从组织上进行革新。因此，整个模块化生产系统就组成了一个创新性网络组织。当然，创新和成本是共存的，这就需要合适的组织竞争。

创新构成了产业链模块化重构后的重要特征（李平、狄辉，2006），模块化使创新的基础有了飞跃性的发展，因此，企业经营者针对竞争对手做出反应的时间也变得更短了。模块化的作用不仅具有加快变化速度、提高竞争压力的作用，它还改变了企业之间的关系。模块设计者在残酷的创新竞争中，随机应变地参与或退出合资企业、技术合作、承包关系、雇用合同、金融协议等活动。模块化市场构成了"看得见规则"和"看不见规则"的双重结构，企业必须从作为模块产品"看得见的信息"的设计者，还是作为某一模块的设计者作出谨慎的战略选择。虽然设计师的地位是至高无上的，它也能带来很高的收益。但是，挑战者可以通过模块化把自己公司和其他公司的能力适当地结合起来，迂回到设计师的地位。产品模块化和技术模块化可以带来产品供应和需求两方面的经济利益。因此，模块化企业双向动态选择过程和多对多的产品生产格局，使产品创新出现倍增效应。由于生产过程模块化系统选择组合的丰富性与需求多样性对应，同时提高了对市场需求的满足程度和对市场的响应程度，使产业的"柔性"和"灵敏性"都大大增加。

企业间激烈竞争而激发的创新行为是产业模块化的主要驱动力量（巫景飞、芮明杰，2007），模块化企业的战略选择，不仅限于产品技术，也包括金融手段。设计模块的经营管理层必须熟悉新兴的金融手段和创新的就业形态。还必须加入开展技术革新的风险企业或企业联合。经营理念及经营者决定着整个公司的发展方向、创造公司理念、远期目标和文化。然而，模块化提供企业联盟的需要，从而整合企业资源，提高创新力和控制力。梁琦（2004a）指出知识溢出和技术扩散具有某种地理效果。因此，产业集聚企业可以基于模块化缔结联盟，利用联盟创新的方式组成创新型网络组织。吴德进（2004）指出从创新经济学的角度看，产业集群是一个具有柔性生产行为的地方企业网络系统和区域创新系统。由于企业都拥有相对独立的生产网络，通过缔结联盟可以实现资源和能力互补，提升企业创新能力，增强各自竞争力，获得整体优势。

企业合作和企业联盟的形成可以实现资源共享和重组，提高资源配置效率，并且扩大市场规模，提高企业联盟对资源和市场的控制力。除此之外，企业联盟还有助于企业更好地应对市场环境，降低企业生产成本和面对的市场风险，使得各个企业容易保持模块化分工灵活性和创新能力，具体见图 5-6[19]。

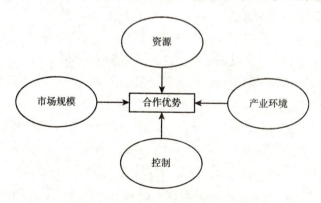

图5-6　企业合作优势的四要素模型

产业集聚企业常见的企业联盟有两种：一是产业链纵向联合组成的联盟，每个链条具有较强的专业化技能和资源，构成比较完整的产业链。二是企业横向分工协作组成的联盟。企业本身具有比较完整的产业链，其他企业集中在流通、信息集散、营销、品牌推广等生产性服务环节，提升联盟整体的品牌形象。联盟企业策略的实施，可以加强与其他企业联系和合作，互相利用各自的专业化优势，充分发掘各自企业的核心竞争力，共同发展。同时，企业联盟通过联合研发技术、技术协议及市场拓展等合作方式，可以实现在专业化和一体化之间的平衡。由于模块化具有"背对背"竞争的特点，不同的模块创新者往往拥有异化的个别信息（朱瑞博，2004），因此模块化适合产业分工下小企业竞争战略的需要，一方面它提供中小企业生存的土壤，另一方面它给予中小企业发展壮大的机遇。

由于模块化产业集聚具有信息异化、共同进化的系统结构以及"背对背"的竞争特征（朱瑞博，2004），可以通过产业集聚企业的模块化设计和改造，提升产业集聚内部的创新活力，实现产业集聚的可持续发展。

第六节　本章小结

首先，产业集聚的经济成功主要是因为这种生产方式能够灵活快速地对市场变化做出反应，企业间协作程度高，专业化程度强，可以实现根据市场需要来生产。产业集聚带来的紧密网络关系的最大好处是促进了"集体效率"（Collective Efficiency）。集体效率有两个来源：一个是外部经济，另一个是共同行动。前者是企业在无意识中产生的，只要企业集聚在一起，这种集体效率一般都会存在，但后一种却未必集聚都会有，需要一定的条件：社会资本的存在，企业才会有意识的合作（姚先国、朱海就，2002）。因此，产业外部规模经济是市场规模和分工之间互动作用的结果。产业集聚发展需要进一步分工细化，促进公共物品提供和中介组织产生。同时，还会促进产业集聚区共享劳动力市场的建立。然而，由于人力资本外部性会导致知识溢出和知识创新。模块化可以提供同时拥有分工效率、规避知识溢出及促进创新。因此，从政策视角，地方政府和企业利用产业外部规模经济，要强化产业链的配套效应、协作效应以及发挥创新网络效应。

其次，创新不仅来自于系统内的个体博弈过程，而且源于数量庞大的众多企业的整体组织形式。外部经济虽然对产业集聚的成长很重要，但是仅有外部性是不够的，产业集聚的形成发展还需要联合行动，这种市场主导联合行动能够给集聚区内企业带来繁荣。企业间联合行动是企业间有意识地增加联合与关联，不断发展垂直关联和水平关联，形成双边关联和多边关联的网络结构。事实上，企业的竞争和合作可以共存，因为它们是在不同的空间和不同层次，与不同的参与者进行的。在某一领域一些参与者可能是竞争对手，而在另一领域可能就是合作者。显而易见的是，模块化作为一种战略联盟，可以有效地协作各方努力程度以及互补各方专业化的有效机制。

最后，经济增长越来越依靠科技进步，而剖析中国科技创新结构，可以看出我国并不缺乏研究型大学、国家实验室，最缺乏的是企业参与的研究基地以及研究型企业。企业资助、共建、独自创立的科研机构，如美国的贝尔实验室，就是这种研究基地。林毅夫等（2002）等指出，"随着世界历史向现代时期演进，科学发现和科技发明的基本方式逐渐改变，进入借助于科学实验获得的阶段。中国依靠人口众多体现出来的推动科技进步的比较优势就丧失掉了"。中介组织完善和产业模块化是产业集聚和产业升级的方向，我国和各地区应紧密结合实际情况，在自由市场和政府规制之间寻求动态平衡才是促进产业发展的最优解。因此，我国和各地区尽可能利用后发优势，从先行发达国家经历的诸多问题中获得启示，汲取经验和教训，从而降低学习成本，减少摸索时间，给国家竞争力融入新的活力和张力。

注释：

[1] 韦伯（1909）指出：由于若干工厂地方集聚易于带来大工厂所具有的长远利益，并且构成大规模工厂的因素也是构成高级阶段社会集聚的因素。高级阶段集聚的基本因素可以分为：技术设备发展、劳动力组织发展、市场化因素和经常性开支成本。随着技术设备专业化整体功能的加强，技术设备相互之间的依存会促使工厂地方集中。劳动力组织由于专业化而促进产业集聚。产业集聚可以最大限度地提高批量购买和出售的规模，企业之间的信用可以减少成本。产业集聚会引发公用基础设施建设，从而减少企业经常性开支成本。在产业集聚高级阶段，社会整体资源进入并服务于产业集聚，提高了整体经济组织的良好适用性，从而使得产业集聚外部具备规模经济，提升集聚产业组织的经济效率。

[2] 钱学峰、梁琦（2007）指出：分工和集聚之间存在必然的互动。集聚是一种社会分工的空间组织形态，没有分工就没有集聚，而集聚一旦形成，它将有利于分工利益的实现。

[3] 假定社会间接资本投资不计入直接生产活动成本。

[4] 吴照云、王宇露（2003）指出：人力资本包括文化基础、教育水平和能力等。

［5］区域之间的产业梯度转移则更加明显。

［6］这里指广义的运输成本。

［7］例如产业区的形成和城市。

［8］在这里，知识是宽泛地做出定义，包括思想和信息。

［9］特指现代国家干预经济所出台的各种政策、战略、规划等导向措施。

［10］机能在这里是指有机体，特指社会有机体，即工业组织。

［11］市场的广度是指市场范围的扩大受消费者的数量、区域市场以及资源禀赋的制约；市场的深度是指市场交易环境的改善，如交易费用（运输成本等）的减少、信任文化的建立、知识和技术的外溢、创新的环境氛围等。

［12］福特制，也称刚性生产，它是以大规模、标准化机器生产为特征。

［13］本部分借鉴了青木昌彦（2003）。

［14］20世纪70年代开始，日本制造业的竞争力开始取得了绝对的优势。但是80年代后半叶又逐渐失去了优势，到了90年代经历了"失去的十年"。因此，日本为提升企业的创新和竞争力，提倡企业实行"模块化"。

［15］青木昌彦称前者为"系统信息"，后者为"个别信息"。

［16］青木昌彦（1999，2001）把这种系统称为"硅谷模式"，Baldwin & Clark（2000）把它称为"模块集约地"。

［17］就像提出对模块之间的界面技术规格的建议那样。

［18］通过市场竞争，市场机制最大的优点是它把供求关系简化成了价格这一单纯的"物质关系"，此外，胜者为王获得较高利润。

［19］参考了李俊江，马颐. 地区聚集和合作优势：以信息产业跨国投资为例［J］. 世界经济，2004（9）.

■ 第六章

冲击、预期与产业集聚
触发性机理[1]

地方政府要立足本地实际，合理制定区域发展的产业规划和引导企业投资的产业政策。通过制度、公共物品和公共服务供给，让企业充分享受制度创新、外部资源创新和服务创新的收益，使得本地企业和周围企业形成对本地区域资源条件和发展前景的明确一致的预期，产生产业集聚的触发性条件，然后转化为企业对本地区域生产集中的投资行为和要素迁移形成的集聚活动。

第一节 自发性市场与制度安排的共生演进

经济活动自组织性是产业集聚生成和演进的运行机制。陈雪梅、张毅（2005）利用珠三角产业集群的案例说明产业集群的形成具有自发性和偶然性。同时，迈克尔·波特（1990）的国家竞争优势理论抓住了一个国家产业发展中最主要和最重要的方面，即：市场力量的作用以及市场作用的具体机制，并构筑了一个简单分析框架。这对我们理解一个国家产业或制造业的发展具有重要的启发意义。产业地理位置的集中——产业集聚，可以提升和扩大菱形结构内部各要素之间的相互作用力度。同样地，整个菱形结构相互作用的结果也会造成产业集聚现象。一般来说，区域产业集聚生成是地方市场自发性作用的结果，而往往其中伴随的是企业组织、企业制度以及相关制度的共生演进。历史上，没有一个落后国家的后发优势能够得到充分实现，也没有任何一个先进国家愿意充分地、无保留地有偿分享自己的先进技术。这是一个残酷的竞争和斗争过程。因此，制度安排和政策介入为推动产业集聚生成提供了触发性条件。企业愿意受制度约束并在某一区域集聚的根本原因在于制度创新的收益。政府从制度上规定仅在城市的某一区域范围内从事某类经营活动的企业可以享受税收、土地价格和财政返还等方面的优惠，这样就提供了区位差别所决定的制度创新收益，从而强迫或诱导某类企业在该区域集聚。

然而，长期以来，产业集聚研究是关于"经济活动集聚出现在哪儿及原因"，主要力求于在新古典经济学框架下对空间经济活动分布的一般均衡分析。因此，它必然是在动态化过程到达均衡的静态（稳态）。基于模型化的新经济地理学，其产业集聚分析集中在产业前向和后向联系效应的累积因果关系所带来的"金钱外部性"作为向心力的来源和不可移动要素作为离心力的来源，把其他引起产业集聚的因素忽视了，如密集市场、知识联系和制度（或政策）。

马歇尔（1890，1920）提出产业选址要重视三类因素：（1）知识溢出；（2）专业化工人密集市场的优势；（3）地方市场的前向、后向联系效应。知识（信息）溢出和知识外部性可以通过积极的或者消极的知识创新、知识转移或者学习活动形成集聚力。在新经济地理模型中，由于知识（信息）溢出和知识外部性存在难以模型化的困难，所以被忽略，这也是产业集聚研究需要进一步完善的地方（Fujita and Mori，2005）。专业化劳动力市场通过"正反馈"机制起作用，但是其并没有被模型化为产业集聚产生的因素，其实专业化工人市场的存在，一方面，节约了厂商搜寻成本和培训成本，满足了厂商对生产工人的需求，成为厂商选址所要考虑的主要因素之一；另一方面，大量专业化工人之间的信息交流，是潜在学习和创新活动的重要场所，有利于研发部门的革新和创造活动。

另外，在新古典框架下的一般均衡分析，新经济地理学把制度作为外生变量[2]，或者说是在制度为既定条件下的要素配置，从而根本上排斥了制度作为内生经济变量并诱发经济行为变化，进而改变资源配置格局的经济机制。诺思（1994）指出，与技术变迁相类似，在制度变迁中，同样存在着报酬递增和自我强化的机制。这种机制使制度变迁一旦走上某一路径，它的既定方向会在以后的发展中得到强化。事实上，在经济增长速度和共同体成员满足其经济目标的程度上，制度的类型和质量造成了巨大差异。尤其是，柯武钢、史漫飞（2003）指出，在亚洲，制度发展的不足使技术进步成果的积累和潜在的巨大市场不起作用。

由于新经济地理学的目标是为了设计一个模型化方法，即在一般均衡框架下，来讨论使经济活动集聚的向心力和使经济活动分散的离心力，并能够解释由它们塑造的经济体地理结构以及它们的微观基础，所以新经济地理学没有提出相关的政策建议，从而政府在产业集聚中可以发挥的作用从大众眼中消失了。新经济地理学和城市经济学都是研究同一空间经济现象，但是城市经济模型中政府和开发商发挥了极其重要的作用，而新经济地理模型主要关心的是空间的自组织性，忽略了政府和开发商（Fujita and Mori，2005）。金煜、陈钊、陆铭（2006）认为，产业集聚研究忽视了其他因素，如经济政策的作用，而经济政策对工业集聚的影响既可能是通过经济地理的因素起间接作用，也可能是直接对工业集聚产生作用，并建立了包含经济政策的工业集聚因素分析的计量模型，来探讨经济政策对工业集聚的影响。除此之外，张涌、陈雪梅（2008）也指出产业集群是一种制度性安排，诱致性制度变迁与强制性制度变迁共同推动企业集群的形成。

广为人知的是，新经济地理学强调贸易成本和企业层级规模经济的相互作用作为产业集聚的源泉，排斥了制度（政策）在产业集聚中的内生作用。然而，一个国家或地区竞争优势的获得来源于产业在其内部集聚过程中的优势，值得重视的是，产业发展不是抽象的概念，而是要具体地落实到某个具体区域。由于政府是产业政策的提供者，产业政策能够改变经济主体的预期。任何短期冲击或预期变化都会有其长期后果，因此，政策可以引起产业活动空间格局发生变化，从而把政策内生化于产业集聚过程。政府的积极作用主要体现在顺势而为，制订基于本地区的产业政策，创造好的外部环境和保持产业政策的一致性、稳定性和透明性。

第二节　产业集聚生成与演进模型

一般地说，经济活动集聚是由于自然资源的差异性，如河流、港口和矿藏等，也就是受"第一性质"（First Nature）的影响。"第一性质"对经济活动分布的影响可以用基于完全竞争框架的传统经济理论得以解释，而引起产业集聚的内生机制［"第二性质"（Second Nature）］需要通过对离心力和向心力的进一步研究而形成产业集聚的经济模型来探讨。

新经济地理学的第一代模型有四个重要的术语：第一个是整个空间经济一般均衡模型，这种方法融合了传统区位理论（Location Theory）和经济地理学（Economic Geography）；第二个是单个生产者或者单个厂商条件下的递增收益或者不可分性，它使得整个经济体不至于倒退到"后院资本主义"，而递增收益导致产生厂商规模经济和形成不完全竞争的市场结构。第三个是广义的运输成本，它使得区位非常重要。第四个是生产要素和消费者区位间迁移是产业集聚的先决条件。在新经济地理学中有三类模型："中心—外围"模型、区域和城市系统模型以及国际模型。"中心—外围"模型由克鲁格曼（1991a）首先提出，它为新经济地理学提供了一个基本分析框架。它主要说明企业之间的递增收益（Increasing Returns）、运输成本和要素移动的相互影响促使空间集聚经济结构的产生和变化。在该模型中，有两个地区、两个生产部门（农业和制造业）和两种劳动力（农民和工人）。制造部门生产各种各样的水平差异化产品；单个企业使用工人作为单一投入品在规模经济条件下生产一种产品。农业部门使用农民作为单一投入品在不变收益（Constant Return）条件下生产同质产品。工人可以自由地在区域间流动，而农民均匀分布在两个区域，是不能流动的。最后，制造品贸易产生正的运输成本（以冰山成本的形式）。在模型中，由于农民消费工业品和农产品，所以农民的非迁移性成为模型中的离心力。向心力比较复杂，包括一种循环因果关系。首先，如果大量企业在一个地区设址，各种各样的产品就会在该地区生产。于是，与其他地区的工人比较而言，该区的工人（消费者）就有接近大量各种各样商品的优势。因此，其他条件等同的情况下，该区工人获得更高的真实收入，吸引更多工人向该区迁移。其次，所导致的工人人数增加，相比其他地区，会形成更大的劳动力市场，反过来，会产生类似于国际贸易的国内市场效应（Home Market Effect）（Krugman，1980）。由于规模经济，企业有动机在一个地区集中生产同种产品；由于运输成本（其他条件相同），企业有动机在拥有较大市场的地区生产，然后出口到其他地区。总之，向心力来源于前向循环因果关系效应（工人接近消费品生产者的动机）和后向循环因果关系效应（生产者集聚到较大市场的动机）的相互强化。

如果前向联系效应和后向联系效应足以战胜由不可移动农民所产生的离心

力，经济体最终会出现所有制造业集聚在一个地区的"中心—外围"结构。具备下列条件时，"中心—外围"结构很可能产生：（1）制造业运输成本足够低；（2）产品种类是充分差异化的；（3）制造业固定成本是非常高昂的。总之，决定性变量的微小变化使得整个经济体发生"倾斜"，由两个对称的和同等的地区演化为由微小初始优势累积而成的工业中心和次工业化的外围。因此，经济体这种特征的突然变化，从而在动态的经济模型中很容易出现这种"中心—外围"结构的"灾难性分岔"。

由于"中心—外围结构"模型的不足，真实世界不是两个地区，经济活动在空间上是连续的，所以新经济地理学又做出进一步扩展。在新经济地理学的城市和区域系统模型中，流行的模型策略是撇开集聚的内部空间结构（如模型中的城市就用区位空间的点表示），注重产业集聚的空间分布（如集聚的数目、规模、间隔和产业内部空间协同）。首先，由克鲁格曼（1993）把其"中心—外围"结构模型扩展到"赛道经济"模型：在圆周上有 12 个地区，且产品沿着圆周运动。模型中，起始条件是 12 个地区的经济活动初始分布几乎相同的。随着经济体不断演进，最终，所有的制造活动集聚到两个方向相反的地区，形成自组织的"中心地系统"。

此后，藤田昌久和克鲁格曼（1995）提出了一个更接近现实的改进方法。在模型中，区位空间由真实的分界线给出，且土地不是均匀分布。经济体中所有工人假定是同质的，并且可选择地区和职业。农产品用土地和劳动来生产。最后，农产品和工业品假定都有正的运输成本。只有农业土地是不可移动的要素，因此它是离心力的唯一来源。这种方法以屠能（1826）的"孤立国"假设开始：一个城市——制造业中心，由大片的农业腹地所包围。新经济地理学的这个前提假设是为了促成一个全面的、明确的均衡，但中心城市的存在来自前向、后向联系效应，而不是简单假设。于是，以城市为中心的经济体逐渐增加所能覆盖的人口，在无法企及的地区，企业追逐利润的动机使得企业产生迁移；进而，人口增加产生更多新的城市。这种方法的关键是重视任一给定制造业区位的吸引力——"市场潜力"指数（Harris，1954；Krugman，1993）。因此，经济体演变过程包含一种共同演进：市场潜力决定经济活动设址，经济活动的区位移动反过来又重塑了市场潜力格局。特别地，当一个企业从这个产业集聚的城市迁移，该企业市场潜力出现锐减；超过某一特定距离，又会出现增加。这也为集聚（城市）阴影（Agglomeration Shade）（Fujita and Krugman，1995）提供了一个微观基础。

城市演化方法的结论是：尽管存在多种可能均衡，我们依然可以预测一些空间结构的规律。一旦城市数目足够多，城市间范围和距离由向心力和离心力的相对量决定的不变水平固定下来（Fujita and Mori，1997）。但是，如果经济体存在多种产业，并且它们具有不同的规模经济和（或）运输成本，经济体倾向形成等级结构（Fujita、Krugman and Mori，1999；Christaller，1933）。显然，相对农业来说，制造业运输成本的消减最终会形成大都市区：由相互联系的产业带所形成的大中心城市群，并且这些产业带由连续的小制造业城市构成（Mori，1997）。所以，大都市区的形成具有一个显著的特征：在大（或已有）城市之间，涌现出新的小城市而形成产业带。

在前面两类模型中，即"中心—外围"模型和城市、区域系统模型，要素迁移在创造产业集聚过程中起到非常重要的作用。实际上，生产集中比要素集中更重要。在某种意义上说，并不是每一个产业集聚是只有一个重要的生产者。许多城市在很狭小的产业范围进行专业化生产，如底特律和纽约。总之，可以肯定的是，较分散的、很难模型化的力量，如非正式的信息扩散，在真实世界的产业集聚起到重要作用，这与"中心—外围"方法不同。因此，产生产业集聚的焦点从资源集聚转向某种产业的地理集中。在国际专业化和贸易分析模型中，区域间劳动力是不可移动，产生产业集聚主要是产业不断集中。

当然，考虑到垂直生产结构非常关键，一个或者多个上游部门为一个或多个下游部门生产投入品，并且上下游生产者都依赖于递增收益和运输成本。维纳布尔斯（1996）指出垂直生产结构存在的前向、后向联系效应使得上游和下游生产者集聚到单一地区。因此，垂直生产结构所形成的投入—产出矩阵会促使产业集聚生成，并且随着世界市场的拓展，在该区域将出现工业化（Puga and Venables，1996）。克鲁格曼和维纳布尔斯（1995）指出运输成本下降和国际贸易发展会逐渐出现高工资、工业化的"北方"和低工资、原材料生产的"南方"的格局。此后，贸易成本下降和真实工资差异的变化，南方变得更有优势，南方逐渐出现工业化。国际专业化和贸易分析模型提供了研究国家之间产业集聚或专业化和国外贸易对内部地理结构影响的方法。事实上，接近外国市场机会的增多会削弱发展中国家"中心—外围"结构的格局。

第一代新经济地理模型高度依赖具体的函数形式，如效用和生产函数、运输成本等。因此，新经济地理学前沿研究对函数形式和技术假设的前提做了部分修改，原来的新经济地理模型做了进一步改进和拓展：

（1）引入领先竞争效应[3]和额外运输成本。额外运输成本可以用来对空间定价策略和产业集聚的关系进行分析：如果区域内企业分布是不对称的，在较大区域的企业到范围很广的外围销售商品是有利可图的，那里价格竞争是和缓的；在较小区域的企业到范围狭小的中心去销售产品是很难获利的。

（2）在"中心—外围"模型中，引入异质性工人，如对居住区位的异质性偏好和技能异质性，把市场和非市场因素考虑进去，出现局部均衡。

（3）引入异质性区位，揭示了"第一性质"（如交通基础设施的改善）对产业集聚发挥了重要作用。在大多数新经济地理模型中，区位空间假定是同质的，因此，集聚区位完全由"第二性质"所决定，即历史和前后关联效应的累积过程。然而，在一些情形下，"第一性质"的区位优势通过与"第二性质"优势的相互作用发挥着重要作用。松山和高桥（Matsuyama and Takahashi，1998）通过扩展一个两区位的非贸易差异化产品的新经济地理模型，研究了产业集聚和区域比较优势的相互作用。区域是异质性的，因此每个地区都具有比较优势的差异化商品。因此，"中心—外围"结构就存在一种成本（Cost）：那些在外围具有比较优势的商品，由于中心的形成就意味着更高的生产成本。藤田昌久和森雪（1996）研究了天然港（交通枢纽）作为产业集聚的决定因素。在连续性区位空间模型中，克鲁格曼（1993）、藤田昌久和森雪（1996）把区位优势所带来的地理中心效应、轮轴效应纳入市场潜力函数，并且发现在这个地区以及周边生成市场潜力的地区高峰。

（4）引入企业空间分散化（Fragmentation），而企业空间分散化是为了利用不同区域的技术、要素禀赋和要素价格差异。运输成本下降和交流成本减少，企业把工厂重新设址到外围，促使生产分散化和融入经济全球化，并且它们所带来的相互作用不断增强。

（5）在国际经济框架下把工人迁移、研发部门革新与新经济地理模型的产业集聚结合起来，把"中心—外围"模型动态化。第一代新经济模型主要是静态的：一旦经济达到均衡，除非外生变量发生变化，否则经济均衡不会被打破。换句话说，第一代模型不能解释产业集聚对革新率的影响，而革新率反过来会进一步影响到经济活动和经济福利的地理分布。因此，把新经济地理学扩展到动态的分析框架是非常重要的。

在新经济地理模型发展及改进中，产业集聚主要依赖于垄断竞争下的递增收益、运输成本节约、要素禀赋差异以及技术提高所导致交流成本的降低。递增收益是通过前向后向联系效应产生的，也是新经济地理模型向心力的主要来源。运输成本决定着经济活动的空间分布，同样也适用于区域间和国际贸易。当生产以递增收益为条件时，企业有动机到仅仅少数区位设址集聚生产。因此，原来的国内市场效应的解释是：拥有相当多的消费者的区域是净出口者，并且在递增收益部门有数量众多的企业。在运输成本存在的前提下，企业设址倾向于更大的市场来节约运输成本。因此，国内市场效应的空间解释是：在其他条件同等的情况下，某一地区趋向于出口产品和服务，因为该地区不但拥有较大的国内市场，而且更接近国际市场。

在新经济地理学框架下，不存在领先优势区位，历史和累积过程决定产业集聚的最终区位。因此，会出现多重均衡占优。对单个产业区位来说，在路径依赖的情况下多重均衡是存在的。但是，对全部经济活动集聚或者城市形成来说，多重均衡却是不明显的。如果区位空间是异质的，就不存在多重均衡。换句话说，假定某些地区具有自然优势，如有巨大腹地的天然港，那么经济活动有强烈的趋势在这些地区集聚。

通过上述的分析研究，可以重构如下的产业集聚的演进模型，见图6-1。

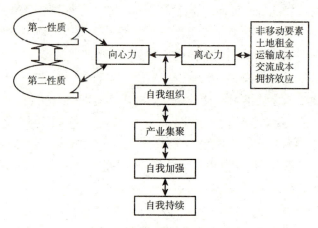

图6-1 产业集聚的演进模型

在新经济地理模型及其改进中，基于新古典经济学的均衡分析，经济活动自组织性是产业集聚演进的运行机制。向心力和离心力的"均衡"决定经济活动分布，在经济活动自组织下，经济体出现产业集聚，并不断地自我加强、自我持续。

第三节 偶然性、系统冲击与预期

新经济地理学模型分析历史事件对经济地理格局的影响，一个区域经历偶然的历史事件导致将递增收益产业的生产份额吸引到该区域。因此，区位经济活动的暂时冲击会永久地改变产业集聚格局，从而整个区域经济系统走向另外一种路径。这种联系创造了集聚力，因此使得很难打破产业集聚中心重新回到分散的格局，或者重置这个制造业中心到其他区域。由于新经济地理学研究的联系效应，集聚产业长期中应该不会迁移。

在新经济地理学中，任一地区或区位的要素供给通常是有弹性的，它们可以来自其他地区，也就是国内各地区效率优先的不平衡发展。我们会发现制造业选择其中一些区位比另一些区位更有利，因此它的市场潜力指数（Market Potential Index）也就更理想。制造业会向更理想的地点转移，在这个过程中，会改变市场潜力状况，通常会加强那些原来就受到青睐的区位优势。所以，市场潜力也成为累积循环关系（缪尔达尔，1957）的一个组成部分。从市场潜力分析中可以立即得出的一个结论是可能存在循环关系，厂商希望选择市场潜力大的区位，也即靠近大市场。但是，许多厂商集聚才会有大市场，所以我们自然而然会考虑自我增强的地区增长或衰落的可能性。

经济系统与生物系统一样是一个演化系统。它在外部环境变化和内部结构调整的交互作用中随着时间推移不断演化。在自然地理决定经济地理的作用方面，偶然事件或者系统外的"冲击"会引起经济活动自组织性中断或"变异"，如果"冲击"被系统所采纳，就会打破经济系统演进的路径依赖，并且会沿着新的路径发展，按照"自我实现的预言"（Self-fulfilling Prophecy）进行演进。我们可以看到：真实经济活动的地理分布在其形成中是由随意性和历史性所塑造的。譬如，纽约之所以是著名的纽约是因为有一条运河，而它在150年以前经济上是根本不重要的。硅谷的出现是因为在60年前一个斯坦福官员的"先见之明"。确实，自然地理，如河流和港口，起到很重要的作用。事实上，在城市系统演进的新经济地理模型中，这些发现实际上是一致的。区位优良的特性，如便利港湾的可利用性，有典型的"接触反应"作用：如果一个新中心出现，它只能在这里而不是邻近的其他地区。但是一旦新中心建立起来，它通过自我加强的过程成长起来，并且达到一定的规模：与产业集聚自身的自我持续的优势而言，区位的初始优势变得不再重要。正如梁琦（2006）所指出的，历史和偶然事件是产业区位的源头，而累积循环的自我实现机制有滚雪球般的效果导致产业长时期地锁定在某个地区。

既然系统外的"冲击"会引起经济活动自组织性中断或"变异"，会打破经济系统演进的路径依赖，并且会沿着新的路径发展，所以调节经济体预期对经济活动的动态演进是非常重要的，预期[4]会引起要素流动和生产集中，从而会导致经济体产生重要的"灾难性分岔"。由于经济个体是理性和有远见的群体，它会根据过去、现在的条件和状况来调整预期，并且根据外部情况（其他个体的行为）的变化来做出适应性反应。因此，个体本身会尽力预测未来，并且基于他人的预测来做出决定。当所有个体预计未来预期将会实现，那么经济体就会进入自我实现的循环路径。克鲁格曼（1991b）指出：资源根据现期收益差异迁移，但由于迁移要耗费成本，所以迁移需要时间。由于耗费成本，资源所有者不仅根据现期收益而且根据未来预期收益决定迁移决策。由于出现外部性，未来收益依赖于其他人的要素配置决策，这也依赖于他们的未来预期收益。这就存在自我实现的预言的可能性。如果所有人认为经济体将最终走向某一均衡，它将会成为事实。因此，政府进行决策或制订制度或政策时，政策出台的本身使个体调整自己的适应性预期，制度和政策就会内生为个体经济行为，引发企业及产业层面群体行为的调整，从而达到经济体"自我实现的预言"（Self-fulfilling Prophecy）的运行条件：如果大多数公司相信大多数其他公司将会向某一地区迁移，也可以解释为社会影响（Wirl and Feichtinger, 2006），这个信条将会被证实。企业选址是根据最近的情势，而政府可以制定相应的政策或制度来引导"自我实现的预言"（Self-fulfilling Prophecy）的实现[5]，使得产生政策规划或区域发展所需的特定产业集聚。金煜、陈钊和陆铭（2006）也指出：新经济地理学非常强调如历史事件之类的偶然因素在收益递增机制的作用下对工业集聚的影响，经济政策的变化对某个具体的地区而言，就可以被视为导致其工业集聚的偶然事件。

在所有产业集聚模型中，向心力唯一来自于通过联系效应的金钱外部性[6]，而离心力唯一来自于要素不可移动性。由于不存在市场可以良好地自行运行，在某种条件下，政策干预可以起到较大的和持久的效果，并且来自政策的"冲击"易被经济体所接纳，从而经济体继续自我组织、自我加强、自我持续。由于产业集聚的累积过程会产生获胜者和失败者，在国家和区域层面上，政策制定者有动机去尽力确保本国或本区域作为获胜者。一般地，技术变迁被看作是众多经济现象背后的根本力量，而制度（政策）创新是技术产生和革新赖以存在的载体，所以把制度（政策）引入产业集聚分析，用动态的、演化的理念来分析和理解产业集聚的运行与发展具有很强的实践意义和必要性。

通过上述的分析，可以构建如下的产业集聚与经济主体预期的运行机制模型，见图6-2。

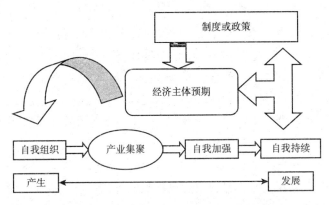

图6-2　产业集聚与经济主体预期的运行机制模型

由于在新经济地理模型中，产业集聚产生于一般均衡分析框架下的经济活动自组织性，与现实情况不符，通过把制度（政策）纳入产业集聚的分析框架中，利用政府制度（政策）干预经济主体的预期，达到"自我实现的预言"（Self-fulfilling Prophecy）的条件，重构产业集聚演进的分析框架。

第四节　产业规划与设立高技术开发区

产业空间集聚是经济活动最突出的地理特征，也是一个世界性的经济现象。产业集聚不仅仅是产业格局的描述，即经济活动在何处集中，更重要的是产业集聚是生产集中和要素集聚的过程。一个大型经济体存在着各种不同类型的集聚，从而构成了复杂的经济系统，因此，对产业集聚的研究有助于设计有效的城市和区域政策。我国经济资源分布的不均衡性和区域发展起始条件的差异，有效的制度或发展政策作用于依据区域条件、产业基础以及企业家精神能创造出新的合力，对于区域发展具有极强的探索性和实践意义，从而在产业集聚形成的动态化过程中就更需要有效的政策规划和发展方略的引导作用。

产业集聚涌现的大量企业创新吸引着国家和区域政府的眼球，他们纷纷把扶持和引导产业集聚列为国家和区域的头等大事。例如：最近，"德国高技术战略"划定 17 个交叉领域作为资助对象，到 2009 年止为它们提供大约 150 亿欧元。此外，根据特定的国家集聚战略，德国设立目标驱动的研究项目，例如：生物技术领域的"生物剖析"和"生物产业 2021"开始启动作为目标导向的投资，力求使德国成为欧洲生物技术领域的领先国家。对于区域层面来说，几乎所有的 16 个德国联邦州近些年都开始发展产业集聚项目。例如，巴伐利亚州近来已经启动一个雄心勃勃的产业集聚项目来推动 19 个地区的高技术和高经济回报潜力的产业集聚（Hafner，2008）。所有项目的共同目标是为了在创新性和有前途的领域建立企业集聚，并且推动企业、大学和研究机构之间合作和建立网络。从这个视角来看，政府支持和推动的高技术开发区是产业集聚和政策导向的完美结合体。同时，梁琦（2004a）指出："创新发明活动倾向于产业集聚，而且那些新知识投入越是重要的行业，创新活动的产业集聚倾向越发明显。高技术园区是创新活动的产业集聚地，正因为知识溢出具有地域性，集聚在一起的高技术企业才有更便利的获取知识的渠道和更多的创新动机。所以才有高新技术园区的诞生和发展。"此外，金煜、陈钊和陆铭（2006）也指出经济政策对工业集聚的影响既可能是通过经济地理的因素起间接作用的，也可能是直接对工业集聚产生作用。在中国，经济政策的调整显然也是导致地区间工业布局变化的重要因素，如珠江三角洲实施的经济开放政策是导致这一地区工业集聚的重要原因，而这又是因为这里距离香港这个港口、金融和贸易中心以及大市场非常近。因此，政策导向和产业规划是区域产业集聚的助推器，触发产业集中和要素集中。

由于硅谷现代信息产业的迅猛发展，引领并左右世界信息产业发展的方向，引起了人们对产业规划和高技术产业集聚区的关注。梁琦（2004a）提出高新技术园区是创新活动的产业集聚地，知识溢出的空间局限论是高新技术园区存在的重要的理论基础。集聚的发生既是源于知识的外在性，更是源于知识溢出的地域性。自发性产业集聚大多是传统性的、成熟性的行业，高技术产业通常需要政府设定特定区域，以高技术开发区的形式提供支持。值得注意的是，徐康宁（2001）指出高新技术产业的集群效应往往比一般制造业还要高，而现在国内各地发展高新技术产业，包括利用外资发展高新技术产业，很少注意集群效应。因此，发展高技术开发区，利用高技术开发区具有较强的技术进步性和技术关联性，可以带来联动旁侧效应，促进形成企业间网络型学习组织。因此，政府设立高技术规划区就很有必要性。规划区是为了以最经济的方式实现一定目标而设定的连续空间（陈秀山、张可云，2003）。显而易见的是，产业规划区的设定与行政调控有关，其主要目的是便于解决特定空间范围的问题而实施一系列特殊的政策与规划。在区域经济发展过程中，政府通常会为了实现一定的社会经济目标而对区域经济运行进行有目的的干预。因此，适宜的园区建设、公共服务提供以及优惠政策等是产业生产集中和要素集中的前提条件。徐强（2004）指出："现在的高科技企业在选择区位时常常考虑这样三个因素：（1）人力成本；（2）信息成本；（3）合作成本。"同时，吕文栋、朱华晟（2005）也指出："近些年，浙江省内各地政府的工业园区政策推进了集群核心企业家的区位决策过程，也因此加速资源要素在集群内部以及集群之间的优化配置。"由于我国多数产业集聚的专业镇起源于农村地区或小城镇，因此，科学的高技术园区规划让企业进入工业园，才有可能提高农村城市化水平和城市城区规划。值得注意的是，葛立成（2004）通过浙江的案例表明，某些产业集聚忽视了与城市化进程的联系，未能充分利用城市或中心城区的辐射，未能充分考虑与城市的协调发展。另外，金煜、陈钊和陆铭（2006）使用新经济地理学的分析框架讨论了经济地理和经济政策等因素对工业集聚的影响，并利用1987~2001年间省级面板数据研究了导致中国地区工业集聚的因素，他们指出经济开放促进了工业集聚。因此，产业规划需要把区域作为一个整体进行综合分析，并在此基础上设计出开发的优化方案及时序安排等方面。在具体对一个区域制定产业经济发展战略或进行规划时，由于常常会陷入各种矛盾和冲突之中，或常在确定区域开发方向和时间、空间安排上失当，导致总体效益（社会的、经济的、生态的）不高，甚至会造成重大损失。因此，系统地对产业和区域发展进行理论研究，通过实践在产业经济和区域研究的方法论上有所前进，具有重要的现实意义和理论意义。

政策是在政治过程中设计出来的，并由承担国家职能的政府机构来贯彻实施的，政策干预的直接作用是促进预期的目的。由于推动经济增长的主体是在不断深化的劳动分工（专业化）中运用知识的企业家和理性规划自身的经济个体，恰当的制度安排（或政策措施）为市场和经济组织里的主体提供一个有共同预期的分工协作框架，并使这样的合作具有可预见性和可信赖性。因此，我国各级政府在制定经济政策，促进产业集聚形成和发展时，力求做到以下三个方面：

首先，政府行为一定要有边界，要回归到公共财政的职能，并且依制度行使公共权力。公共服务是区域的软实力，构成区域市场潜力的重要区位因素，也是影响企业迁移的决定性变量；公共基础设施以及配套措施的完善影响当地民众的福利水平，从而决定了该区域的真实工资率，而生产要素的移动所依据的就是真实报酬率的高低。

其次，经济政策是系统的体系，要具有稳定性和一致性。政府在制定发展政策或长远规划时，要创造合理的制度环境，不仅要有宏观的政治、经济、社会、文化等政策，还要有微观企业的扶持、保护政策和促进创新政策，经济个体的就业、培训和社会保障措施以及市场运行所需要的行业协会、中介服务等相关政策的出台。此外，政府主要是对生产要素施加影响来发挥作用，制定本地相关、支撑产业的发展政策和发展本地有竞争优势的产业集聚以及产业环境的优化是提升产业竞争力和培育产业集聚的必备条件。它们是互相协同，共同促进的，容易产生一致性预期，以利于产业集聚生成，达到政府引导与市场配置相结合的效果。

最后，由于政策制定者和公众的信息组合是不同的，政策制定者知道政策变化以前和政策变化以后接下来的政策调整，因此，政策制定者要使政策达到预期效果，必须使政策变量内生化，有效地调整经济个体的预期，实现政府与市场联动，引导产业集聚。因此，政府在制定政策发展区域产业集聚时，产业政策要预先告知公众或被公众知道，透明度是非常重要的。

第五节　本章小结

集聚企业是政府的主要管理对象和公共物品的接受者，因此政府作用主要体现在能否为区域经济发展提供合适的投资环境、制度供给以及信用保障。具体地说，地方政府通过制定区域有竞争优势的产业优惠政策，提升公共物品的供给水平，协助和支持成立各种中介组织，推进政府审批制度改革，提高机关办事效率，缩减办事环节，减少政府收费等方式的制度变革，降低企业经营成本，提高要素生产率，从而培育产业集聚优势，形成区域有吸引力的政府，推动形成产业集聚的触发性条件。此外，政府必须提供一个安全、法制、公平和有信用的本地商业环境、就业环境和市场竞争环境。最后，政府要确保本地市场的健全、统一、开放、公平和有序竞争，不断推动建立本地产业集聚的区域品牌。在产业集聚生成和发展过程中，地方政府的最重要经济职能是营造促进资源配置效率提升的发展环境，提高本地竞争力。另外，地方政府在产业技术创新[7]的信息传递、组织协调和金融支持等方面要有所作为。

注释：

[1] 本章节部分内容已在《学术交流》2008 年第四期发表。

[2] 诺思认为，制度不是既定的和已知的，而是一个变量。

[3] 例如，在存在大量竞争对手的情况下，利润最大化定价的减少。Isono & Tabuchi（2003）指出在领先竞争效应出现的情况下，中心区位由于接近大量的竞争者，反而可能存在着劣势。

[4] 这里预期包含生产技术的递增收益和外部性。

[5] Fujita 和 Krugman 在新经济地理学中是排除"自我实现的预言"的，因为新经济地理学的演化主要关于在目前条件下的决策，也是为了避免多重均衡。

[6] Fujita 和 Krugman 在新经济地理学中认为金钱外部性来自消费者和企业之间的联系效应。

[7] 金碚、谢晓霞（2001）指出：在市场经济条件下，政府主要通过参与和支持研究、信息服务和教育（培训）等活动来促进和帮助企业进入技术创新过程；在企业进入产业创新过程后，政府也可以同其进行合作，促进技术转移和产业化进程；而当企业进入技术创新的商业化进程时，即在生产产品和服务及向市场销售的过程中，必须让所有企业平等竞争，在竞争中实现技术创新。

■ **第七章**

产业集聚生成机理的经验研究[1]

虎门服装产业集聚是虎门的区域品牌，它的生成历程已有 30 多年，时间跨度和历史沉淀使它成为剖析产业集聚生成机理的典型例证。研究的问题决定了研究方法，本章选取虎门服装产业集聚进行产业集聚生成机理的经验研究，试图用新经济地理学和其他相关理论给予其合理解释，并对产业集聚生成机理的五个理论命题进行验证。

第一节 东莞虎门服装产业集聚概况

虎门位于珠江口东岸，面积 178.5 平方公里，下辖 29 个社区居民委员会，户籍人口约 12 万人，外来人口 50 多万人。虎门在改革开放之前是以农业为主，改革开放以后，把农业调整到以工业为主（邱云忠、张邦毛，1999）[2]。然而，经过 30 多年的发展和扶持，虎门服装产业沿着"商贸—制造—时尚"的发展路径，构建了产、贸、展一体的服装产业体系，成为虎门镇的主导产业，虎门也因此成为享誉国内外的"中国服装名城"、"中国女装明镇"和"最具行业影响力纺织之都"[3]。虎门服装产业已经形成企业集聚、市场集聚、业者集聚、客户集聚、运输集聚、配套集聚、研发集聚、宣传推介集聚八大集聚，国际化、规模化、专业化、品牌化水平不断提升，成为虎门鲜明的区域经济特色，实现了服装产业集聚发展。2006 年 9 月 26 日，东莞虎门服装产业集聚成为第二批广东省产业集聚升级示范区[4]。2007 年 8 月 15 日，东莞虎门服装产业集聚被纳入"国家火炬计划东莞市虎门服装设计与制造产业基地"[5]。2007 年，在参加中国服装博览会期间，虎门作为唯一的政府机构被中国服装协会授予"2005~2006 年度中国服装品牌推动大奖"。虎门镇已连续成功举办了十三届中国（虎门）国际服装交易会，大大推动了服装产业的发展，获评"最具行业影响力专业展会"、"最具行业影响力纺织之都"和"最具影响力专业市场"的美誉。

截至 2011 年年底，虎门镇工商注册服装服饰生产加工企业 2346 家，虎门全镇拥有上规模[6]服装制衣企业 1450 多家，其中外资企业 400 多家，民营企业 900 多家[7]。总生产面积 274 万平方米，从业人员超过 20 多万人，全镇服装生产量达到 3.2 亿件（套），年工业总产值约 200 亿元，出口额 4 亿美元（人民币：27.32 亿元[8]），内外销比例为 4.5∶1。虎门服装已形成了完善的设计、生产、销售一体化的服装产业链网络，拥有 299 家面辅料企业，拥有织布、定型、漂染、拉链、绣花、纽扣、配件、物流等服装产业配套企业 438 家，还有 324 家咨询、培训、设计、策划等服务机构，形成了集研发、设计、生产、销售、服务于一体的完整产业链，实现全环节生产销售。

现有服装服饰市场区域面积约 7 平方公里，总经营面积 232 万平方米，虎门镇现有富民商业大厦、黄河时装城[9]等大型专业服装批发商场 40 个专业市场。同时，在建市场面积约 170 万平方米，均位于虎门商务区内，形成了 1 平方公里的辅料销售集聚区。另外，现有 1.5 万经营户，年销售额近 500 亿元，主要集中在富民时装城周围 1 平方公里的商业集聚"中心区"范围内，形成了专业市场集聚区。最后，虎门服装企业在国内外设有专卖店、连锁店 16000 家，销售网络延伸海外 40 多个国家和地区。

截至 2011 年年底，虎门镇服装生产企业在国内外注册商标有 50000 多个，虎门服装企业走出了一条"无牌—贴牌—创牌—名牌"的发展道路，并形成了由"区域知名品牌—广东名牌—国家名牌"三级梯队的品牌队伍，使虎门逐步成为服装区域品牌的集聚中心。目前，虎门镇拥有 30 多个服装品牌获省以上名牌、名标称号。其中，获中国驰名商标 1 个，中国名牌产品 3 个，广东省著名商标 16 个，广东省名牌产品 11 个[10]。

总之，虎门服装产业集聚已经形成了"主导产业 + 品牌企业"的经济格局，服装产业链条完善，产业配套企业齐全，显现出很强的本地化规模经济效益。此外，虎门服装产业有比较集中的区域，而且形成了比较完整的上下游产业链，以及产业协会和相关的协作制度。市场销售体系日益健全，销售网络不断多样化，产业集聚具备很强的竞争力。物流、商流、信息流都在这里集中，形成了较好的技术创新和制度创新环境。

第二节　东莞虎门服装产业集聚的生成过程[11]

从虎门服装自身发展过程看，虎门服装产业发展经历了"无牌、贴牌、创牌、名牌"的过程；从经营者的角度看，经历了"练地摊、摆街巷、进商场、建工厂"的过程；从市场发展角度看，经历了"洋货一条街、服装小集市、服装专业镇、全国著名服装生产基地"的过程；从政府行为的角度看，经历了"自发、引导、扶持、推进"的过程。具体来说，虎门服装产业集聚生成有五个关键性阶段。

（1）萌芽阶段。

20世纪70年代后期至80年代初期，虎门偷渡香港的人利用返乡探亲及家人去香港带回一些服装日用品，拿到路边摆地摊，换些日用钱。后来，一些更加精明的虎门人捕捉到潜在的商机，到香港或深圳沙头角进行小商品贸易，带回一些布料、服装、鞋袜及其他日用品；一些渔民也利用到香港进行海鲜产品贸易的时机带回一些这类商品，这也是虎门个体、民营经济的雏形。于是，虎门就逐渐形成"洋货一条街"。它也带动了服装交易市场驱动服装产业集聚的序幕。那时国内洋货稀奇，人们穿着服装更是一片"灰"、"黄"、"蓝"，那些从香港带来的多姿多彩的服装、鞋、帽、袜，令国人大开眼界，前来虎门购物的人络绎不绝。于是，虎门洋货一条街远近闻名，人气渐旺。

与此同时，1978年7月，港商张子弥到虎门开办第一家来料加工厂："太平手袋厂"。由此，虎门率先引进合资企业，为香港服装产业向虎门转移奠定了"实验"基础。1979年，一位"逃港者"以港商的名义来虎门开办一家家具厂，这也是全国第一家在农村开办的"三来一补"企业。

1981年，虎门公社将散乱在太平街巷的各个地摊集中起来，在两座并列、废弃的人行天桥开辟了虎门第一个"个体商户服装专业销售市场"。因此，"天桥市场"也成为培养虎门个体商户的第一个"育床"。1982年年底，虎门成立了全国首家"公社级"的"个体管理委员会"。1983年4月又在太沙路选择了一块空地，兴建了一个可以容纳300多户的"大市场"，又称"大排档市场"。虎门产业集聚形成初期，个体经济、民营经济起到巨大的推动力。此外，政府敢于突破陈规，因势利导。

（2）雏形阶段。

1986 年，外商在虎门办起了第一家织布厂，随后又有几位外商办起了来料加工的制衣厂[12]，这是虎门服装发展历史的第一个转折点。自此，虎门进入服装生产领域。1986 年，虎门镇政府创办一个更大的市场：富民小商品批发市场。20 世纪 80 年代末，香港及东南亚制造业正面临第一次大转移浪潮，虎门第一个引进"外资"，在这些外资企业中，最多的是制衣厂。他们除了一部分外销，根据政府政策，有 1/3 是可以内销。这 1/3 的内销额，为虎门服装市场带来了更大的驱动力，服装品种丰富了，从事服装生意的个体户和前来进货、购买服装的人更多了。到 80 年代末，富民小商品批发市场已在整个珠江三角洲名声大振，在这里从事服装经营的商户已经增加到 600 多家，已有一定的规模，来这里批发服装和购物的消费者更是人满为患。

（3）发展阶段。

虎门服装走上有序发展的轨道应从 20 世纪 90 年代初开始，这是虎门服装发展历史的第二个转折点。1991 年，虎门镇政府决定，由镇"个体管理委员会"下属的"富民服务公司"（1992 年 10 月 5 日注册成立，现改为富民服装集团公司，以下简称"富民"）出面，在虎门建造一个功能齐全、经营面积较大、能够适应新经济环境的现代化楼式结构的大型服装商场，将那些临街依巷的商户全部集中一起经营。1993 年 11 月，"富民商业大厦"开业。富民商业大厦占地面积 1.3 万平方米，商场面积 38000 平方米，有商铺 1080 个，共 6 层，采用"螺旋式"斜面通道，方便运货的手推车任意上下。该大厦被国务院经济发展研究中心誉为"全国第一号时装批发商场"。开业第一年就实现成交额 10 亿元。富民商业大厦的建成开业并成功运营，是虎门服装产业发展的助推器。

到 1994 年年底，虎门镇有各类制衣厂 500 多家，另有织布、印花、定型、漂染等配套工厂 50 多家，年产各类针、梳织服装 6000 多万件（套），经营服装的门店 5000 多间，年销售总额达 60 亿元。

20 世纪 90 年代中期，虎门镇委、镇政府在探索虎门产业结构调整，选择产业发展方向的时候，坚定不移地将服装产业作为虎门的支柱产业、龙头产业进行扶持。1995 年，镇委、镇政府明确提出"服装兴镇"的发展战略，形成"鼓励—引导—扶持—推进—壮大—提高"的思路，并按这个思路制定相应的对策措施进行具体运作。从这时开始，到90年代末期，虎门服装开始了规模扩张。

为了打造虎门服装形象，提高虎门服装知名度，以及将虎门服装推向全国、推向全世界，虎门镇委、镇政府决定从1996年开始每年举办一届中国（虎门）国际服装交易会。"服交会"这个平台，提升了虎门知名度，打响了虎门服装这个大品牌，使国内外进一步了解虎门，了解虎门服装，也使虎门人扩大了眼界。同时，虎门服装走向了全国，飘出了亚洲，飞向了全球。每年来服交会参展、参观、采购、订货的有全国所有省、市、自治区、行政特区的商家，有来自美、俄、意、法、德、日、韩等国家和地区的商务团体、企业和经营者。

从20世纪90年代初，以富民商业大厦的崛起为标志，到90年代末，以富民商业大厦为轴心，形成了方圆1平方公里的服装经营圈和方圆1平方公里的面辅料经营圈，鳞次栉比地树起14个大型服装专业商场，1个大型服装面辅料批发大市场。

（4）壮大阶段。

历史已经多次证明，市场发展到一定阶段，必然引起相关行业的裂变和重组，虎门服装销售市场的火爆，也很快引发了虎门服装行业的重新洗牌。服装企业原本只做不卖，但一些企业看到自己辛辛苦苦做出来的衣服被别人拿去赚大钱，开始心理不平衡；有的企业则出于对服装销售市场的长远战略考虑，决定组建自己的销售队伍。而要搞好销售，首先要通过在虎门商场的经营运作，学习到在"大海"冲浪的相关经验。因此，在富民商业大厦等商场开设自己的服装专柜成为一种必然。到1995年，这种企业在商场有自己的销售专柜，店铺在当地有自己的服装生产车间、产销一条龙的模式已经在虎门相当流行。这也开辟了虎门服装产业集聚、扩展服装产业链条的新模式：前店后厂。

"前店后厂"最大的优势是服装生产过程中对市场信息的反应更加直接、灵敏和准确，凡是在销售过程中被感觉、证明是市场需要的，马上就可以做，做好就可以马上与客商及消费者见面。同时，由于客商可以直接与企业建立有效联系，减少了中间环节，可以购买到更加价廉物美的服装，提高利润。当然，消费者也会因此受惠；而作为生产企业，因为运输、仓储、销售等流通环节的减少，降低了生产成本，使产品在市场上更具竞争力。"前店后厂"模式让虎门服装产量在短期内获得巨大提升，产量提升意味着需要更多的销售平台，而商场作为虎门最成功的销售平台，备受企业青睐。

"前店后厂"在虎门长盛不衰，成为虎门服装业之后十几年发展的"主旋律"和典型特征，为虎门服装业发展立下了汗马功劳，并"流行"全国，被各地服装企业学习借鉴。直到今天，还有很多内地服装企业采用这一形式。

与此同时，由于需求庞大，有利可图，1995年起，虎门掀起了投资建商场的热潮。至1997年，围绕银龙、仁义、人民等街道，在虎门形成了一个方圆1平方公里的"时装城"，在这一核心区域内，共有20多个大大小小的商场，上万家服装店集聚在这里。

服装市场的再度繁荣迅速带动了相关产业的发展，而最大的得益者则是服装布料业。到2000年，已经有数千家服装厂在虎门扎根，与之相配套的布料批发市场随之得到蓬勃发展。来自江苏、浙江、山东、湖南、湖北、四川、河南、河北等地的布料商和日本、韩国、马来西亚、意大利等国的进口面料代理商，纷纷在虎门安营扎寨。

（5）趋向成熟。

进入21世纪，虎门服装已由"量"的积累开始上升到"质"的突破。2002年，虎门服装市场引入"连锁加盟"制度，由企业直接向加盟商和加盟店提供货物，提升双方的信用保证。同时，这种制度还可以提升服装品牌的知名度和价值。如果采用加盟店形式，品牌价值就会得到保护和提升。

连锁加盟营销模式给虎门带来了翻天覆地的变化，改变了虎门传统的生产模式、营销模式和管理模式，抓住机会的企业不断扩大生产规模，迅速扩大市场份额。到2003年，虎门服装进入了鼎盛时期。2003年前后，出现了招工难。同时，优胜劣汰，企业进行结构重组。2003年以后，市场营销模式再次发生重大变化：由配货制度转为订货制度。

发生转变的主要原因是：人们已经对那种由生产企业主导一切的制度产生极度厌倦和反感情绪，市场也已经发展到由卖方市场转向买方市场。服装企业高高在上发布命令，商家被动接受，缺少话语权的"老一套做法"已经没有市场。而且这种模式也不是真正的"市场经济"，对企业发展真正有利的模式应该是销售决定生产，生产必须围绕市场转。从根本上讲，它是由生产规模扩大而带来的激烈竞争，消费市场由卖方市场转向买方市场决定的。订货制度应运而生。

所谓"订货制度"，就是企业在一定的时间把全国的销售商包括加盟店、专卖店邀请来订货，也就是参加"订货会"。订货会展示的"货样"出自企业，但企业要让客商订货，就必须拿出与众不同的绝活或看家本领，还要为客商提供周到的服务。订货制度是反季节的，夏季订秋季，秋季订冬季。这就要求企业一定要有一个一流的研发队伍，根据国际国内的流行趋势，确定下季度会流行什么主题，包括款式、面料甚至面料上的图案。而客商则会根据企业的主题设计，选择他们认为可能走俏的物品。最后，企业才根据"订单"进行生产。

更为重要的是，订货制度促使企业建立自己的高端人才队伍，如设计、管理、营销等专业人才。外地客商到虎门寻找商机或参加企业组织的订货会，首先要看企业的实力，再看写字楼、工厂，看企业的人才队伍。如果一个企业没有一个高素质的管理、设计、营销团队，客商会怀疑企业整体实力和技术水平，更无法与企业建立真诚的信任关系。

虎门服装企业正是因为引入订货制度，一批大型服装企业才能在越来越激烈的市场竞争中脱颖而出，成为全国都颇具影响力的名牌企业。例如"以纯"。1999年，"以纯"在富民时装城只有一个铺位，到了2004年，"以纯"已经成为一个强势企业。至2008年年底，以纯已经拥有26家工厂，超过25000名员工及全国各地3000多家服装专卖店。一些专卖店甚至开到国外。每次开订货会，都会有五六百名中外客商赶来。

至2003年，虎门已有各类服装、面料、辅料商场29家，有商铺8592个，商场总面积22.7万平方米，服装及与其配套的生产企业1221家，注册资金6.6亿元，服装销售量约达2亿件（套），销售额约120亿元，服装出口额163.72亿港元。至2003年8月份，已涌现了5000多个自有服装商标，其中在业界有较高知名度、在消费者中有一定影响的商标品牌有30多个，获广东省著名商标4个，获广东省名牌产品7个。此外，东莞市东越服装有限公司、东莞市松鹰实业有限公司、东莞市龙的传说实业公司和东莞永艺实业有限公司获"广东省十大休闲服优势企业"称号。这四大公司的董事长郭东林、王国宾、罗伟烈、黄艺湘荣获"2003广东省首批优秀服装企业家"，其中王国宾还获得首届"全国纺织企业家创业奖"称号。另外，2002年8月，虎门被中国纺织工业协会命名为"中国女装名镇"。2003年11月，被广东省科技厅命名为"广东省技术创新服装专业镇"。2007年，虎门荣获"2005～2006年度中国服装品牌推动大奖"等多种荣誉。虎门服装已由低层次的规模扩张，到产业结构调整提高，由"无牌、贴牌"到自立"品牌"再到创造"名牌"，由本地经营到国内外网点销售，连锁经营。虎门已成为享誉国内外的服装名镇。

回顾三十多年来虎门服装产业集聚的发展历程，我们可以清楚地看到，虎门服装走过了一个从无到有，从小到大，从少到多，从低到高，从弱到强，从无牌到名牌，从无序到规范，从自发到自为的创业历程。

第三节 产业集聚生成机理的理论命题验证

海德和梅尔（2003）回顾了大多数重要的新经济地理学文献，归纳和讨论了来自新经济地理学理论的五个可检验的理论命题：（1）市场潜力提升本地要素价格。接近大市场和供给者的区位，不会被大的贸易成本阻碍，将倾向于给本地区要素支付更高工资和更高土地租金。（2）市场潜力导致要素流入。由于能够更好地进入大的最终产品市场和接近大的中间投入品供应商，这些地区将容易吸引资本流入（后向联系，Backward Linkage）。由于接近最终产品的供应商，工人偏好这些区位（前向联系，Forward Linkage）。（3）国内市场效应（HME）。对收益递增产业有较大需求的区域将生产更大份额的产品。其他忽略不计的情况下，两区域的较大区域将会是收益递增产业的净出口者。（4）贸易导致集聚。在收益递增产业，贸易成本的降低有利于生产者和消费者的空间集中。（5）冲击敏感性。区位经济活动的暂时冲击会永久地改变集聚格局。本文根据新经济地理学和其他理论产业集聚生成的研究成果及经验研究，融合海德和梅尔（2003）提出的新经济地理学理论五个可检验的命题，我们提出产业集聚生成机理的五个理论命题，结合虎门服装产业集聚的发展概况和发展阶段，并利用虎门服装产业集聚进行检验。

命题1：初始条件和社会资本促成了产业集聚根植性条件。

由于毗邻香港，虎门公社的一个特色是"偷渡客"多。这些年轻人跑到香港，一没文化二没特长，一般会在两个行业落脚：服装与餐饮。他们学成的技术促成了回乡进行技术传播以及最初的熟练服装技术工人或者向企业家转变。此时，地理位置和历史因素同时起到作用。

这些偷渡客在香港渐渐立足之后，通过返乡探亲，以及家人去香港带回一些服装和日用品。因此，以亲缘为纽带的社会资本提供了重要条件。满足自需之后，拿到路边摆地摊。这就是虎门服装交易市场的雏形。这时，人类交易动机的市场因素发挥了主要作用。

随着更多的人通过深圳沙头角以及渔民通过海鲜交易带回的衣服等，从小额服装贸易起步，不断壮大。虎门公社因势利导，在太平专门划出一个市场供当地人交易。随后，虎门政府逐渐将服装销售进行市场规划和管理，支持并引导发展，从中领悟到"造市"的重要性以及推动地方经济的发展道路。自1996年，虎门政府开始举办中国（虎门）国际服装交易会，提升了虎门服装的知名度。这一系列事实看似是政府作用的结果，事实上，政府顺势而为的历史因素起到关键作用。

虎门服装生产起步于20世纪80年代，可以说是伴随着改革开放这一划时代的历史事件。1986年，外商在虎门办起了第一家织布厂，随后又有几位外商办起了来料加工的制衣厂这才渐渐有了虎门服装企业，一开始都是贴牌，直到90年代中期才开始有自主的品牌。80年代中后期，中国香港、台湾地区和东南亚服装加工产业转移为虎门服装产业的出现提供了历史机遇。历史选择了虎门，虎门选择了服装。因此，历史因素起到了重要作用。

此外，虎门有着特殊的地理优势，虎门地处穗、深、港、澳的交汇点，广深、广珠等高速公路横穿全境，水路进出便利，距铁路口岸和飞机场的车程都不超过一小时，具有得天独厚的地理优势。靠近香港这一东南亚服装名都，成为虎门相比内地许多地区捕捉国际服装潮流最有利的地理优势。因此，地理位置的初始优势在服装产业集聚生成过程起到了巨大的推动作用。

1997年下半年，出现亚洲金融风暴，虎门服装市场出现萧条景象，不少服装企业倒闭或经济效益下降，各大商场生意举步维艰。虎门镇政府敏锐地判断：东南亚国家和地区的服装厂在这场风暴中大量倒闭，市场出现真空，货物供应脱节，世界各地的经销商必然会寻找新的货源地，是千载难逢的无限商机。虎门镇政府投入大量广告费用，宣传虎门的服装优势和区位优势，并由政府花钱组织当地企业家到欧洲、美国和东南亚等地展示自己的品牌。这些策略看似普通，在当时颇具成效。危机之中，富民时装城非但没有倒下，还争取到了许多来自世界各地的经销商。不仅有大批东南亚的客户来富民采购，中欧、东欧、中东、南非、美国等地区的商人也纷至沓来。1999年，富民时装城营业额达到了20亿元。因此，历史机遇和正确的历史决策是虎门服装产业集聚的根植性条件。

总之，初始条件和社会资本促成虎门服装产业集聚生成，并且为它不断发展壮大提供了根植性条件。

命题2：企业家形成和企业家策动促发了产业集聚在空间的内生性和策动性条件。

在各种历史因素的累积下，促进了虎门服装产业企业家的逐渐形成。虎门偷渡到香港的年轻人，由于既没文化，也没特长，一般会在两个行业落脚：服装与餐饮。他们学成的技术促成了回乡进行技术传播以及最初的熟练服装技术工人或者向企业家转变。此外，"天桥市场"也成为培养虎门个体商户的第一个"育床"。虎门人对于服装的偏爱，以及虎门人与生俱来的那种勤劳和智慧，使得香港时装又成了供大家仿制的样本，促进服装在虎门扎根。此外，祖祖辈辈做着渔农耕织的虎门人，绝大部分早已洗脚上田从事工贸商旅业，因此也较早地进行了成为企业家的"试验"。由于虎门服装企业以民营为主，所以具有内在的创新动力和外在的创新压力。企业家的市场创新、组织制度创新和技术创新是虎门服装产业发展和产业集聚的基础活动，在较低模仿成本、较高收益预期和较明确发展路径的指引下，产生一大批企业家的模仿者和跟随者。这种示范效应和模仿效应是虎门服装产业集聚发展的催化剂。

富民服装服务公司总经理孙俊才，于1991年从部队转业后，回到虎门。他利用公司积累、政府拨款和预收店铺租金筹集到7000万元资金，于1993年建成"虎门富民商业大厦"。自此，打开了市场交易平台带动虎门服装产业集聚发展的快车道。在虎门服装交易市场不断完善过程中，当地许多洗脚上田的农民成为个体经营户，他们之中的许多人最后成为服装生产的企业家。此外，服交会不仅是一种产品展示，更是虎门的决策者和企业经营者通过这扇窗口与世界一流的企业进行信息、观念、管理等的交流和学习，培养和促进虎门企业家能力的提高和开阔视野。因此，由于孙俊才策动富民公司成立，带动了一大批服装贸易企业家的生成。

以纯[13]成立于1997年，总部位于虎门镇。以纯董事长郭东林，14岁上中学时候就开始利用暑假做小买卖赚钱。以纯的成功源于他从小就练就的生意经。创业初期，只有缝纫机20台及员工40名。2008年年底，已经发展成为一家集品牌经营、产品开发、规模生产于一体的服装品牌企业。至2008年年底，以纯已经拥有26家工厂，超过25000名员工及全国各地3000多家服装专卖店。以纯成立初期，以服装批发为主。2000年开始，以连锁经营模式迅速发展销售网络。

松鹰实业有限公司董事长王国宾[14]选择虎门作为创业的地点，来源于他的洞察力。1986年，他和完成服装专业学习的妻子邢书英在虎门沙角开始办车衣店，进行服装创业。1986年下半年，已经发展成为拥有20~30人的小加工厂，开始来料加工。到1993年，已经拥有120平方米的两层厂房，约有缝纫车位 60~70 台，员工 70~80 人。在来料加工阶段，王国宾表现出创业理性、高超的协调能力以及出色的管理能力。在 1986~1993 年间，松鹰主要是来料加工男装衬衫。1993 年，王国宾已经意识到品牌经营的重要性。1996 年，王国宾注册 "PINE&EAGLE（松鹰）" 品牌，成为松鹰发展的转折点。1998年，中国服装开始新一轮竞争，王国宾抓住机遇，迅速实行三大转型：产品由单一的休闲衬衫发展到休闲裤、休闲夹克、毛衫、T 恤、西服等领域；产品定位由低档向中高档发展；营销方式逐渐采用国际最先进的特许加盟模式。到1999 年下半年，松鹰已经开始批发经营，销售网络已经全面打开，全国共有代理商三十多家。这时，王国宾观察到在品牌领导时代，挂牌销售远远不能满足时代的 "品牌价值说"，服装产业界的品牌意识、认识价值、顾客忠诚度和强有力的品牌个性与关联度是市场竞争中必不可少的利器。因此，王国宾力推将批发客户变成特许经营加盟商户。1998~2002 年，松鹰已经成为中国南派服装中举足轻重的男装品牌。2002 年，松鹰成为东莞服装史上第一个省级著名商标。2003 年，松鹰又被公认为 "广东省名牌产品"。

广东东莞龙的传说服装有限公司董事长罗伟烈[15]于 1996 年创立 "灰鼠"（GrayMice）休闲服装品牌。罗伟烈认为自己早年的打工创业时期从事休闲服装销售工作对自己选择休闲服装产业起到决定作用。自 2001 年开始，"灰鼠"逐步实行从批发到做品牌加盟代理的转型。至 2003 年，"灰鼠" 专卖店已有600 多家，产品远销东南亚地区。

以郭东林、王国宾等为首的虎门服装产业企业家通过自身创业活动，带动服装配套企业生成和服装工人集聚，策动虎门服装产业集聚。由于虎门服装产业集聚发展过程中企业家的示范效应和学习效应，促进新企业家产生和新企业衍生以及创新扩散。总之，虎门早期的偷渡客回乡提供了服装技术工人和部分企业家，以及在服装交易、生产过程中锤炼的生产销售人员为虎门服装产业提供源源不断的企业家资源，为虎门服装产业集聚的生成提供了有利的内生性和策动性条件。

命题 3：地方化规模经济以及不断发展的产业上下游联系是产业集聚的动力条件。

虎门服装萌芽出现在 20 世纪 70 年代末，先后经历了 "摆地摊—进街巷—驻商场—建工厂" 的发展过程。虎门成功地承接香港及东南亚服装产业转移，80 年代中后期，一些外商在虎门办起了与服装相关的来料加工厂。在消化吸收的基础上，虎门镇政府因势利导重点发展服装业，有计划地引导扶持服装产业。此外，虎门企业有意识地引进服装产业链上下游的关联企业，培育完整的服装产业链条，又巨资打造服装专业交易市场。另外，1993 年，虎门镇政府加上群众集资建成了有 1000 多个铺位的富民商业大厦。自 1996 年，虎门政府开始举办中国（虎门）国际服装交易会，提升了虎门服装的知名度。服交会带动了会展业的发展和升级，以及城市建设和形象提升。

至 2008 年年底，虎门镇工商注册服装加工企业 2000 多家，虎门镇上规模制衣企业 1250 家，服装年生产量达到 2.5 亿件（套），具有很强的服装生产能力。目前，虎门服装已形成了完善的设计、生产、销售一体化的服装产业链网络，拥有织布、定型、漂染、拉链、绣花、纽扣、配件等服装产业配套企业147 家，形成了设计、生产、销售一体化的完善服装产业结构网络。用服装拉动相关配套产业发展，是虎门服装行业最大的优势之一（祝福东，2007）。虎门已经形成以生产女装为主、男装为辅，休闲装为主、正装为辅，老少兼具、时尚流行的产品集聚。上游的面料辅料市场以虎门国际布料市场为龙头，集聚了十大面辅料批发市场，经营面积达 20 万平方米，形成了 1 平方公里的面辅料销售集聚区。下游的销售市场以富民商业大厦、黄河时装城、连卡佛、百老汇为中心，包括 22 家上规模大型专业服装批发商场，商铺 1 万多家，经营面积达到 30 万平方米，主要集中在富民时装城周围 1 平方公里的商业集聚"中心区"范围内，形成了虎门服装市场集聚。同时，虎门服装企业在国内外设有专卖店、连锁店 15000 家，销售网络延伸海外 40 多个国家和地区。因此，虎门服装产业上下游链条完善是虎门服装产业快速发展的根基。虎门已经形成三大服装商圈，一是以富民、黄河、大莹为龙头的 1 平方公里的成熟服装商圈，二是以国际布料交易中心为龙头的博美区域 1 平方公里的服装面辅料配套商圈，三是以新的富民商务中心以及双子城这一块（也就是虎门高速公路下来到新富民这一段）将是虎门服装发展的新商圈。

由于虎门独特的区域经济特色优势，吸引了皮尔卡丹、巴黎世家、鳄鱼、苹果、老爷车、金利来、观奇、雅戈尔、罗蒙等国内外知名服装品牌抢滩虎门。它们在虎门开设专卖店或直接建立服装加工基地，促进虎门从服装生产基地转向服装品牌中心。

总之，虎门服装产业企业数量众多，产量大，生产能力强，具有很强的服装地方规模经济效应，为虎门服装产业集聚提供了动力条件。原材料、人才、设计和市场等日趋成熟，已成为著名的中国南派服装生产销售基地，形成了非常完整的服装产业链和产业体系，产业集聚布局成为鲜明的区域经济特色，促进服装产业集聚的不断壮大。

命题4：公共物品投入和专业化服务促成了产业外部规模经济是产业集聚的自增强条件。

首先，虎门镇利用集体企业提供管理、信息、宣传等准公共物品，为企业创造专业化服务。虎门富民服务公司是虎门镇政府属下的一家以开发、建设、经营市场为主的大型商贸企业，现在已经成为虎门服装的市场平台和"孵化器"。20世纪80年代初，富民从管理马路地摊市场起步，开始了自己的创业兼服务的历程。富民依靠虎门镇党委政府的大力支持，凭借天时地利人和，集合了一大批洗脚上田的农民，推出虎门最早的集贸市场，揭开了虎门市场建设的序幕。另外，富民服务公司早在1998年就成立了富民时装网，为企业提供服装行业信息，让富民属下的商户通过网上进行产品宣传和销售。同时，富民服务公司投巨资常年在媒体上做了大量广告。密集有效的宣传极大提高了富民品牌美誉度和消费者品牌忠诚度，消费群体不断壮大。此外，富民服务公司创建自己独特的企业文化，建立富民时装网、富民报纸《富民服装》等，传输富民市场信息，培育企业丰富内涵。

其次，虎门镇成立服装服饰行业协会，引导企业提升实力和获取广泛信息。1996年，虎门镇政府成立了全国第一个镇级服装服饰行业协会，吸纳会员250多家，实行"引导、协调、服务、管理"的八字方针，促进虎门服装生产运作与世界接轨。一是，邀请欧美国际服装理论家来虎门讲学交流；二是，提供各种平台和服务吸引著名的海内外服装设计师来虎门创业；三是，为服装生产企业提供国际市场信息，引导它们进入世界服装市场。从2000年9月开始，虎门服装协会每年组团到香港时装设计学院进行学习，并利用每年的服交会邀请世界时装设计大师为本地时装设计人员讲课。另外，虎门服装协会还经常组织本地服装厂商到国内外参观考察，如去北京、香港等地取经。自2001年，虎门镇政府组织虎门服装企业到CHIC（中国服装服饰博览会）参展，提升虎门服装品牌知名度，结识客商，寻找商机。同时，2000年10月，虎门镇政府邀请国内贸易科技质量管理中心组织专家进驻虎门富民时装城，对其下辖的富民时装城开展ISO9000质量认证的前期工作。

此外，虎门镇政府构建公共服务平台，推动企业创新，引导产学研结合及推动品牌建设。虎门镇政府于2006年成立服务服装产业的公共服务平台——虎门服装技术创新中心[16]。该中心的性质是服装行业的公共服务机构，它的办公楼面积达2000平方米，培训基地为2500平方米，内部设有服装展示厅、

信息化体验区、时装表演 T 台、服装图书馆、电子阅览室、产品订货厅、贸易
洽谈区、虎门服装设计师俱乐部和富民时装网等，发展信息咨询平台、设计生
产技术平台、人才培训交流平台、企业咨询管理平台和市场营销拓展平台。虎
门服装技术创新中心以虎门服装产业集聚为依托，围绕技术创新、品牌发展和
产业升级等企业关注的主题，有效地整合行业资源，在服装行业的信息咨询、
产品设计、人才培训、企业管理和市场营销等方面为企业提供公共技术服务，
为虎门服装产业的快速发展创造了良好的氛围。至 2008 年年底，富民时装网
注册会员已超过 13 万人，网站日均点击量 220 万次。

　　同时，建立虎门服装服饰行业协会、服装设计师协会、服装服饰行业协会
纺织面辅料分会等中介服务平台。与中国纺织信息中心合作，共同建设国家级
服装服饰公共服务平台，包括国家纺织面料馆虎门馆、检测中心、打样中心、
培训中心等。已成功举办 16 届中国（虎门）国际服装交易会，在业界享有较
高的知名度和影响力。

　　最后，虎门服装产业集聚带动运输、电子信息业、劳动力市场以及产业推
广产业生成和发展，不断推动服装产业外部规模经济扩大和完善。至 2004 年，
虎门已有配套完善的托运公司 30 多家，随时按照南来北往的客商要求，通过
海、陆、空不同渠道，把货物发运到全国及转运到世界各地，形成了庞大的运
输集聚。此外，虎门相继出现上百家广告企划、文化传播、网络公司，为品牌
经营和提升企业素质服务。虎门已经形成由虎门劳务大市场、虎门人才智力开
发中心、工会职业介绍所、达成职业介绍服务部、友联中介、虎门律师事务
所、会计师事务所等机构的服务中介组织集聚，为企业和专业人才及时提供用
人信息和维权服务，降低企业和人才的就业成本（庞彩霞，2004）[17]。与此同
时，虎门服装产业集聚发展的同时，带动了电子信息业、饮食、旅游业、娱
乐、交通运输业、中介服务和金融业的大发展。

　　总之，虎门服装创新中心集公共物品和服务的提供者、集体创新活动的组
织者和产业网络的构建者于一体。虎门服装产业集聚发展过程中出现的企业自
我技术创新能力不足和创新能力缺失，虎门服装技术创新中心可以弥补一定的
作用，更重要的是企业自身出于利润追求对创新的投入（如以纯）才是虎门
服装产业集聚发展的竞争力之源和长久之计。虎门服装产业集聚发展过程中获
得的公共物品投入和专业化服务强化了虎门服装产业集聚的竞争力，进一步引
致虎门服装产业集聚。

　　命题 5：政策支持和产业规划是产业集聚的触发性条件。

随着更多的人通过深圳沙头角以及渔民通过海鲜交易带回的衣服等，从小额服装贸易起步，不断壮大。这时，虎门公社因势利导，在太平专门划出一个市场供当地人交易。此时，政策支持起到了重要作用。随后，虎门政府逐渐将服装销售进行市场规划和管理，支持并引导发展，并从中领悟到"造市"的重要性以及推动地方经济的发展道路。1995年，镇委、镇政府明确提出"服装兴镇"的发展战略。自1996年，虎门政府开始举办中国（虎门）国际服装交易会，提升了虎门服装的知名度。至2008年，虎门国际服装交易会已经举行了十三届。世界各地的客商纷纷赶赴虎门服交会寻找市场机会，强大的交易功能和巨大的辐射效应正是虎门服交会长盛不衰的重要原因。因此，以虎门服装交易会为媒介的虎门服装产业规划使虎门获得了服装产业集聚的政策先行优势，触发服装产业市场集中和要素集中。

1997年下半年，对全球经济造成重大影响的亚洲金融风暴出现，虎门服装市场顿时萧条下来，不少服装企业倒闭或经济效益下降，各大商场几乎是在一夜之间潮退人去，生意举步维艰。东南亚国家和地区的服装厂在这场风暴中倒下了一片，市场出现真空，货物供应脱节。此时，虎门镇政府意识到世界各地的经销商必然会寻找新的货源地，是千载难逢的无限商机。虎门镇政府投入大量广告费用，宣传虎门的服装优势和区位优势，并由政府花钱组织当地企业家到欧洲、美国和东南亚等地展示自己的品牌。这些策略在当时颇具成效。危机之中，富民时装城非但没有倒下，还争取到了许多来自世界各地的经销商。不仅有大批东南亚的客户来富民采购，中欧、东欧、中东、南非、美国等地区的商人也纷至沓来。1999年，富民时装城营业额达到了20亿元。2001年，虎门镇政府审时度势，采取有效措施，提出虎门将实施新世纪"十个一"服装名城工程，适度引导，发挥政府的服务营销功能。政策扶持和政府推动是虎门镇政府远见卓识的表现，有效地推动服装产业集聚生成。

虎门服装产业集聚推动虎门经济加速前进时，虎门的决策者们已经领悟到未来城市竞争的内涵，不仅表现在经济总量上，而是更主要地体现在经济增长方式上。因此，虎门要优化经济增长方式，必须优化经济战略布局和重新整合配置资源，以服装产业为主导产业，向服装品牌化发展。此时，虎门镇政府高瞻远瞩，科学引导是虎门服装产业集聚生成的重要推动力。由此，虎门镇政府积极引导服装产业由重视量的扩张转向追求自身品牌效应的提高。从1996年，虎门镇政府开始实施"服装品牌工程"（宇翔，2004）[18]，引导企业争创品牌的同时，加快引进与培养人才的步伐。截至2008年年底，虎门镇服装生产企业在国内外注册商标有 5000 多个，虎门服装企业走出了一条"无牌—贴牌—创牌—名牌"的发展道路，并形成了由"区域知名品牌—广东名牌—国家名牌"三级梯队的品牌队伍，使虎门逐步成为服装区域品牌的集聚中心。目前，虎门镇拥有 30 多个服装品牌获省以上名牌名标称号。其中，获中国驰名商标 1 个，中国名牌产品 3 个，广东省著名商标 16 个，广东省名牌产品 11 个[19]。

虎门镇政府积极创造服装产业集聚的内部环境和外部环境，开发了服装交易市场，如富民、龙泉和新时代等，举办每年一届的服装交易会推介；此外，政府还支持开办服装学校，培养服装专业人才。虎门镇政府发展公共服务平台，引导服装企业走规范化、现代化经营管理，为企业创造了有效的支撑性平台。

虎门服装交易市场带动服装产业集聚生成，虎门服装交易市场的出现不仅有效地降低了产业集聚内企业生产销售的信息成本和交易成本，也大大减少了开拓新市场所需的巨大进入成本与沉淀成本。但是，由于集聚内企业信息技术的"外溢效应"和企业之间的模仿战略，影响着单个企业创新动力，导致产品同质化。因此，政府连同行业协会应协调企业经营和创新行为，促进保护创新的力度，降低企业进行技术创新的成本，激发企业进行产品差异化技术变革的动力。总之，虎门政府起到一个最为关键的因素，利用交易会推介进行制度创新，形成了新的产业组织。此外，它们通过一系列市场制度安排推进虎门服装产业不断升级，不断繁殖，逐渐集聚，它们在"破"与"立"的艰难选择中做出了正确选择。

第四节 内生缺陷与全球价值链治理困惑

虎门服装产业集聚的发展轨迹是专业交易市场推动——服装主导产业拉动整体经济——大型会展跨越式提升路径的标本式演绎。虎门形成了前店后厂、平民路线和女装特色的服装发展模式，并逐渐向丰富文化内涵、突出个性元素转向，扩展品牌影响力。区位优势和开明政府促进了虎门服装交易市场的形成，培育了本土企业家和服装工人。

然而，虎门服装产业集聚能够拥有国内外竞争优势的产业竞争力还有很长的路要走。产业竞争力是一个产业拥有对全球市场的控制结构而产生的竞争力，这包括本国产业的技术创新能力以及对全球技术创新能力管理与控制的能力；整个产业关键环节产品的研发与制造能力；以全球流通与全球制造整合能力为基础的全球供需链的管理能力；最后一点是全球品牌的建设能力。虎门服装产业集聚在这个四个方面仍然相对薄弱。这表现在产业的技术创新能力还比较缺乏，全球创新能力的管理与控制基本上还没有开始。区域内产学研创新资源的良性互动还没有真正发挥作用，缺乏重大基础技术创新的战略导向。产业关键环节产品的研发与制造能力不足，在产业链条上还没有实现研发设计与品牌等关键环节的控制。尤其是，应对全球市场竞争的方式仍然是缺乏品牌的加工贸易出口，服装生产基本上没有真正对接全球需求，这种供需链的介入方式对虎门服装产业技术创新是极为不利的，品牌的全球运动刚有萌芽。其实，跨国公司海外直接投资本质上是品牌推广，跨国公司利用其品牌优势和全球战略来决定企业区位形态。

宁俊（2004）指出："服装产业是以服装设计领衔，集服装加工、商业和贸易为一体的都市型产业。它是一个以服饰商贸为产业主体，以面料、辅料、服装加工等为产业支持；以饰件、化妆品、形象设计等为产业配套；以展览业、服装报刊及新闻传播、信息咨询等为产业媒介；以服装教育为产业人才资源基础的综合产业链。"同时，赵洪珊（2007）也提出：广义的服装产业是纺织复合体的概念。服装产业链涉及范围从原材料处理、纺织品生产和成衣制造，直到营销和零售其他相关产业。随着市场、产业调整与发展的重心转移，服装产业扩展为服装产业复合体的概念，上至纺织原料，下至零售，以及与之相关的部门。本章认为服装产业是原料供应、面料生产、服装设计、服装生产加工以及服装销售等相关链条。然而，产业链关键环节，如面料，面料生产和技术突破还尚需时日，已经成为制约虎门服装产业集聚发展的瓶颈之一。由于面料产业发展滞后，面料产业缺乏竞争优势必将制约服装产业的发展。面料作为服装业最重要的上游产业，其竞争优势如何是服装企业制胜的关键。周凌（2007）也指出：虎门1000多家制衣企业所使用的布料中，70%的面料是从外地采购的，高档面料几乎全部依赖进口。而虎门本地的面料产业的规模和层次远远不能满足快速成长的服装业的要求，成为制约集聚效应发挥的主要因素之一。

最后，我国地区自发市场发展的不充分及市场制度的缺乏，凸显出政府力量的强大。政府力量强大进行累积循环，导致政府力量强大的再循环。因此，也只有依赖明智政府才能促进产业集聚发挥更大作用。另外，我国地方产业集聚都或多或少具有政府主导的特点。

第五节 本章小结

怀特·黑德指出："对直接经验的解释是任何思想得以成立的唯一依据，而思想的起点是对这种经验的分析观察。"虎门服装产业集聚是先由服装交易（贸易）市场起步，发展横向经济联系，再向纵向产业链分工延伸，进而推动服装产业圈层扩展。虎门服装产业集聚首先发生于商贸领域，在虎门服装交易市场的带动下，资金、技术、劳动力等要素市场渐次发育，逐渐延伸到横向关联产业，如交通运输业、电信金融业、旅游餐饮业、房地产业和其他生产生活服务业。由于规模经济、范围经济和外部经济的共同作用，产业集聚促进服装产业链纵向延展，拉动了服装制造业的发展和区域品牌的提升。因此，虎门服装产业集聚的驱动力和潜在激励的经验研究[20]对于其他地方政府制定政策具有非常重要的借鉴作用。此外，交易市场驱动产业集聚在全球化市场背景下尤其具有推广意义和借鉴意义。

此外，由于我国区域经济发展不平衡，政府在地方产业集聚发挥作用是一个很值得探讨的论题。徐维祥（2001）指出："浙江'块状'经济健康发展和进一步提升离不开制度的创新和政府的因势利导。"然而，技术和市场是产业发展最重要的环节。值得注意的是，虎门服装产业集聚主要以民营企业为主，而它们是提升虎门服装产业集聚技术创新能力和竞争力的主要力量。朱恒鹏（2006）提出："小型企业更倾向于选择自主创新方式，而大型企业较倾向于实施引进创新或模仿创新。因此，为逐步提高国内企业的自主创新能力，扩大国内企业自主知识产权的拥有量，对小企业的扶持也非常重要。"然而，中小企业创新应该寻求向国外同类企业模仿创新，力争自主创新。显而易见的是，中小企业要走由外围创新，逐渐走向核心创新，最终引导整个产业集聚进行系统创新之路。此外，产业技术创新需要政府加强对知识产权的保护，建立严厉的惩罚机制。所以，政府要转变观念，提供民营中小企业以市场经济导向的更多适宜的扶助和政策引导是虎门服装产业集聚生成的另一重要启示。

注释：

[1] 本章的资料来源主要是：本文作者去虎门镇政府走访、企业调研以及虎门服装技术创新中心座谈等一手资料，以及虎门镇人民政府编：《美丽之路》、虎门镇副镇长潘继军在 2009 年 3 月 5 日在东莞虎门服装技术创新中心举行的 "东莞产业集聚交流会" 的讲话《虎门镇服装产业集聚情况汇报》、第十三届中国（虎门）国际服装交易会新闻资料汇编（2008.11.21）以及网络和报纸、期刊等二手资料。

[2] 参考邱云忠、张邦毛. 增创新优势，迈向新世纪——记虎门镇镇长钟淦泉［N］. 澳门申报，1999 – 10 – 01.

[3] 部分参考了虎门镇副镇长潘继军在 2009 年 3 月 5 日在东莞虎门服装技术创新中心举行的 "东莞产业集聚交流会" 的讲话《虎门镇服装产业集聚情况汇报》。

[4] 具体参见广东省经济贸易委员会文件（粤经贸创新质量〔2006〕615 号），http：//www. smegd. gov. cn/web/Article/zhengwu/tongzhi/200609/20060926093851. htm。

[5] 具体参考《关于同意建立国家火炬计划惠州仲恺激光头产业基地等 5 家国家火炬计划特色产业基地的复函（国科火字〔2007〕104 号）》，http：//www. chinatorch. gov. cn/notice/notice1/200708/5107. html。

[6] 上规模是指利税总额在人民币 500 万元及以上的企业。

[7] 同［2］。

[8] 人民币汇率按照 100 美元 = 683 元，参见 http：//www. heybrain. com/notheal/article/2128. html。

[9] 黄河时装城于 1999 年竣工。

[10] 同［2］。

[11] 部分参考了秦英福：虎门服装发展历史，具体参见 http：//www. fumin. com/info/readinfo. aspx？ newsid = 31472，也参考了剑歌：虎门服装发展简史，载于第十三届中国（虎门）国际服装交易会新闻资料汇编，2008 – 11 – 21。

[12] 参见宇翔：打造虎门亮丽名片——记虎门服装协会常务副会长兼秘书长谭志强，《中国商机快递》，2004 年 10 月 26 日，载于虎门镇人民政府编：《美丽之路》。

[13] 以纯企业资料来自笔者亲自在企业调研记录及获取资料整理而来。

[14] 具体参考袁环. 松鹰的爱情传奇——访 PINE&EAGLE（松鹰）实业有限公司董事长王国宾［N］. 服装时报，2003 – 12 – 12.

[15] 具体参考袁妙莲. 缔造中国的米老鼠——访广东东莞龙的传说服装有限公司董事长罗伟烈［N］. 服装时报，2003 – 11 – 14.

[16] 虎门服装技术创新中心通过两个方面推动技术创新，一方面举办服装行业创新技术成果展，为企业提供服装行业 RFID 电子标签技术，推广 RFID 的生产管理、仓储物流和智能试衣系统功能。此外，还通过展示服装纳米技术、香港理工大学服装面料性能测试

系统、香港纺织及成衣研发中心成果、盛世商朝电子商务，促使企业引进先进技术。另一方面，通过富民时装网发展电子商务。2008年，开通了网上商城系统，为富民时装城1548个商户建立了网上商店，推广网上贸易，大大节约了贸易成本，这也为电子商务在服装行业的全面实施打下了坚实基础。此外，虎门服装技术创新中心图书馆将图书馆经营权承包给图书供应商，由图书供应商经营图书馆。2008年，图书馆为虎门近500家企业，2000多名设计师提供最新的流行设计咨询服务。此外，虎门服装技术创新中心采取与虎门现有服装技术培训单位合作办学的方式为虎门服装企业培养最为实用的专业人才。2007年，开始与托朴合作办学，为虎门乃至珠三角地区培养了1000多名服装专业人才。最后，虎门服装技术创新中心推出一系列品牌发布会，为虎门服装企业品牌发展提供实效服务，促进批发商户的转型升级，推动服装企业的品牌化运营。2008年，虎门服装创新中心提出在富民服装商务中心22层、23层设立虎门服装产业创意设计孵化园项目。虎门服装技术创新中心结合自身优势，整合行业资源，推动企业发展，促进产业链不断向高附加值的两端延伸。此外，信息化推动虎门服装产业化，促进服装创新和品牌推动。

[17] 载于庞彩霞. 小镇虎门让人不能小瞧 [N]. 经济日报，2004 – 11 – 11.

[18] 具体参考宇翔. 打造虎门亮丽名片——记虎门服装协会常务副会长兼秘书长谭志强 [N]. 中国商机快递，2004 – 10 – 26.

[19] 同 [2]。

[20] 也可以结合陆立军、杨海军（2007）义乌模式的分析，它们可以帮助寻找地方产业集聚的发展模式。

第八章

产业圈层布局与区域差异化发展

20世纪90年代以前，由于我国实行不平衡的区域发展政策和改革在时间与空间的进展差异以及东部沿海地区区位和人文优势[1]，使东部沿海地区制造业确立了初步的优势；进入90年代以后，制造业优势被产业前向、后向联系效应的累积循环过程强化，最终确立东部沿海地区制造业产业集聚中心的支配性优势地位。由于产业集聚已经成为推动我国和区域经济发展的一股重要力量，它也是我国经济持续发展和提升区域竞争力的迫切需求。因此，产业集聚的理论魅力和现实挑战使得产业集聚的生成研究是一项富有意义的工作。

本地化规模经济的产业集聚不断发展，参与区域分工的城市规模逐渐扩大，产业集聚与城市及城市群的出现具有互动化的效果。葛立成（2004）指出："产业集聚是城市化的基础[2]。"张亚斌、黄吉林等（2006）提出：城市的出现内生于产业集聚活动，即伴随着企业生产区位选择，产业集聚活动在区域内形成的不同等级城市就构成"城市群"。此外，城市人口的迅猛增加和城市化速度的加快，使中国各地近年来涌现出一批都市圈或大都市区。较为典型的有长三角、珠三角、京津冀、山东半岛、武汉、长株潭、成渝、中原等都市圈（魏后凯，2007）。

本地产业集聚的发展要以市场范围的扩大为目标，必然面临区域竞争和区域协调问题。区域相互依存和相互竞争的空间均衡问题一直是区域经济和产业经济的重要研究领域。由于区域合理分工可以提高区域资源的空间配置效率，从而提升区域竞争力。此外，区域分工的发展与演进过程伴随着经济活动空间分布格局的变化和区域经济利益格局的变动，贯穿着激烈的区域竞争。因此，区域差异化与区域分工的形成与演进是区域经济增长与发展的重要源泉。从这个角度来看，以区位向量形成的本地化规模经济的产业集聚，可以获得特殊的竞争优势，能够增强我国产业和企业的国际竞争力。在此基础上，促成国内区域间产业链对接，国内产业价值链[3]与全球产业价值链高端对接。

区域经济同构、分割以及地方保护主义本质上是地区之间不进行分工的现象，地方政府在发展经济中的"对立自主"倾向必然导致市场分割或"非一体化"（陆铭、陈钊、严冀，2004）。本章主要研究的是基于产业集聚的各都市圈之间的冲突，各地竞相发展某一产业，形成对资源、市场和人才的激烈争夺，甚至造成生产能力严重过剩，由此必然导致区域之间恶性竞争、资源配置的非帕累托最优，以至于社会再生产循环系统的破坏，因而使区域经济关系偏离理想的区域均衡态。进而，我们提出产业集聚与区域经济发展的道路是产业圈层布局和区域差异化发展。产业圈层布局和区域差异化发展可以实现产业集聚的规模经济和发挥比较优势。

第一节 "屠能圈"与城市发展

屠能圈（Thunen Ring）是屠能（1826）的农业土地利用和租金模型的核心之一，它来自于他亲身土地上的耕作，不停地在自己土地上进行农业改造。通过超过10年的成本和收益的调查，他才满意自己的抽象模型，并且用收集的数据拟合他的模型。屠能（1826）讨论内生的集聚力决定城镇或者中央商务区的形成时，假定一个平原包含许多同样规模的小城镇，并且它们之间的距离等同。屠能不仅在最终产品市场区位是外生给定的情形下，讨论了围绕城镇的土地利用问题，而且内生的集聚力决定了城镇的形成。萨缪尔森（Samuelson，1983）称赞屠能[4]不仅创造了边际分析和管理经济学，而且根据现实经济变量构造了最早的一般均衡（General Equilibrium）模型。屠能（1826）的开创性研究开启了后世对区位理论和产业布局研究的理论空间。

屠能（1826）提出围绕城镇设址的农业生产土地利用和土地租金的联合决定模型，如图8-1所示。他假定，考虑到每一种农作物生产的不同种植条件，农作物的每英亩产量和它们的运输成本都不相同。他提出，如果农民和土地所有者不存在有规划的竞争，在每一个体追求自我利益的条件下，土地将如何配置？屠能（1826）表明农民之间的竞争将会导致土地租金的梯度变化，在城镇租金最高，依次降低，直到城镇边缘土地租金为零。因此，农民将面对土地租金和运输成本的平衡（Trade - off）。由于农作物之间的产量和运输成本不同，将会导致生产围绕城镇的同心圈格局。在均衡状态，土地租金梯度变化以至于农民能够根据市场需求调整耕作品种。屠能（1826）的分析表明自发地出现同心环格局。甚至，农民不知道其他人种植何种农作物，同心圈依然存在，以至于没人意识到它的存在。此外，它证明这种没规划的结果是社会最有效率的。因此，它也表明亚当·斯密（Adam Smith）"看不见的手"的最佳作用。

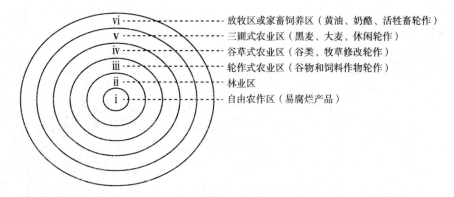

图 8 - 1 屠能圈

我们从图 8 - 1 可以看出，农作物生产根据地租和运输成本围绕中心城镇依次呈圈层分布。屠能不仅关注围绕城镇选址的农业生产问题，而且在他的后半生，还关注整个空间经济问题，包括在孤立国城镇的次序和分布。藤田昌久（2000）指出，"屠能的确是现代经济地理的奠基人，他不但研究了传统经济地理和区位理论，而且还涉足了现代城市理论和新经济地理学"。

然而，我们讨论产业在某一特定地区集聚[5]的原因，我们通常会回溯到马歇尔（1890，1920）的外部经济（External Economy），韦伯（Weber，1921）的工业区位论，胡佛（Hoover，1936）、克里斯泰勒（Christaller，1933）以及廖什（Losch，1940）的中心地理论。其实，屠能（1826）的思想也是克里斯泰勒（1933）以及廖什（1940）的中心地理论的前身，他的思想也影响着此后经济地理理论的发展。俄林（Ohlin，1993）提出要发展融合贸易理论和区位理论的一般区位理论。艾萨德（Isard，1956）立足于城市发展的大背景下，提出要建立一般区位理论。藤田昌久（2000）[6]认为克鲁格曼（1991）是屠能单中心空间经济和集聚思想的联合体。其实，理论学家在讨论集聚经济时，都已经假定城市的存在。因为在他们观察到的现实世界，城市已经存在，所以他们将它设为既定条件。因此，产业围绕城市集聚分布是屠能（1826）思想的延续，城市发展也不断证实屠能（1826）思想的正确性。

值得注意的是，屠能（1826）的理论一直没能引起经济学家的注意，并且长达一个多世纪。艾萨德（Isard，1956）指出，对于这个历史不幸，可能部分地由所谓的 Anglo-Saxon 偏见反对空间分析来解释。在屠能时代及在他之后很长一段时期，主要是农业经济，因此大家很少关注城市。屠能（1826）的空间经济理论来源于农业社会背景，最终得到赏识和盛行是在 20 世纪 60 年代改进的城市空间模型。到 20 世纪中期，在许多国家出现城市人口大爆炸。由此导致的城市问题的增加急切需要全面理解现代城市理论。因此，屠能（1826）的理论慢慢引起经济学家和地理学家的重视。阿隆索（Alonso，1964）将屠能的孤立国农业土地利用模型引入城市，重新解释城市内部的土地利用和地价。他用通勤上班的工人（Commuters）替代农民，中央商务区代替城镇，在城市背景下，一般化屠能（1826）的中心概念：投标租金曲线（Bid Rent Curve）。尽管阿隆索（Alonso，1964）从住宅土地利用和价格问题来分析城市的内部结构，但是它也为我们分析城市集聚经济打开了一扇门。藤田昌久（2000）指出单中心城市模型为现代城市经济提供了理论基础。自那以后，城市经济学快速发展起来，在 70 年代早期，新城市经济学（New Urban Economics）发展达到顶峰。

应用屠能的区位理论研究实际问题，总体来说，大致可以分为三个空间研究层次，即以农户或农村聚落为中心的空间水平的屠能环和以市场为中心的空间水平的屠能环，以及以整个国家或大的地域为中心的空间水平的屠能环（高进田，2007）。屠能（1826）围绕城镇的土地利用模型，以及阿隆索（1964）改进的围绕中央商务区（CBD）的大都市区土地利用模型，它们都简单地假定城镇或中央商务区的存在。但是，城镇（或中央商务区）如何出现以及在何处出现，并且导致的整个经济体空间结构是什么，屠能无法提供解释。问题的焦点是最终产品的市场区位是外生给定还是内生给出。我们可以用空间的"第一性质[7]"（First Nature）形成的区位差异来解释最终产品市场区位的外生给定。当然，最满意的和最成功解释是 20 世纪 80 年代后期逐渐进入主流经济学的新经济地理学。新经济地理学回答了一个重要问题，内生的集聚力（Agglomeration Force）决定了城镇或者中央商务区的形成。

第二节　产业集聚视角下的产业圈层布局

屠能圈提供了农业生产围绕城镇按照地租和运输成本圈层布局的视角，本质上是需求导向的结果，而不同产业围绕城市群圈层布局是可以从经济空间布局中观察到的现象，也是企业精致选择的结果。由于城市群涵盖了大量人口，构成了一个庞大消费市场的区域系统，吸引着产业围绕城市群设址。城市群是以中心城市为核心，将若干个城市和小城镇相对集中布局，各城市之间通过各方面功能的联系、资源的有效整合以及利益协调形成的一个有机整体。在城市圈内客观上存在着大中城市和小城镇的城市等级（安虎森，2005），他们不仅在功能上互补，各自具有产业特色，且在人口转移上也是互补的、相互促进的。因此要实施以大城市为重点、中等城市为辅助、小城镇为补充的多层次的城市化发展模式。

区域内分工或称之区域内地理分工是社会分工在地理空间上的表现形式。区域分工不仅从属于企业内部分工（如跨国公司），而且更现实意义上要服从于市场需求，围绕人口集中、市场集中的城市群圈层布局，如图8-2所示。由区域生产要素和历史条件决定的行为主体相互作用出现的区域专业化集聚生产，是不以人的意志为转移的生产力"趋优分布"规律起作用的结果。区域专业化的发展将带动区域系统内其他生产部门的综合发展，并形成主导产业、辅助产业和基础产业相协调的区域产业集聚结构。

我们从图8-2可以看出，围绕城市群形成产业集聚圈，产业集聚圈以产业专业化分工为基础。产业围绕城市群圈层集聚布局可以服务以城市群为目标的消费市场，又可以节省运输成本，在本地市场规模经济的推动下，达到国内市场效应，向国内其他城市群甚至国外扩大消费市场。

产业围绕城市群圈层布局可以具体到产业链条纵向布局。这里，产业链是产业特定空间集聚布局形成的基于某个产业一定技术关联关系的产业链条式形态。一个产品可以分解为不同的零部件，或者按照生产过程分解为不同的工序和模块，从总装或者集成的角度来看，它是一个完整的最终产品；但从参与分工的各个企业来看，其所承担或完成的工序、模块或者零部件，也可以看成是

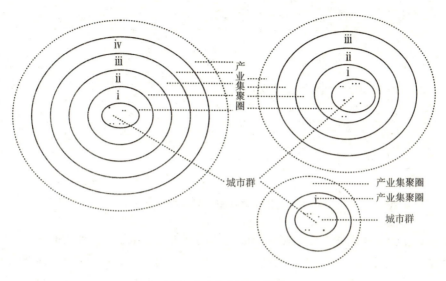

图 8 - 2　产业圈层布局

一个产品。显然，随着经济社会的发展和技术创新的不断进步，产品种类将会越分越细，产品细分化将不可避免。从产业链分工来看，一个产业价值链可以垂直分解为不同环节，即从总部策划、R&D、产品设计、原料采购、零部件生产、装配、成品储运、市场营销到售后服务，并且每一个环节都可以在不同的空间进行。当这种分工从生产环节延伸到技术开发、销售环节，其分工范围突破产业边界，延伸到其他制造业甚至第三产业领域，从而不断进行产业融合。随着经济全球化和区域一体化的加快，长三角、珠三角和京津冀等地区已经或即将出现按产业链的不同环节、工序甚至模块进行分工的新态势。在这些大都市区内，大都市中心区着重发展公司总部、研发、设计、培训以及营销、批发零售、商标广告管理、技术服务等环节，由此形成两头粗、中间细的"哑铃型"结构；大都市郊区（工业园区）和其他大中城市侧重发展高技术产业和先进制造业，逐渐形成"菱形"结构，其他城市和小城镇集中在一般制造、零部件加工慢慢发展成为中间粗、两头细的"棒型"结构（魏后凯，2007），如图 8 - 3 所示。

区域竞争表现为产品—市场为基础的区域发展素质和资源的竞争。藤田昌久和蒂斯（1986）引入住户的土地消费和应对企业区位决策住户的再选址进入标准的空间竞争模型，研究在土地市场影响下的空间竞争。住户的空间分布成为内生的，并且在住户竞争土地使用的基础上引入土地市场。由于住户需要

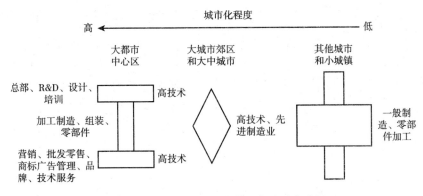

图 8 - 3　都市群产业集聚圈层布局垂直分解

支付土地租金和消费企业产出，因此住户的需求内生地依赖于支付租金后的剩余收入。他们也试图提出保持空间竞争过程来解释作为中心城市的区位和数目。因此，藤田昌久和蒂斯（1986）是在区位空间一定的情况下，住户竞争的过程。从这个研究视角，区域竞争是在市场空间一定的情况下，区域竞争消费者、资源以及社会发展动力的竞争。魏后凯（2007）指出："目前中国的区域竞争主要表现为各都市圈之间的整体竞争，而不是过去的那种单个城市之间的竞争。"伴随着竞争的不断加剧，目前大都市区内的各种冲突也日益显现。这里所指的冲突，是指在大都市区内，一方的决策和行动已经或者将要对另一方产生消极影响。这种冲突主要包括经济冲突、社会冲突和环境冲突三种类型（魏后凯，2007）。区域冲突也并非只有在竞争条件下才会产生。无论是在竞争还是在合作中，都有可能会发生区域冲突。从竞争与合作的角度看，也可以把区域冲突分为四种类型，即竞争性冲突、合作性冲突、竞合性冲突和非竞合冲突。这里，竞争性冲突或者合作性冲突是指各区域在相互竞争或者合作的过程中出现的冲突；竞合性冲突是指在区域间既有竞争又有合作的情况下发生的冲突；而非竞合性冲突则是区域间在缺乏竞争和合作关系的条件下发生的冲突。在这些情况下，虽然两个地区并没有发生竞争和合作关系，但仍有可能会出现冲突，尤其是环境和社会冲突（魏后凯，2007）。因而，区域之间冲突是不可避免的，发展区域竞合关系是次优选择和现实选择。袁志刚（2007）[8]指出，"产业集聚是缘于非农产业的规模报酬递增地方化，如果缓解地区差距必须着眼于改变现有的产业集聚，而很可能会损害已有的空间效率。他也提出解决区域差距的出路，要将目前中西部地区的多数人口迁移到东部地区，形成三个世界特大型都市圈，充分发挥、挖掘东部地区已有的集聚效应"。总之，地方政府干预区域经济发展主要是为了促进区域自身经济发展与人民生活水平的提高，中央政府需要从全国整体发展的全局角度来考虑其对各个区域的影响，引导和制定可行政策处理好区域之间的经济社会自然关系。

第三节 社会再生产链条下的区域差异化发展

近年来，随着产业地方集中、区域竞争以及经济全球化的快速推进，无论是国际分工还是国内分工都发生了较大的变化，逐渐由传统分工方式向新型分工方式转变。从分工发展过程来看，国内区域产业分工的演变大体经历了三个阶段：第一个阶段为产业间分工，它是指不同区域发展不同的产业，进行专业化生产，它是经济发展早期阶段产业分工方式。第二个阶段是产业内分工，就是不同区域都在发展同一个产业，但其产品种类是不一样的，它是产品专业化。第三个阶段是产业价值链分工。虽然很多地区都在生产同一产品，但是各个区域按照产业价值链的不同环节、工序甚至模块进行专业化分工。新型产业分工是对 20 世纪 60 年代以来国际分工中出现的新现象和新趋势的理论概括，是相对应于传统产业分工的概念，新型分工主要包括产业内分工和产业价值链分工。吴金明、张磐等（2005）指出："从更高层次上说，现代区域或企业的竞争已经演绎为区域或企业所加入的产业链之间的竞争。"

然而，在城市群之间的经济冲突一直较为突出的是各地均竞相发展同一产业甚至同一产品而出现产业结构雷同、各地工业园区纷纷上马和各种重复投资问题。这种情况在珠三角、长三角、京津冀等地区均较为常见，各城市甚至各工业区在招商引资、产业发展等方面降低投资门槛（如环保政策）展开激烈的竞争，甚至互相挖墙脚。从某种程度上讲，如果区域产业结构高度化[9]呈现趋同可以看作是良性的区域产业竞争和冲突的结果，但是如果区域产业结构重现低水平的重复，必然造成资源浪费，污染加剧、恶性竞争消费市场，断裂国内区域间产业链之间分工，以及无法与国外产业链高端对接。

显而易见的是，生产的发展和竞争的需要引发了分工，分工促进了现代社会生产力的发展。由于产业价值链的不同环节具有不同的区位特征，即研究开发阶段和销售服务较集中在大城市中心，大量生产阶段在大城市周边地区的分散区位。森雪等人（Mori、Nishikimi and Smith，2002）指出：在给定产业最优设址的情况下，都市区数目和规模存在稳定的关系，产业设址行为具有很小的自由度，因此，大都市区城市之间的等级原则决定了产业分布格局，这样小城市吸引较低等级产业才有助于推动区域经济发展。此外，区域专业化生产要以区域外的要素、商品和服务交换为目的，为了促进适度竞争和区域差异化发展，区域间必然需要进行各种生产要素的流动以及产业分工和协作。陈秀山、张可云（2003）指出，"分工表现为各种社会劳动的划分及专门化。分工既包括部门间、企业间和企业内部分工，也包括把一定生产部门固定在一定地区的地域分工，即区域分工。"市场经济发展越成熟，需求导向的机制发挥作用就越充分。因此，区域要形成有竞争力的区位经济，需要促进区域内产业价值链分工。同时，必须进行区域协调、优势互补，适度发展区域间产业内分工和推动各区域有竞争优势的产业间分工。李廉水、周彩虹（2007）指出：从世界范围来看，无论是国家与国家之间，还是同一国家的不同地区之间，都在开展着不同规模和层次的区域分工与合作。很显然，本区域圈层必须立足于本圈层的区位比较优势，进一步以国内其他区域圈层和国内市场为主要目标，发展国际市场为导向，扩大本区域圈层产业的辐射力。此外，各区域发展本地化规模经济的产业，避免产业同质化、恶性竞争。从而保障了各区域产业的竞争优势和资源有效率的配置，发挥各地区的比较优势。蔡昉、王德文和王美艳（2002）指出：企业按照本地的比较优势进行产业选择、技术选择的结果，就会形成不同地区的产业结构特点，构成国家整体的区域分工格局。此外，区域专业化有利于新知识的发现和传播，促进区域竞争力的提高。梁琦（2004a）指出："创新发明是大城市的现象，重大的创新发明一般都出现在大城市而不是小地方；大多数创新发明都发生在城市而不是城市之外的地方，而城市本身就是集聚的结果。"

由图8-4可知，围绕城市群 i 圈层布局的本地化产业集聚 A，由于规模经济和"国内市场"扩大效应，产品供应范围逐渐覆盖城市群 ii。随着进一步发展，又覆盖城市群iii。最后，产品供应覆盖国外城市群。

因此，围绕城市群的产业圈层结构实现了内部城市精细合理化的专业分工，使区域内各地区的区位优势重新组合和有效组织，发挥了各城市在区域圈层中的区位比较优势。同时，不同区域圈层之间选择各自比较优势的产业，降低了区域间产业结构"同化"的危机，加强和国内不同区域圈层经济结构的分工和协作。此外，各区域选择自身本地化规模经济的产业，不断促进产业上下游的配套性，科学分工产业链的各个环节，从而使企业能较大幅度地降低生

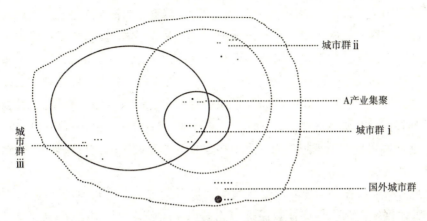

城市群 ii

A产业集聚

城市群 i

城市群 iii

国外城市群

图 8-4　产业集聚市场拓展示意

产成本和经营风险，使产业集聚规模经济和产业竞争优势交互增强。此外，各区域要能够发展有品牌企业支撑，进而形成产业区域品牌，不断提高对产业链的控制能力，差异化发展各自具有竞争优势的产业。吴金明、张磐等（2005）指出："当今世界，国家与国家、地区与地区之间的竞争主要表现为'龙头'企业之间的竞争、产业链（亦即产业的配套性，包含配套能力、配套水平质量等）之间的竞争、对产业链控制能力（控制产业高端或关键环节、控制关键资源、控制关键技术）的竞争以及新产业区之间的竞争。"

　　总之，区域分工不仅仅是单纯的经济现象，而且是一定社会经济制度在生产领域的集中反映，需要政府制度创新和区域合作。区域分工的深度和广度促进了生产制度的创新，推动了交易制度完善与规范，由此带来收益递增和社会变革，构成了区域长期经济增长的源泉。

第四节　本章小结

　　产业圈层布局和区域差异化发展可以实现产业集聚的规模经济和发挥比较优势。为了促进经济增长和经济效率，需要国家间和地区间制度协调和制度环境一致化。因此，政策推动就成为区域经济一体化[10]和区域经济差异化协调发展过程中的一个基本策略。

　　中央政府的作用强度应根据区域之间的经济、社会和环境特点而有所不同，其作用主要有：（1）将重要的利益相关者组织起来参与区域发展规划过程，发挥领导与促进作用，明确区域差异化发展的战略导向。（2）促进和支持区域合作，支持自下而上制订区域发展战略的方法，综合考虑社会、环境与经济问题，加强地区协调与合作。科学引导不同区域、各省市以区域核心城市或者省会城市为中心，其他不同等级城市为节点，培育区域内圈层经济结构。（3）通过财政投资为区域、企业和个人改善基础实施，促进经济可持续发展。（4）在明确可信的未来规划与一系列国家目标的基础上，保持政策的连续性、前瞻性和发展性。

地方政府的作用主要有：（1）地方政府要营造一个财政稳定的经济环境，选择好本区域内的主导产业，促进产业集聚和区域产业价值链完善；（2）地方政府以区域内主导产业为主建立竞争优势，促进区域市场发育，繁荣区域经济，改善所有产业与地区的总体经济环境。促进实现圈层结构内城市之间合理清晰的产业定位和专业化分工，整合区域内资源，形成区域圈层经济比较优势。（3）地方政府制定良好的地方教育政策，人力资源开发政策应与经济发展相一致，相互补充。城市圈内的大中城市普通高校教育、职业教育及成人教育资源丰富，办学条件较好，应责无旁贷地开展城市圈对接教育、培训。同时，要注意对城市圈的教学资源进行整合，以提高综合教学效率。要尽可能多地开展"订单式"、"定向式"培训，以满足产业配套劳动力的要求。

然而，政府作用还不仅仅如此，推动和提高区域制度供给才是长远之计。制度是一个涵盖范围很广的范畴，不仅包括体制、政策和法规，而且还包括道德、伦理、观念和习惯等。由于区域道德、伦理和观念的差异，区域经济行为主体的制度创新能力也不同。经济增长是自然资源、劳动力、技术、资本和制度等多种要素相互作用的结果。由于要素配置效率决定着经济增长速度，而经济制度又影响资源配置效率，进而影响经济增长。区域经济政策属于制度范畴。因此，政府通过制度安排，改变各区域的要素供给，进而改变区域之间的要素配置和经济发展速度。

注释：

[1] 侨胞和语言优势等。

[2] 从产业集聚的视角，这句话有一定的合理成分。但是，从生产力发展的视角，城市的出现是由于社会生产力的发展。剩余产品的出现使得固定交换商品的场所成为必需。

此外，社会分工使得一些职业固定到一定城镇以及国家管理职能的实施促使某些城镇成为行政管理中心。

［3］产业价值链是产业链的一种表现形式。

［4］屠能出生于 1783 年，于 1850 年逝世。

［5］一般地，人口和产业集聚在某一城市或者城市群。

［6］这是在国际 Thunen 大会 2000（纪念 Thunen 去世 150 周年）的一个讲座。

［7］如有差异的土壤条件，或者存在可通航的河流和天然港口。

［8］详见《序》，载范剑勇．产业集聚与中国地区差距研究［M］．上海：格致出版社：上海人民出版社，2008.

［9］在这里，产业结构主要指工业结构或者更小的制造业结构。工业结构高度化是指随着经济发展，工业内部结构变化的过程表现为由附加值低的结构向附加值较高的结构转换的趋势，参见林丽琼．投资经济学［M］．中国财政经济出版社，1999.

［10］区域一体化，如欧盟（Rosamond，2000；Addison and Siebert，1997），如东盟（Yeund，1999）和北美自由贸易区（Clement，del Castillo Vera，Gerder，Kerr，MacFadyen，Shedd et al. ，1999）。

第九章

区域经济发展与政策转向

第一节　全球政治经济演变与
制造业的升级策略

一、"转型升级之问"与去工业化窘境

中国各级政府都将"去工业化"[1]设定为优先政策目标，来推动产业结构调整，以图顺利实现经济转型升级。然而，国际上出现两种不容忽视的趋向：一是，学界对早熟工业化经济后果的探讨；去工业化一般是指 GDP 中制造业产出份额和全部就业中制造业就业量的逐步减少（Rowthorn and Ramaswamy，1999；Kang and Lee，2011）。一国去工业化的内在后果是经济增长率减速（Cruz，2015）。然而，更值得注意的是，出现早熟工业化的国家人均收入却低于历史上发达国家的同期水平（Rowthorn and Ramaswamy，1999；Dasgupta and Singh，2006）。此外，许多学者分析拉美国家外向增长战略成功后经济停滞原因时，纷纷指向早熟工业化，尤其是墨西哥（Blecker，2009；Kehoe and Meza，2011）。二是，主要经合组织国家（OECD，如美国、德国、日本、英国等）制造业复兴的产业政策。2008 年金融危机后，产业政策被认为是一国支撑经济增长和增加就业的新方式。主要 OECD 国家特别关注制造业减少，也重新审视全球化背景下政府推动特定行业、技术和产业活动发展的重要作用。这些国

家采取称为"新产业政策"战略，注重制造业的系统特性，来重获国际竞争力。因此，弄清这两种趋向背后的逻辑关系，将更好理解产业结构调整与区域经济转型升级的区别，也更加明晰如何构建可能的路径经由产业结构调整来实现区域经济转型发展。

在卡尔多框架下（Kaldor，1989），制造业部门是经济增长的发动机，带动整个经济发展和推动积极的结构变化。去工业化被认为是发达国家长期低增长的主要内在原因。如果发生早熟的去工业化，将会削弱制造业的引擎作用，也会导致整个生产增长率下降（Cruz，2015）。进而，会减少投资，带来工资停滞，削弱需求增长。因此，也将降低社会创造就业的能力，从而导致增加失业或者潜在失业。最后，经济发展将被延迟，这将会耗费更长的时间来达到成熟产业体系和出口资本品阶段，也即具有较少的劳动力剩余和更高的生产率水平。总之，早熟的去工业化会导致累积循环的负反馈，不充分增长—低投资—低生产率—高失业率，导致经济转型升级失败。鉴此，道路选择和制度变革对获取制造业优势具有决定意义。自 2008 年金融危机以来，主要经合组织国家（OECD），如美国、德国、日本、英国等都重视就业和增长的新源泉，尤其是制造业，都开始察觉到本地制造业所面临的挑战和产业增长的机会。进而，政策制定者开始重估产业相关的政策，正视全球制造业的演变特征：OECD 国家制造业份额日渐衰减、新兴经济体竞争力日益增强、资源节约型制造业需求日益增加、全球制造业价值链的复杂性和重要性日趋膨胀、技术变化日益加速等。因此，理清全球政治经济关系演变，探明主要 OECD 国家产业政策的战略意图，厘定政府合适的作用及政策准则，将有助于更好实施"中国制造2025"。

二、全球政治经济演变与政策准则

全球制造业展现出日渐增加的碎片化和复杂性。产品生产呈现日益增加的阶段化创制，包括原料提取、零部件生产、组装、定制，都可以在不同地区和国家进行。同时，每一生产阶段又融合了多种制造企业与非制造企业的多层次相互作用。因此，最近 20 年来中间品贸易日趋增长，用于价值链下一阶段的再循环。如果用不变价格测算，在过去 80 年间世界中间品进口已出现 10 倍的增长（Kawakami and Sturgeon，2010）。也有学者指出，中间品贸易已经占据世界贸易额的一半以上（Miroudot et al.，2009）。由于全球制造业生产与需求的"重力中心"已经从发达国家转到新兴经济体，特别是移向亚洲，这导致重塑全球产业格局——生产的区位、控制和所有权的再配置（Gereffi et al.，2005）。于是，发展中国家占世界制造业出口的份额从1992年的20.4%上升到2000年的29.4%，到2009年已经达到39%（UNIDO，2011），同时伴随的是中高技术产品份额的不断提升（UNIDO，2013）。2010年，发展中经济体首次吸收了接近一半的全球FDI，同时按购买力平价计算，非经合组织国家生产世界GDP的一半（OECD，2013）。这些变动结果表明：生产的重置，以及更重要的相关活动，如R&D，与专业服务的迁移。根据测算，所有电子行业R&D的90%在亚洲完成（Ezell and Atkinson，2011）。

尽管制造业需求蓬勃增长，但也出现了一些新的焦点问题：市场拉力因素，如个性化产品和全球新兴中产阶级的需要日益剧增，催生新的市场需求；新兴技术推力因素，如制造业时限的快速减少、纳米技术、生物技术、新材料与新生产技术的进步，重新界定了竞争能力；不断涌现的商业模式和组织趋向，如蓬勃发展的产品—服务系统、虚拟全球生产网络、智能化生产、物联网等，将改变价值链结构与企业—消费者交互方式；自然资源、清洁水的减少，逆向气候变化，说明需要提升资源使用效率（UNIDO，2011）。这些来自市场、技术和商业模型的新趋向将会重塑全球未来制造业。同时，这些变化将重塑国家竞争优势的来源，并对企业与国家提出新的挑战与机遇。面对全新的制造业全球化图景，由于不同的产业结构和与之相关的社会、政治与文化环境所形成的网络化特征（见表9-1），国家间将出现分岔（Coe et al.，2008）。

表9-1　　　　　　　主要 OECD 国家生产网络特征与运行机制

国家	网络特征	运行机制
日本	科层生产网络	主导企业协调受控的供应商企业
德国	关系型生产网络	由网络参与者的社会关系进行治理，看重信任与声望
美国	模块化生产网络	"交钥匙"

在过去两个世纪，工业化国家已经采用了广泛的介入政策，旨在实现国家制造业系统的结构重组。与之相关的是，合适的政府作用和政策准则。"二战"后，许多国家采用产业政策作为国家指令性规划工具，如进口替代—出口推动、幼稚产业保护—战略性行业的国有企业。理论界将之称为"挑选胜

者"方法。基于存在大量的市场失败，特别是发展中国家，政府必须干预国家结构重组。而 20 世纪后期，出现了突出的结构协调问题，逐渐发现政府失败比市场失败更严重。因此，产业政策在许多国家慢慢失势。但是，日本、中国台湾、韩国、新加坡和中国香港采用政府干预（包括产业、贸易和技术政策），获得了成功。认为政府干预产业发展合理主要有两个逻辑依据：市场失败和结构协调（Lin，2012；Andreoni and Scazzieri，2014）。近年来，古典产业政策的理论基础进一步丰富，并重构创新系统框架，提供技术—创新演化关系的新视角。弗里曼（Freeman，1987）、伦德维尔（Lundvall，1992）和尼尔森（Nelson，1993）首次重视基础设施与制度问题，技术锁定、路径依赖与转型失败，联系与网络配置失败，企业、本地网络与系统交互的学习演化（Melerba，2002；Andreoni，2013）。这些问题逐渐被认识到"系统或网络失败"（Dodgson et al.，2011；Wade，2012），这使得要超越企业、行业和宏观经济来融入更广阔的产业系统演化背景下来寻求对策。

现代产业政策是在特定国家背景下制定寻求最具有价值捕获潜力的产业活动而展开激烈竞争。一般地，国家背景特征包含：制度、行业构成、制造业体系配置、技术结构和资源禀赋。因此，弄清国家制造业系统中可利用的要素投入的性质和作用特别重要。此外，制造业价值链和生产技术的相互依赖性不断增强，基于传统产业或者技术分类的分析将不能全面解析国家制造业活动的竞争性。最后，国家制造系统涵盖复杂的网络：广泛的部件、材料、生产系统及次生产系统、生产者服务以及产品相关的服务系统。所有这些都需要整合于国家创新系统和全球价值链。因此，许多国家纷纷开始探究增强特定部门、技术或者产业活动中某些领域的战略方法。

三、欧美再工业化与新产业政策

（一）去工业化的生成机制

历史上，发达国家去工业化，或者说出现工业化进程的拐点，主要标志是制造行业的萎缩，导致经济增长率和就业率下降。根据发达国家经验估计，一国出现去工业化（或转折点）为人均收入达到 12000 美元（1991 年购买力平价）（Rowthorn and Ramaswamy，1999；Rowthorn and Coutts，2004）。收入和价格是解释一国需求格局演变的主要变量。一国国内制造业与服务业的需求收入弹性是伴随工业化而出现变化的，即收入不断提高，而制造业产品价格不断下降。加速去工业化也有外部原因：服务业占优势、为获取国际贸易竞争力，推动制造业稳步向上升级。达到去工业化所需要的收入水平，意味着经济体进入工业化发展的最后阶段，成为不断发展的资本品净出口国。同时，服务行业已充分发展能提供足够复杂的生产性服务，并吸收新工人和其他部门的转移工人。在这个阶段，服务业被认为是制造业功能的"补充物"，行使雇用工人和经济增长的引擎。然而，这种循环不能无限地保持较快速度。在某一点，制造行业将开始萎缩，标志着工业化进程转折点的出现，换句话说要开始去工业化。值得重视的是，世界政治经济格局演变下，欧美产业政策变化揭示：去工业化和再工业化可以往复与重启，来推动产业结构和产业升级的循环提升。

（二）"再工业化"的现实逻辑

制造业是一国实体经济繁荣和推动技术创新的重要物质技术基础。主要OECD国家的再工业化是一种现实的考量，力图加快传统产业改造和科技进步，推进实体经济复苏，防止制造业萎缩而失去世界创新领导者地位。（1）发展制造业提升生产率，增加产出和就业。制造业是经济增长的引擎，拉动其他经济部门发展（即卡尔多增长定律）。制造业劳动生产率增长与制造业产出增长高度正相关，这特别与规模递增收益有关。制造业部门的演化发展带来经济增长，制造业增长提升了生产率增长，同时全部就业量随着制造业产出稳步增长。制造业的特殊作用是规模经济或者递增收益，也就意味着：制造业生产率将会提升得更快，经由前向—后向联系，递增的制造业生产率将会使整个经济受益。（2）发展制造业激发技术革新，桥联生产和创新过程。制造业部门产生生产率溢出，带来新投入、转移新知识和技术、提供更廉价的投入价格（如原材料和机械）。制造业递增收益的潜在来源有干中学、劳动力专业化、引发和吸纳（国内外的）创新与技术。（3）发展制造业推动经济结构转型升级。首先，整个经济体也会受益于递增需求，尤其是来自制造业部门的工人，他们往往得到更高收入。制造业生产率递增对一国短期与长期经济增长和发展（或结构转型）非常重要。事实上，制造业生产率递增不仅拉动劳动力移向制造部门，同时也不会带来其他部门产出损失，而且也支撑复杂产品和劳务生产，这是成熟经济体的重要特征。同时，制造业生产率递增带来制造品价格下降，进而导致其他产品价格下降。制造行业是典型的资本密集型，空间集中的制造业比空间分散的农业更容易实现资本积累。制造业部门提供特殊机会来实现资本积累，在前向—后向联系效应作用下，任何资本积累将会导致行业自身增加需求，也会引致增加其他生产部门的需求。确切地说，增强的资本积累可以看做是任一发展中经济体的起飞。其次，制造业需要生产性服务业的支撑，现代服务业需要制造业的拉动，主要 OECD 国家知识密集型服务业与制造业紧密结合可以增强产业竞争力。最后，投资是经济增长和发展的重要变量，投资将会扩展生产能力，增加有效需求，也会补充经济发展过程其他因子，如技术进步、技能获取、制度深化。(4) 发展制造业增强出口竞争力。生产率和价格揭示可贸易部门的竞争力。高增加值和低国内价格，影响一国真实汇率，是实行出口导向型增长战略至关重要的条件。此外，制造行业出口为国家进口需求提供外汇，减轻来自经常账户的增长约束。制造行业与它扩张的前向—后向联系是经济发展的良性循环：递增需求—增长的生产率—快速的经济增长—高的就业率（Kaldor，1989），反映了正的结构变化。

（三）重获竞争力与新产业政策

再工业化是主要 OECD 国家鼓励新兴工业部门发展，建立能够支持未来经济增长的高端产业（如先进制造技术、新能源、新材料、信息、环保等），从而重新拥有强大竞争力的新工业体系。金融危机后，各个国家都在重新考量产业政策，都急于寻求增长和就业的出路。伴随着主要 OECD 国家对制造业减少、全球气候变化和资源效率，以及全球化加深的关注，政府如何施展合适作用来支持特定行业、技术和产业活动越来越受到重视。尽管世界共同趋势驱动国家产业政策，但新产业政策是特定的国家产业背景（行业结构、价值链配置等）、国家政策背景（不同行政部门和机构的任务与功能）、制度背景（不用政府层级的作用，如区域政府、产业网络和商会）多重相互作用的政策事项网络。主要 OECD 国家共同的政策关注点包括：制造业 R&D 的重要性、机械技能工人培育、职业培训与再提升、资源节约型制造业发展、制造企业的金融支持，以及整合制造业相关的政策和政府强化产业间结盟的转化能力。尤其是，主要 OECD 国家越来越重视制造业体系性和产业间复杂的相互依赖性，因为最有发展潜力的新兴技术都根植于复杂的应用体系，并且制造业本身也依赖于复杂的供应网络，来自生产部件、材料、生产系统及次级系统、生产者服务和产品相关服务体系。主要 OECD 国家出台的新产业政策是对制造业产业链的重构（王庭东，2013），是制造业升级和以发展新兴工业为核心的结构转型。这些政策旨在探寻主导"新型制造业"的先进技术和设备创新，来推动环保、能源、交通等行业发展，创造新的产业，培育世界级人才，迈向新的产业革命。因此，政策事项侧重仔细分析制造业系统演化与国家制造业价值捕获的机会，进而设计长期的、可选择的重要制造业部门的产业政策。

国家产业政策和主要事项是预期产业变化的反映。根据预期效应的差别，政策措施可以划分为：国家制造系统的重要要素投入[2]、系统层次[3]、产业政策的协同性、不同层级政府的政策优先权和实施的责任等事项（O'Sullivan et al.，2013）。新产业政策重视国家制造业系统的要素投入和政府干预的层级。政策干预的介入，包括对常规制造企业、制造行业、宏观框架，以及跨行业的与制造业相关活动，尤其是提供对跨行业有影响的政策措施与搭建国家制造系统的各种供应链。甚至在同一层级的政策干预，根据影响要素投入生产率的方式政策措施都或多或少是可选择的。根据政策作用对象可以分为：知识（特别是 R&D）、劳动力（包括技能和教育）、生产能力（利用与组织制造业的机器、工厂、设备等的可用性和能力）、资源和基础设施（尤其是能源/资源节约型支撑）和金融资本。国家制造系统也依赖于全球市场和生产网络相互作用的能力，因此也需要关注全球制造系统与市场的相关政策。

四、美国国家制造业系统与产业政策矩阵

（一）美国制造业演变与重塑国家制造业体系

美国拥有世界上最大、最成熟与多样化的工业系统，生产全球 1/4 的制造业增加值。2010 年，美国制造业增加值为 1.7 万亿美元，占 GDP 比重为 11.7%，创造了 1200 万个就业岗位，贡献 60% 的总出口（EOP，2012）。20 世纪后半叶，美国制造业逐渐转向基于科技和资本密集型产业，如化工产品、汽车、运输设备，以及高技术产业，如计算机和电子产品。与此同时，食品、衣服、木制品、打印机依然占据全部制造业较为重要的份额（NIST，2013）。

20 世纪下半叶，美国金融、保险、房地产和租赁行业比制造业发展得更快。结果导致制造业占 GDP 份额急剧下降，以至于当今房地产业仍然比制造

业更大。在过去 30 年，美国已经损失了 800 万制造业工作岗位。然而，这种相对下降伴随着美国国家制造业体系的复杂转型。大多数美国公司不断增加离岸生产，近来增加了离岸研发中心。这种趋势以杜邦在印度的战略研发投资和 IBM 在中国的新研发中心为代表（Wessner and Wolff，2012）。尽管新技术和新产品在美国创造，大规模的制造工厂离岸生产使得诸如充电锂电池、液晶显示器、氧化制陶、太阳能电池、半导体内存装置与设备都是在海外生产。这也导致生产和创新过程"脱联"，削弱美国经济体系的创新能力，出现技术锁定和产业退化（Tassey，2010；Pisano and Shih，2012）。这种变化趋势清晰地反映在美国高技术产品贸易的急剧恶化：90 年代高技术产品获得大量盈余到 2011 年 1000 亿美元的贸易赤字。类似地，由于丧失规模实力，风能涡轮和光伏模组的生产也逐渐败给中国竞争同行。同时由于 80 年代中期公共研发资助基金的大幅减少和熟练技术工人短缺，进一步恶化这种趋势。据估计在今后 5 年美国 60% 的机械工人将步入退休，熟练技工不能完全满足当前及未来的国家需要（O'Sullivan et al.，2013）。事实上，读科学和机械学位的学生比重低于 5%，而在欧洲为 12%（主要在德国），在亚洲超过 20%（Wessner and Wolff，2012）。

在过去 20 年，美国已经开始着手解决这些凸显的结构挑战，特别重视创新政策（崔日明等，2013），尤其是联邦政府层级政策。美国国家创新系统是产业成功的主要驱动力，尽管其他国家，如日本，积极地进行技术竞赛，美国仍然是世界上研发支出和专利获取的"领头羊"。习惯上，美国创新体系由公共资金支持的研究性大学、国家实验室以及公共机构、公共部门编织的多主体相互作用网络。这些公共机构与部门有国防部，国家卫生学会，国家科学基金，国家标准和技术学会，国防、能源与农业部，以及国家航空和太空管理局（Fuchs，2010）。自从 20 世纪 90 年代中期，国防部发挥的作用不断增强。现在，它花费联邦研发支出的一半，开展极具影响的项目，如美国国防专属的制造技术规划（ManTech）和远景防御规划研究（DAPRA）。联邦政府力主发展国防、太空、健康、能源、环境方面的技术，以及有选择地对某些产业进行研究补助和刺激公共—私人部门联合参与。目前，联邦政府 75% 制造业研发支出集中在航空和仪器（Wessner and Wolff，2012）。

美国要确保先进制造业的领导力，需要抛弃针对特定企业和产业的产业政策，而要坚定不移地奉行创新政策（EOP & PCAST，2011）。过去 10 年，很容易发现美国产业政策的转向，而金融危机只是部分原因，但它也引起重新思考联邦政府作用，并重拾"市场失败"论（US Cogress，2009；EOP，2012）。美国 2009 年恢复与再投资法案是多达 7870 亿美元的"一揽子"刺激计划。在这些措施中，包括对大公司的紧急救济，如通用汽车的重组，1000 亿美元的清洁能源推动项目，对可再生能源输电项目的混合贷款担保，智能电网，对电池和重要新材料研究补贴，以及其他由高级研究项目机构 - 能源署（ARPA-E）资助的研究项目。在州层面上，纽约、密西根、俄亥俄等州利用研发实验室与研发园来实施产业发展便利化改造方案，吸引投资与建立新的高级制造业中心，并增加对页岩能源提取与液压破裂研究。

次贷危机后，奥巴马政府宣布着重增加对行政部门政策资金支持和一系列增加重要要素投入的新政策。2010 年国家出口倡议出台，目的是到 2014 年通过出口倍增来创造就业和经济增长。这些倡议包括贸易代表团交流、外贸展示、增加外国购买者、创建跨机构的贸易执行中心、出口快递项目的金融支持、中小企业和出口导向企业的信贷扩张[4]。增加中小企业获取金融资本，譬如小型企业创新研究项目（SBIR）每年提供给小型企业超过 25 亿美元的研发补贴和公共采购合同，有助于这些企业专门从事特定技术系统和部件生产，增加技术能力。同时，也引入一些激励和规划来重建基于美国制造业的框架性条件。由布什政府发起的制造业扩展伙伴关系计划进一步加强，得到成倍资助。先进能源制造业税收信贷额外增加 50 亿美元的投资，对于投资工厂和设备提供金融奖励和税收减免（US Congress，2011a）。取消外包的税收扣除，鼓励内包并给予 20% 的收入税抵免。新成立 100 家新的科学、技术、机械和数学专修学校成立，并出台奖励方案提升科学、技术、机械和数学专业学生毕业率（US Congress，2011b）。在推动新材料探测计划和机器人研发中心后，奥巴马政府也努力推动和协调制造业研发。遵从总统科技顾问委员会的建议，奥巴马政府提出投资 10 亿美元来创建国家制造业创新网络（NNMI），这是更大的区域制造业学会网络的延展，来加快先进制造业技术的发展和应用（OMB，2012）。随着 2012 年区域创新制造业学会创建，奥巴马政府计划在 2013 年发起三个新的学会，也敦促国会在未来 10 年支持建立多达 45 个创新制造业学会（White House，2013）。

除了国会和总统的影响，美国各部门产业政策事项主要集中在：（1）塑造制造业竞争力而重建框架条件，为中小企业的金融和技能支持创造渠道，减轻企业成本压力，如医保、税收和能源（US Department of Commerce，2004；Domestic Policy Council，2006）；（2）创造进入国际市场和确保国外市场平等机遇，而签署双边协定和实施世贸规则；（3）推动先进制造业研发，优先支持科技创新和专门机构（或项目）。就预期产业变化看，美国政府实行的政策措施旨在再工业化和吸引生产能力回流，重塑美国制造业体系，具体见表9-2。

表9-2　　　　　　　重塑美国制造业体系：再工业化与生产能力回流

主要政策意图	政策措施
桥联金融资本	商业银行支持计划
	贷款资助计划
	创建企业资本基金计划
	商业金融伙伴关系计划
发展技能	就业所有权实验
重塑框架性条件，提升美国制造竞争力	清洁能源倡议
	制造业扩展伙伴关系
	先进能源制造业 R&D 税收减免
	内包收入税减免
	STEM 倡议（创新美国法案）
确保平等进入国际市场	国家出口计划
	扩大进出口银行支撑计划
	跨机构贸易执行中心
强化先进制造业 R&D	国家制造业创新网络
	材料基因组计划
	机器人计划
	小企业创新研究

（二）美国新产业政策矩阵与国家制造业创新体系

本章采用奥沙利文等人（O'Sullivan et al.，2013）的产业政策矩阵分析方法，探讨美国构建制造业创新体系的政策组合和战略意图。美国产业政策事项反映再工业化的需要，政策着力点是三个常见的组合——竞争条件、出口推动和制造业研发，如图9-1所示。

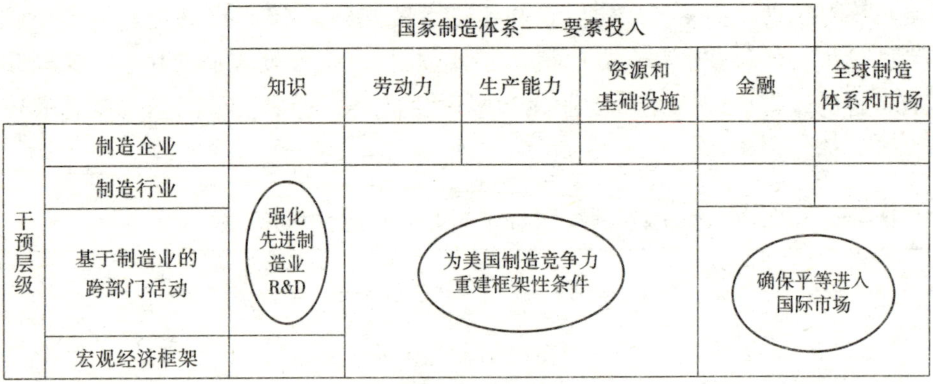

		国家制造体系——要素投入				全球制造体系和市场
		知识	劳动力	生产能力	资源和基础设施	金融	
干预层级	制造企业						
	制造行业	强化先进制造业R&D		为美国制造竞争力重建框架性条件		确保平等进入国际市场	
	基于制造业的跨部门活动						
	宏观经济框架						

图 9 – 1 美国新产业政策矩阵和重塑国家制造业创新体系

1. 要素投入政策与国家制造业创新体系

（1）知识投入和制造业创新。美国高调宣称在先进制造业和制造业创新发力，增加知识要素投入。为更好捕捉新技术产业化和制造业研发机遇，美国成立了新的研发组织——美国国家制造业学会，不但扶助后期产品技术研发，而且支持制造业相关创新，如生产技术和供应链发展。美国极为重视研发培育，设立研发基金经由研发机构授权中小企业进行项目创新研究。

（2）培育熟练技工和制造业项目培训。所有美国制造业相关的战略都高度重视熟练机械工人的可得性，包括人口数量，也包括质量，尤其是利用新兴生产技术和制造业管理实务。同时，美国区域政府也资助很多制造业技能培训项目。

（3）生产能力和制造业全球扩张。美国实施大量的国家制造业支持项目来帮助中小企业采用新的生产技术、过程改进、可持续的制造业、出口激励等。美国扩大生产能力政策，采取商务建议服务的组织方式，如制造业伙伴关系扩展计划，同时也反映美国生产能力政策的重要演变：在过去 10 年支持方式由倾向制造方法或工艺问题转向产品研发、制造业创新和参与全球市场（如操纵国际标准或者监管要求）。

（4）资源节约型制造业和发展绿色制造技术。可持续的、资源节约型制造业是美国产业政策关注的主要挑战之一。由于美国致力于水平钻孔法和页岩气发展来获取天然气和石油，致使美国能源价格下降，有助于减轻制造业成本压力。发展新的绿色技术制造业是共同关注的话题，美国政府已经建立清晰的目标来发展电动交通工具行业，努力在 2015 实现 1000 万电动汽车投入使用，并且电动车相关技术是优先研发项目，特别是电池。

（5）金融资本支持。中小制造业企业接入金融资本是美国产业政策的重点，主要依托美国进出口银行来支持制造企业，也包括特定机制来支持中小企业，自金融危机以来制造业企业可利用的金融支持获得大幅提升。

2. 全球制造业体系和市场

推动制造业出口、参与新兴全球市场和介入国际制造业体系是美国产业政策的主要议题，最近的"国家出口计划"聚焦中小企业的出口扶助和金融支持，而且重视开拓新市场和实施贸易协定来扩展美国企业进入国际市场的机会。尤为重要的是，采取税收激励政策，鼓励美国制造业重返本土。

3. 政策干预层级与政策协调

在企业层面，美国令人瞩目的现象是不再刻意出台"挑选赢家"或"培育国家冠军"的企业政策。在行业层面，制造业发展战略的突出特点是选择特定的产业部门，譬如先进制造业、页岩气等。在跨行业制造业层面，美国重点支持跨行业制造业，资助跨行业通用技术研发项目来发展先进制造业。

美国政府重视实施贸易协定和进入国际市场，为美国企业营造良好有序的宏观经济框架。美国制造业意欲创建国家制造业创新系统，增加世界竞争力，因此政策协调极力推动知识相关要素投入、生产领域的相关研发、制造业新兴技术、组织形式以及传递网络。

五、广东省制造业的升级策略

1. 增加知识要素投入与打造广东省制造业创新体系

广东省制造业需要坚持创新驱动与智能转型，产业政策重点要培养先进制造业和战略性新兴产业发展为主导产业，以绿色制造和新兴技术为支撑，强化基础与绿色发展，加快从制造大省转向创新强省。在新兴产业发展过程中，智能设备与高端设备制造业是创新的首要选择，并促进以移动互联网为基础的新兴产业发展，激发新材料、新能源产业和节能环保产业成为新兴支柱产业，率先实现保持中高速增长和迈向中高端水平的双目标。

2. 建立跨行业合作伙伴关系，培育制造企业创新能力

广东省产业政策需要做好信息收集，增加企业对复杂全球价值链竞争的挑战，设计制造业支持项目，构建产业间"伙伴关系"，共同参与和规划制造业相关投资和制造业企业活动，有效地降低研发成本和风险，缩短新技术的研发周期，提升自主研发能力和创新能力；建立公开统一的技术创新服务平台，开放基础设施，鼓励私人企业参与，构建政—产—学—研相结合的技术创新体系；推动制造业和现代服务业的交叉融合，勾连蕴含人力资本和知识资本的生产性服务业，将创新要素融入制造业（黄永春等，2013），助推制造业创新差异化优势，推进制造业—服务业共生新模式和新业态。

3. 提升传统制造业技术能力，增强国际竞争力

广东省以制造业为主要经济动力，核心利益是制造业实力的增强，领先国内国际市场。制造业核心是提高生产效率、提升技术和增强国际化。对于广东省制造企业而言，首先要让生产效率提升高于劳动力成本的增长，才能保持竞争力，这需要企业投入资金来改善设备、流程、生产工艺等；其次，要提升技术能力，让产品的工艺、技术能够符合消费者的需要；人性化功能和良好体验是产品设计决定的，移动互联网与物联网发展提供了个性化定制的契机，带来更大的挑战与机遇。制造业产品设计、品质和客户体验是一个连贯的链条，共同决定了产品成功与否，这是现代制造商必须考虑的现实因素。最后，增强国际化。这需要国家、机构和企业多方面积极参与及营造，以及国家政策和政府机构的引导与扶持。

4. 降低高技术资本品进口依赖，创新制造业价值链

广东省制造业需要掌握产业和技术发展的主动权，加大对中小企业的投资和扶植，培养企业自主创新的内在动力，增强企业技术创新能力，健全由企业牵头实施应用性重大科技项目的机制，使企业真正成为研发要素投入、技术创新活动实施、创新成果应用的主体；采取必要措施来增加渠道授信、支持R&D、增加科技、劳动力教育、投资基础设施投资，推动和保持私人投资的有效需求水平，降低资本品进口的依赖，发展国内技术能力。

5. 营造社会环境条件，激发制造企业升级动力

制造业升级首先要解决的是企业意愿。制造业产品质量（或产品品质瓶颈）是一个伪命题，因为众多高品质加工贸易产品早已证明中国制造商具备这样的能力。然而，国内监管、意识、行业环境等众多因素相互作用导致劣币驱逐良币的"柠檬市场"，于是制造商更愿意生产低品质低价格的产品。现实国情是中国消费已逐步由追求温饱进入品质的阶段，如何通过政府和社会合力形成生产高品质产品的良性市场，实现品质升级，最终重塑"中国制造"的品牌内涵，是产业升级中基本而长远的课题。

第二节 异质性个体、知识创造与创新驱动政策转向

一、知识创造之谜与异质性忽略

党的十八大报告提出，构建以企业为主体的技术创新体系，实施创新驱动的发展战略。党的十八届三中全会决定再次指出，紧紧围绕使市场在资源配置中起决定作用，深化经济体制改革，加快创新型国家建设。从微观层面上看，创新是我们这个时代最重要的商业和经济现象之一；从宏观层面上看，创新既是一个国家（或地区）兴旺发达的不竭动力，也是一个具有实践价值和政策利益的话题。然而，微观主体知识创造是如何发生的，以及政府应当如何支持和引导创造（或创新）[5]活动仍然没有得到很好的回答。

知识创造在两个范畴同时发生：个体生产与合作生产[6]。知识创造本质上是个体内或个体间相互作用的知识增长过程。当然，也离不开知识扩散，知识创造是知识扩散与增长的联合产品。知识扩散或信息溢出是个体差异性的结果。阿罗（Arrow，1962）"干中学"提出随着新技术的采用增加了知识增长，强调扩散。知识创造或知识获取又涉及是个体的找寻过程，是个体努力与知识存量的函数。思彭斯（Spence，1984）指出信息溢出与知识获取成比例，重视找寻强度。由于信息的公共产品属性，知识溢出不仅取决于个体索取的努力程

度，而且也受个体所具备知识的差异性[7]（Jovanovic and Rob，1989）影响。区分知识创造与扩散（Schumpeter，1948）一方面证实了特定技术扩展的应用价值，另一方面有助于揭开创新产生过程的经验规律。总之，研究知识创造或者创新需要聚焦到异质性个体的活跃作用。

在主流经济学中，个体的异质性特征，仅限于收入、偏好、心理预期等，而个体异质性知识研究较少。而不能否认的是，管理学和经济法学都非常关注异质性个体问题。目前，关于个体异质性研究，集中在三个方面：高技术企业动态创新能力问题[8]、人力资本的培育和产权与经理人治理问题。野中郁次郎（1995）提出的 SECI 模型和 Ba 概念[9]是基于企业的组织形式与其知识生产的动态过程，从而引起知识型企业竞争优势内生论的研究（芮明杰等，2004；刘力刚，2007，等等），高章存等（2010）进一步提出企业知识创造的个人灰性知识。张晓娣（2013）提出，考虑到人力资本积累的滞后效应，扩大公共教育投资，提升劳动者技能，将显著提升长期平均经济增长率。产权与经理人治理文献很多，在这里不是重点，就不再赘述。事实上，一国经济增长除了投入物质资本和人力资本外，更重要的是使用更多的创意（或者知识资本）。尤其是，内生增长模型（Romer，1986，1990；Lucas，1988）把知识创造引入分析框架，但其如何发挥作用我们却一无所知。当个体相遇时，其间的相互作用依然是一个"黑箱"，"旧想法碰撞，新想法迸发"（Jovanovic and Rob，1989）。因此，在知识创造与转移过程中个体是如何变化的，作为微观个体的组织企业如何利用异质性个体的知识创造进行创新是一个极具探究意义的论题。为了说明这些经验问题，我们构造一个群体知识创造的动态模型。

二、知识创造的前提条件——异质性个体

新新经济地理学（New 'New Economic Geography'）和新经济地理学（New Economic Geography）进一步朝向脑力时代、全面的空间经济理论发展。在脑力时代，空间经济演化产生于经济领域和知识领域的双重联系。因此，个体之间知识溢出、信息交流和知识创造的研究是一个很有挑战性的论题。通常，缄默知识的溢出是通过人与人面对面的交流和密切接触来实现的。艾萨德（1975）指出：当个人独立作为一个单位或代表团体与机构而相互影响和交换意见时，思想就会流动，而这一重要研究领域长期受到严重忽视。尽管马歇尔

（1890）指出了外部性的来源之一是知识溢出，罗默（1987）提出知识溢出产生外部性，但是知识创造和转移是如何发生的及它们如何持续，知识创造和转移过程中个体是如何变化的至今仍没有明确和令人信服的解释。此外，我们通常将使用知识创新作为驱动经济增长"黑箱"的经济框架称为内生增长模型（Shell，1966；Romer，1987，1990；Lucas，1988）。本章利用两个体模型来揭开知识创造和转移的复杂过程，也试图利用两个体模型为驱动经济增长的知识创造寻求一个微观基础，从而打开这个"黑箱"。

本章的模型有两个特色：一是个体是异质性的，且异质性是内生的；二是个体间协作的生产效率随着时间不断变化，并且这种变化是内生的。当然，两个体模型有局限性。贝尔连特和藤田昌久（Berliant and Fujita，2007）提出在初始条件为更大群体且更为一般的情况下，知识创造的均衡过程向最富有成效的状态收敛，最后大群体会分成较小的最优规模群体，在每一小群体内才发生紧密的相互关系。因此，当知识创造过程中知识差异性更重要时，群体最优规模就较大。

为了简化分析，本章假定一次只有两个人相识并参与知识创造，并且每一个体是对称的。贝尔连特和藤田昌久（2007）提出一个可被4整除的群体案例。均衡状态时，在希尔伯特立方体的每个顶点都将有一个方形舞的小群体。在不确定每人知识存量的情况下，个体寻求自己收入的最大化（或知识生产），同时选择同伴时每一个体又是短视的。尤其是，他们无法预料他们的行为对未来收入（消费）路径的影响，仅仅看到立即的结果。此外，由于个体是短视的，并且不存在知识创造的市场交易，因此本章的分析模型还不是最有效的（见图9-2）。

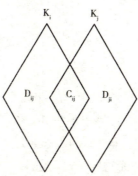

图9-2　知识创造的前提

图 9 – 2 可以抽象地表示当两个体 i 和 j 相遇和协作共同产生新思想（或新知识）的知识创造的合作过程。左边的菱形 K_i 表示个体 i 相遇时的知识存量，而右边的菱形 K_j 表示个体 j 相遇时的知识存量。两个菱形重叠的区域 C_{ij} 表示个体 i 和 j 的相同知识。左边区域 $D_{ij} = K_i - C_{ij}$ 表示个体 i 的差异化知识，右边区域 $D_{ji} = K_j - C_{ij}$ 表示个体 j 的差异化知识。基于相同知识 C_{ij}，双方才可以进行交流和讨论，两个体通过联合他们的差异化知识 D_{ij} 和 D_{ji} 努力产生新思想。当图 9 – 2 三个部分（即相同知识 C_{ij}、个体 i 的差异化知识 D_{ij} 和个体 j 的差异化知识 D_{ji}）的比例均衡时，知识创造的联合过程应该是最富有成效的。贝尔连特和藤田昌久（2009）指出：当相同知识 C_{ij}、个体 i 的差异化知识 D_{ij} 和个体 j 的差异化知识 D_{ji} 三者之间比例均匀时，即各为 $\frac{1}{3}$，新知识创新率最高。此外，两个体的有效交流需要足够量的相同知识。最重要的是，如果某一个体没有拥有足够的差异化知识，另一个体毫无动力去与他相识和协作。换句话说，太多的相同知识意味着二者几乎没有知识差异性或协作的新颖性，因此无法生成足够的协同作用和知识创造。

因此，一般地，两者知识存量具有足够的差异性和足够的相同基础对于富有成效的群体间的知识创造过程至关重要。当他们知识存量存在这样的精细均衡，一个意想不到的协同作用从他们紧密协作中慢慢演化发展起来。再回到图 9 – 2，甚至两者知识存量起初具有足够差异性，如果知识创造过程他们保持紧密合作，他们的知识差异性会逐渐缩小。这是由于知识创造合作过程通过分享新思想和相互知识转移导致他们相同知识的增加。这样，除非其他额外补充机制起作用，同一群体知识创造的合作过程最终趋向变得不再富有效率。

三、信息扩散和企业创新：方形舞模型

知识创造、信息扩散和企业创新一直是新经济地理学研究中最难解决的问题之一，但是藤田昌久（2007）提出的方块舞模型为本章提供了解决这一问题的思路，本章在藤田昌久（2007）的基础上对这一模型进一步修正和扩展。

贝尔连特和藤田昌久（2007，2009）提出一个由一组人或研究者相互作用的知识创造微观模型，在这个模型中把研究合作关系比作方形舞的舞伴。尽管它是一个很简化的模型，忽略了区位或空间的存在，但是，最重要的是：它

是基于群体可以相识、交流为基础，所以必然以一定空间为载体。它包含了知识创造合作过程的两个重要特征：（1）个体之间知识存量的异质性对于新思想产生至关重要；（2）由于共同知识的积累，知识创造的合作过程影响群体异质性。

知识是一系列认识、想法或创意。但是，某人特定时间拥有的知识不是静态概念，单一个体或多主体可以联合生产新知识，想法也可以与他人分享，但是所有这些活动都需要耗费时间。本章利用方形舞模型来阐明知识创造的过程，设定如下：

假定 t 时期，有两个体 i 和 j。根据图 9-2，我们用 $m_{ij}^d(t)$ 表示 t 时期 D_{ij} 的数量，用 $m_{ij}^c(t)$ 表示 t 时期 C_{ij} 的数量，用 $m_{ji}^d(t)$ 表示 t 时期 D_{ji} 的数量。因此，我们用 $m_i(t)$ 表示 t 时期 K_i 的数量，我们用 $m_j(t)$ 表示 t 时期 K_j 的数量。

$$m_i(t) = m_{ij}^c + m_{ij}^d(t) \qquad (9-1)$$

$$m_j(t) = m_{ij}^c + m_{ji}^d(t) \qquad (9-2)$$

在每一时期，存在两种相互排他的方式产生新知识或新思想。第一种方式是每一个体独自研究。我们指定个体 i 在 t 时期独自研究的事件用 $\delta_{ii}=1$，否则，$\delta_{ii}=0$。第二种方式是，个体 i 可以选择与个体 j 合作。我们指定个体 i 在 t 时期与个体 j 合作研究的事件用 $\delta_{ij}=1$，否则，$\delta_{ij}=0$。在均衡情况下，如果 $\delta_{ij}=\delta_{ji}=1$，在 t 时期双方实现合作关系。

直觉是个体新知识创造的源泉。在某一时刻，每一个体拥有一定量的劳动力，且它的供应没有增长。在最初的某一小时间段，发生单一个体生产新知识。单一个体生产力依赖于其知识存量。

我们先分析第一种情况：个体 i 在 t 时期独自研究。在这种情况下，新思想的产生仅仅是 t 时期个体 i 知识存量的函数。我们用 $a_{ii}(t)$ 表示由个体 i 在 t 时期独自研究新思想的产生率。我们假定独自研究新知识的创造由下面的方程表示：

当　　　　　　　　$\delta_{ii}=1$，$a_{ii}(t) = \alpha\, m_i(t)$ 　　　　　(9-3)

在这里，α 是一个正的不变量。

如果个体 i 和个体 j 在 t 时期相识，即 $\delta_{ij}=\delta_{ji}=1$，那么共同创新知识，由下面的方程表示：

对于 $i \neq j$，且 $0 < \theta < 1$，$\beta > 0$

当 $\qquad \delta_{ij} = \delta_{ji} = 1, a_{ij}(t) = \beta \left[m_{ij}^c \times m_{ij}^d \times m_{ji}^d \right]^{\frac{1}{3}}$ (9-4)

因此，当两个体相识时，共同知识创造发生的概率与他们共同知识、个体 i 的差异化知识和个体 j 的差异化知识的标准化产品成比例。当共同知识、个体 i 的专有知识和个体 j 的专有知识处于均衡状态时，新知识创造率最高。参数 θ 代表共同知识的权重，在新思想产生的过程中它与差异化知识的作用相反。一般地，共享知识对于交流非常必要，但是个体专有知识意味着合作差异性或新颖性。如果某个体在合作过程中不具有专有知识，那么其他个体没有可能与他相识与合作。方程（9-4）函数的相乘性表明知识创造与共同知识、个体专有知识相对比率之间的关系。在这种情况下，合作促进知识创造发生，我们可以从图 9-3 看出。

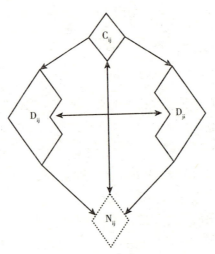

图 9-3 新思想的创新过程

在 t 时期相识过程中，除了新知识创造以外，也同时发生知识转移。知识转移由下面的方程表示：

$$b_{ij}(t) = \gamma \left(m_{ij}^d \right)^\mu \left(m_{ij}^c \right)^{1-\mu}$$
$$b_{ji}(t) = \gamma \left(m_{ji}^d \right)^\mu \left(m_{ij}^c \right)^{1-\mu}$$ (9-5)

因此，当两个体相识后，知识转移 $b_{ij}(t)$（从个体 i 到个体 j）的发生与个体 i 专有知识和两者共同知识的标准化产品成比例。换句话说，对于知识转移来说，交流是必需的，因此这两个体必须具有一些共同知识（$m_{ij}^c(t)$）。另外，个体 i 必须具有一些个体 j 不具备的知识（$m_{ij}^d(t)$）。同样，对于知识

转移 $b_{ji}(t)$ 成立。

因此，两者共同知识的变化量是两者互相转移知识总量和联合创造的新知识量。从个体 i 的角度来看，个体 i 的差异化知识 $m_{ij}^d(t)$ 随着个体 i 向个体 j 的知识转移逐渐减少。最终，个体 i 拥有的知识变化量是二者联合创造的知识总量以及个体 j 向个体 i 的知识转移量的总和。同样，对于个体 j 成立。我们用方程表示个体 i 知识创造与知识转移过程，个体 j 的方程类似。

$$\dot{n}_i(t) = a_{ij}(t) + b_{ji}(t) \tag{9-6}$$

$$\dot{n}_{ij}^c = a_{ij}(t) + b_{ij}(t) + b_{ji}(t) \tag{9-7}$$

$$\dot{n}_{ij}^d = -b_{ij}(t) \tag{9-8}$$

如果相同的一对个体 i 和 j 持续在一起做研究，他们的共同知识不断增加，每一个体的差异化知识不断缩小，方程（9-6）~方程（9-8）可以说明这一点。此外，这会使得合作关系的生产率变低，导致每一个体去寻找新同伴。这样，N 个人（或企业）之间的知识相互作用将会以方形舞的形式继续，每一个体相继地找到一个新同伴进行联合研究。

本章提供了个体相互作用的纯外部性模型，在更大群体组合的初始条件下，知识创造的均衡过程将会收敛到最富有成效的状态。个体所拥有的不对称知识会内生地将这个大群体会分成最优规模的小群体。仅仅在每个小群体中发生紧密联系。如果知识差异性在知识创造过程更重要，那么最优规模会相对较大。然而，知识的最新进展不是立即获取，而是慢慢地扩展。

四、创新驱动与政策转向

基于以上研究，提出如下政策建议：

第一，激发个体知识创造的潜能，构建创意市场。尽管藤田昌久（2007）、贝尔连特和藤田昌久（2007，2009）知识创造和转移研究提供一种崭新的视角，但是却打开了进一步研究的大门。它聚焦于创新活动中单一最重要的资源：个体脑力，为知识创造和知识转移提供了一个微观基础，具有深刻的政策含义。如果一些个体拥有好的想法，并形成声誉，可以收费来满足其他个体需要，市场就出现了。这样，会影响拥有好的想法个体的找寻努力，也会减少找寻外部性。此外，政策支持构建知识或者创意市场，推动各种创意（知识及技术）进入市场评价和市场交换过程，实现创意市场和金融市场有机结合，让知识拥有者得到产权收益，共同推进知识溢出和知识创造。

第二，重视基础研究，聚焦人力资本积累和创新道路的累积过程。基础研究是原始创新的根基，也是产品和装备升级的支撑，国家核心竞争力要靠基础研究。同时，知识创造与转移也与公共物品提供有关系。未来国家竞争力（或经济增长）更加倾向于无形投资带动。美国无形投资现已经超过全部资本深化的50%，欧盟将赶上这一水平，都纷纷重视高素质人力资本培育（Corra-do et al.，2013）。强化知识产权保护是启动创新投资和产业成长的必然要求。进而，私人企业R&D溢出和公共R&D项目溢出是各类创新主体研发合作和建立创新竞争秩序的重要载体。此外，制度设计促使经济体进行信息投资和货币化新知识与新发现将是经济增长的重要推动者。

第三，强化政府与市场的互动，充分发挥市场机制作用，构建可持续的政策框架。政府需要重新平衡公共投入与财政补贴来推动创新增长的关系。科学和技术是有区别的，科学研究是有外部性的，无法评估其合理回报，所以应该由政府负责投入；但技术创新是由市场判定并补偿（或奖赏），因此政府大力补贴技术创新是错误的，其一是无法判断技术的前途；其二是尽管可能其先进，但也无法弄清在市场上能否成功；其三是误导资源配置，如光伏、LED、电动车等。此外，需要严格界定财政补贴的范围，如由于节约资源、减少污染，政府是可以给补贴的。同时，借鉴市场经济国家财政补贴的方法，一般的原则是进入竞争领域就不能补贴，并且应该补贴给需求方，然后通过市场购买，培育市场。

第四，打造创意制造业，实现"互联网＋"。在知识经济社会，创意驱动经济发展，如何利用潜在创新性资源是重塑自然资源、技术和资本分布格局，获取区域或者国家竞争优势的一个新议题。工业化和信息化的发展，区域受资源、技术和资本的"瓶颈"制约日渐势微。在这样的大背景下，人类的欲望得以巨大满足。这样，需求成为稀缺性资源。西方发达国家服务业产值占到国内生产总值达到70%以上，其实正是提前进入脑力社会的象征。德国工业4.0的"灵魂"是智能制造。因为制造业需求日渐竞争激烈，发达国家逐渐利用脑力创新（即服务）来增加经济增长点。这样，难道制造业没有未来吗？答案是否定的！知识经济的微观基础在于个体知识创造。

"互联网＋"的核心是配对或匹配，即对资源进行有效的供需匹配。互联网时代需要刺激个体知识创造，进行渠道和平台的开发与设计，实现个性化、智能化生产。这样，就能够达到大平台生产和"互联网＋"的智能化匹配，得以最大效率利用资源，科学发展观才能成为可落实的价值主张。因此，利用个体知识创造，融合工业化和信息化，把制造业提升为知识经济的制造业、创意制造业，那么，中国的制造业一定会形成竞争优势，也会占有一席之地。

第五，促成人力资本迁移的各种条件，创建包容性社会氛围。空间是知识创造与转移的一个重要特征，因此区域和迁移是非常重要的，尤其是城市创新空间。一般地，企业创新的影响因素分为两类：一是企业内生的研发资金和人员投入；二是环境因素，产业集聚产生空间知识溢出。譬如投资者重新选址，自然而然再利用了以前区位所熟悉的商业知识，并联系新区位创造新的共同知识。因此，我们需要回到新经济地理学研究的核心问题，经济活动是在一定的、具体的区位上进行的。城市圈（间）便利化基础设施（如轻轨、高铁等），以及最优化利用知识扩散，推动区域一体化就具有重要意义。

更为重要的是，新经济地理学研究需要扩展到不同区域、不同群体之中，把新经济地理学推向动态视野。此外，对于我国及区域政府来说，要接受多样性群体，提高群体差异化程度，如接受国际性移民，形成各种各样的创造性团体；同时，促进包容多样性的城市环境，促进企业知识创造（Duranton and Puga，2003）。

未来研究需要考虑更多现实性，因此就必须进一步扩展，需要考虑多种新内容，例如知识结构和层级、知识转移的多重渠道、合作创新知识过程中个体自身和向外部学习的因素、单边支付和创新市场、先见之明和策略行为以及不确定性和随机因素。

第三节　连接"互联网＋"与民营经济转型升级

一、创新出路与嫁接"互联网＋"

近年来，民营经济已经成为广东省经济发展的主要推动力量，其发展水平决定着广东省经济发展质量和可持续发展能力，是广东省长期占领全国经济制高点的重要因素。2013 年，广东省民营经济增加值占全省地区生产总值的 51.6%，对全省经济增长的贡献率为 52.6%；2009～2013 年，民营经济增加值年均增长 11.1%，高于全省地区生产总值增速 1.3 个百分点（宋子鹏，2014）。但是，由于沿海防卫的历史原因、国企的挤压作用与企业家的市场找寻过程，导致广东省民营经济"产业低端化"现象。广东省民营经济具有两大支柱：低端制造业和批发零售业。因此，广东省民营经济存在着突出问题：产业层次较低、结构不合理、经济效益不高、规模偏小等。当前，广东经济正处于产业转型升级的紧要阶段，必须挖掘民营经济发展潜力，提升民营经济发展质量也是广东省稳增长、调结构、扩内需的重要保障。

党的十八大报告提出"加快形成新的经济发展方式，激发各类市场主体发展新活力，增强创新驱动发展新动力，构建现代产业发展新体系"，而十八届三中决议指出"要紧紧围绕使市场在资源配置中起决定性作用深化经济体制改革，加快转变经济发展方式，加快建设创新型国家"，这是党中央国务院在深刻把握当代科学技术与经济发展特征的基础上，为我国未来发展打造核心驱动力所做出的重大战略部署，也为广东省民营经济转型升级分析框架引入新的图景。目前，互联网经济与创新经济的利益协同对民营经济的整体创新能力日益重要，如何构筑民营企业竞争优势，其效率与方向一直是学界与政界关注的重要问题。"互联网＋"改变了市场交易场所，拓展了市场交易时间，丰富了市场交易品类，加快了市场交易速度，节省了市场交易费用，激发了大众创新动机，将会产生广泛而深远的影响。在"互联网＋"的背景下，制造企业价值链中传统的以供给为主导的商业模式将逐步让位于以需求为导向的价值创造的互联网商业模式，"互联网＋"也成为中国经济提质增效升级的"新引擎"。

国内对民营经济的研究侧重于探讨促进民营经济发展的对策问题，主要分析民营经济的重要地位以及当前遇到的问题，以及将政府能够在政策层面提供的服务条理化、系统化，如融资支持、税收优惠、基础设施建设、立法管理、产业引导等，这些对策建议的针对性和操作性都比较强，但理论分析不够深入。伴随着市场化改革的推进，理论界的关注点从"解释问题"转向"解决问题"，关键因素在于经济转型升级。积极实施转型升级，已经是广东省民营企业应对挑战、迎接机遇、顺应经济发展趋势的必然选择。国内外学者从不同方面探讨企业转型升级的具体对策，主要有：（1）要从低成本战略走向差异化战略，实现拼劳力、拼资源、拼低价向追求高附加值的转变（王宏，2007；彭晓燕、钟学旗，2009）。（2）要改变盲目多元化战略倾向，做好核心主业，实现做"多"向做"精"的转变（Breger, Philip G. and Eli Ofek, 1995; Markides, 1992）。（3）要推进战略联盟和集群的发展，实现从"单打独斗"到"合作共赢"的转变（辜胜阻，2010）。（4）要从低层次参与国际分工的战略走向高层次国际运营战略，由世界工厂的"打工者"向全球资源的"整合者"转变（李建中，2009）。当前，国内外研究从"互联网＋"的视角探索广东省民营经济转型升级还较少。有关民营经济转型升级的研究缺乏内在的逻辑架构，发展要素和分析维度的解释力有待提高。因而基于"互联网＋"背景下探讨广东省民营经济转型升级的驱动要素、影响机制之间的关联性和互补性，对建设转型路径作静态和动态分析，并对各要素进行逻辑整合，作出预设和判断，形成一个综合性的广东省民营经济发展模式的逻辑架构，是一个非常值得研究的理论论题和现实问题。

二、"互联网＋"的概念范畴：连接与价值创造

"互联网＋"是"互联网＋各个传统行业"，是利用信息通信技术以及互联网平台，让互联网与传统行业进行深度融合，充分发挥互联网在社会资源配置中的优化和集成作用，提升全社会的创新力和生产力，创造以互联网为基础设施和实现工具的经济发展新形态。互联网改变了市场竞争格局，广东省民营企业需要重新审视所处的生存环境，进行有利于长远发展的战略调整。

（一）连接与比较优势

在互联网经济背景下，最重要的生产要素是信息、知识以及整合解决能力。网络外部性存在的根本原因是互联网的信息分享的交互性、非耗费性与创造性，同时每个用户都能从使用中得到效用。网络外部效应与网络使用者的总数量有关，也创造着可资利用的"大数据"。

连接具有亲近属性，它既指人与物的连接，也指人与人的连接。连接收益是所有参与者进行"互联网＋革新"的来源动力。企业借助连接是用来聚合客户，增加顾客黏性关系。客户作为价值提供者进入价值网络创新体系成为重

要成员（程立茹，2013）。理论与实践都已经表明，客户对企业价值创造有重大影响。在互联网时代，传统工业模式的自上而下[11]的信息单向流动变成双向流动，因此小众需求越来越重要。

比较优势的来源有成本优势和独创性优势。互联网跨越地域限制和时空限制的交互平台特性，促进网上贸易迅猛发展，资源共享化和服务对象化传播优质客户体验，吸引大量客户涌入。同时，越来越高的客户体验和网络口碑效应给企业带来了巨大的竞争压力。在"互联网＋"背景下，企业能够适应并满足客户需要，创造出客户认同、市场接受的产品或服务，这种领先将形成巨大的竞争优势。在客户诉求满足和硬件技术快速发展的背景下，互联网实现了客户体验、软件创新和硬件创新的累积循环的价值创造过程。

更为重要的是，在"互联网＋"的背景下，企业之间竞争将更充分与公开，具有竞争能力、善于创新的企业将会取得更有利的地位。同时，用户的信息搜集成本急剧下降，信息搜集能力大大增强，具有优势的竞争者更容易被找到。能够建立独特口碑信誉和平台企业，并取得优势地位的产品与企业不仅易于达到规模经济效应，还能建立寡头垄断的有利地位。在"互联网＋"背景下，企业进行的创新越有效，可能实现的销量就越大，就有机会实现更多的利润，进而鼓励进一步创新，形成更良好的社会信誉。这样，创新正反馈促使创新能力强的企业获得最高的产业地位。因此，更好的创新行为导致更高的产业地位，更高的产业地位需要更有效的创新才能维系。

（二）"互联网＋"的价值创造

创新是企业构筑竞争力、获取可持续超额利润的源泉。"互联网＋"是一种创新经济。在互联网上，信息与知识能够快速甚至适时地交流、分享与新生，参与主体的思路与成果相互启发、相互激励、相互竞争，使得创新行为的网络外部效应大大增强。因此，"互联网＋"背景下的创新行为具有显著的网络外部性。

网络经济重新阐释了"边际收益递增"规律，推动着结点创新与价值网络形成正反馈机制。任一结点上网络使用者的创新成果都将给网络上其他使用者创造价值。结点创新也会被迅速传播，增加所有网络使用者的价值，进而吸引更多参与者进入网络，推升了结点创新所能获得的利益可能边界。由于企业和客户通过互联网实现了良性互动，满足了客户深层次需求的智能制造，则通过企业创新性产品来提升客户价值，促进客户增多，创新行为提升了双方的网络价值。这样，拥有强烈创新动力的结点企业会创造出网络需要的战略资源与创新能力，在与其他结点企业的交易互动、信息互动和关系互动中，通过供应链、价值链和产业链的重构，建立自主发展的价值网络，推动产业结构转型升级。此外，为了更好地服务于网络交易，企业需要提高精细化、专业化水平，也创造了细分市场的创业和提供发展良机。最后，企业在创造和满足消费者独特需求的特定价值活动上具有独特的竞争优势，或者说特殊的资源或能力，影响着其产业地位，并驱使着所有的企业改变原有商业模式。因此，在"互联网＋"背景下，结点模块化是企业集中优势资源，形成创新竞争能力的载体。模块化是极致化分工和极致化合作的结果（李海舰等，2014）。参与者企业提升某一领域的核心能力，来应对激烈市场竞争的复杂性与不确定性，有利于创新出现。因此，"互联网＋"促进结点创新，重塑了企业创新、产业地位与价值网络的正反馈机制。

制造业是广东省所有行业繁荣的基础，转型升级需要转换成敢有想法、不断产生好想法的经济系统配置。在"互联网＋"时代，制造业企业与批发零售企业要充分洞察并连接顾客深层需求和价值主张，积极促进两化融合，引入创新的商业模式，形成独特性比较优势。进而，企业需要让客户（即消费者）参与生产设计与价值创造，让企业和客户紧密连接，从而企业与消费者共创价值、分享价值。

三、广东民营经济的转型升级路径：利用、整合与构筑

产业转型升级通常有两条路径：产业结构升级和产业链升级。产业结构升级一般表现在产业的协调发展和结构的提升，发展战略性新兴产业，进而推动产业结构改善。产业链升级旨在产业素质与效率提高，表现在生产要素的组合优化，技术水平和管理水平以及产品质量的提升。具体来看，主要有：（1）对传统产业进行技术创新和信息化改造（包括自主创新、产学研结合、引进技术、培育人力资本等）；（2）对传统产业进行组织结构创新（如购并、互联网贸易、国外直接投资等）；（3）对传统产业进行体制创新（政企分工、公司化治理等）。当前，广东省经济发展已进入新常态，实现经济可持续发展，核心是要推动经济结构调整和产业转型升级，根本途径是要走创新驱动的

发展道路。在"互联网+"的背景下，企业组织内外部资源的能力是企业获取竞争优势的坚实基础，制造企业发展创造性的利用、整合资源和构筑优势的能力是发展方向。

（一）利用"互联网+"，降低交易成本

互联网是消费者查询消费信息的工具和互动交流的平台。企业利用互联网建立客户交流平台，能够提升对客户信息的反应，促进客户黏性，进而客户不仅是服务对象，也是企业重构价值网络的一部分。在"互联网+"背景下，客户需求是创新机制中至关重要的活跃因素。客户不仅享用价值网络提供的市场价值，也和企业一起增进与创造网络价值。

在电子商务领域，出现大量客户与企业合作创造价值的现象与应用，它们都是知识创新的受益方。例如，客户评价对随后购买者的边际贡献；客户购买量、团购量、收藏量、好评量等网购数据增加企业商业信誉价值，也降低了需求者的信息搜索成本；评价与互动还给顾客带来归属感和价值感。

网络汇聚消费者信息，累积起来会形成大数据挖掘的商业价值。"大数据"已引起各国政府和科技界的高度关注。欧美发达国家将此作为应对金融危机、振兴经济的重点领域，旨在提高从大型复杂数字数据中抽取商业知识与观点的能力，以帮助解决国家在科学与工程中最紧迫的诸多挑战问题，增强国家创新能力与安全防卫能力，实现教育与学习的转变。事实上，"互联网+"产生海量的大数据，数据分析不仅可以应用服务于电子商务，而且有助于推动大众创新创业。

（二）整合内外部资源，打造网络分利联盟

李海舰等（2014）指出：互联网实质上是一种思维方式、一种生活方式，它是一种哲学。在"互联网+"背景下，制造企业要汲取互联网协作共享精神，打造互联网虚实互联互通的理念，实现有形资产与无形资产、产品经营与资本经营、企业内部与企业外部、线上与线下的交融发展。

互联网的"脱媒"促成供需双方在没有渠道的帮助下进行互动与交易，重构了价值创造的逻辑，促进了商业资源的有效协调。"互联网+"时代重塑企业和消费者的关系，需要让客户参与企业生产，并主导企业生产方向，让客

户从产品使用者转变成产品创造者。因此，市场结构更加倾向于消费者需求导向，而"互联网＋"实现了市场交易双方都具有规模经济和范围经济。

互联网的共享共建特质驱动了新商业模式的发展。罗珉、李亮宇（2015）提出：互联网的世界是通透的，人与人之间的互动变得密切，知识溢出范围增大，知识生产难度下降，促使商业模式不断创新。商业模式通过对客户价值的定位，以及企业经由一系列活动安排创造客户价值、传递客户价值的安排来实现，涵盖了企业和客户之间在心理、物流、信息流和资金流上的互动，还包括企业为了实现客户价值而组织的资源、安排的互动和付出的成本。复杂的商业模式往往需要整合多种资源才加以实现，如硬件生产商、软件供应商、内容提供者、应用推广者等，改变了多个产业的商业模式，成为价值网络设计和管理创新的新趋势。

"互联网＋"提供了无边界存在的可能性，企业需要进行跨界合作。跨界是通过虚拟手段整合跨越传统的产业边界。资源是企业维持竞争优势的主要原动力。"互联网＋"提供了资源整合和利用资源的聚合平台，通过综合性的创造性的信息处理过程，促进产品设计的发展。熊彼特（1912）提出：价值的新来源产生于资源的新利用，特别是通过新方式组合现有资源。制造企业需要用新的方法组合现有资源，重新分配资源，组合新的资源，来创造新的或者更好的商品，主动学习互联网思维制造企业的做法，如小米的核心业务——产品研发与用户沟通。

"互联网＋"时代的企业需要树立开放性思维，重心放到外部。究其原因，采用更多的资源来自外部，实现更低的成本来自外部，获取更高的利润来自外部。因此，整合是需要企业发挥开创精神协同世界范围内的优质思想资源、富余资本资源和高效业务资源，构筑众智思想、众筹资本、众包业务的世界价值网络。

（三）顺应"互联网＋"思维，构建智慧型组织

传统工业化的生产模式下，消费者的社会属性被忽略，而仅仅考虑消费者的技术与价格偏好，有竞争优势的企业在大规模生产条件会获取优势地位。在"互联网＋"的背景下，企业需要优先考虑将便利地客户接入价值网络，激发顾客参与产品与服务的设计和制造，提供给顾客新奇的体验，构建增进型价值网络的核心竞争力。"互联网＋"加速了信息流动，促使企业重视对信息的分

析。因此，利用大数据技术解读事物间相关性，带来价值链上的企业结构发生改变，会导致价值网络中企业的经营行为与制造产品的思维都发生改变，甚至引起企业内部结构发生改变。李海舰等（2014）提出：要顺应互联网思维，传统企业必须进行再造，其方向是打造智慧型组织：网络化生态、全球化整合、平台化运作、员工化用户、无边界发展、自组织管理。

"互联网＋"时代企业个性化定制化产品将成为主流，企业与客户在定制化产品生产过程中相互影响下创造出来增进价值。消费者碎片化的消费和网络化的选择产生海量的消费大数据，需要以用户为中心开展经营活动[12]，重视产品差异化。消费者的从众心理和马太效应，要让顾客参与到产品创新与品牌传播的所有环节中去，同时消费者群体也希望参与到产品创意、研发和设计环节，希望产品能够体现自己的独特意念[13]，进而促进生产者和消费者的帕累托改进，因此往往成功平台的所有者很有可能是行业的垄断者。

在互联网时代，企业的感知能力和柔性生产能力获得大幅提升，范围经济有超越规模经济重要性的趋势。企业聚焦长尾末端需求说明：当今市场正在产生从为数较少的主流产品和市场（需求曲线的头部）移向数量众多的狭窄市场（需求曲线的尾部）（罗珉、李亮宇，2015）。"互联网＋"时代广东民营经济宜采取模块化研发的生产方式，来积极适应生产需求的动态化和个性化。电子商务的未来是范围经济（多品种、小批量）加规模经济的大规模定制体系，打造有特色的柔性化生产、个性化营销、社会化物流的基础模块，谋求全球生产网络更有利的位置（Co et al.，2008）。由于互联网经济的发展对传统批发零售业产生巨大的冲击，广东批发零售业要积极采用互联网思维，实行轻资产模式经营，大力发展网络营销与交易。

四、政策建议

（1）践行中国制造2025，发展广东民营经济的智能制造。美国拥有两大驱动性产业：金融业和信息技术业，次贷危机促使美国意识到带动经济的持续发展，难以依靠金融和互联网产业，因而必须找到一个让经济落地的产业，"互联网＋"先进制造业是最佳组合。广东民营经济亟须将互联网作为工具，服务于广东省强大的制造业。利用这个奇妙的"化学结合"，催生"新物质"——智能制造，即通过"智能工厂、智能生产和智能物流"，进行制造业跳跃式升级，实现个性化生产和高效的批量生产，促进消费者与制造者实现无缝链接，从而牢牢地将客户黏住。

（2）着力大数据决策，发展广东民营经济的战略高地。"大数据"处理和应用有助于挖掘出对企业决策有参考价值的数据，形成以数据驱动支持的决策导向。广东省民营经济发展需要政府扶持民营高技术企业，推动市场导向的技术创新，培育和应用特有的、规模化的、不断创新的知识资产和核心生产要素，强化广东省企业技术创新的市场空间。广东省政府需要完善顶层制度设计，组建大数据应用的产学研联盟平台，实现知识共享，加快技术创新，提高企业综合优势，获取最佳社会经济与技术利益，是拓展开放式创新的一种重要形式，也是实现广东省战略性新兴产业技术创新的一种重要途径。

（3）优化市场环境，激发广东民营经济的创业潜力。积极适应新常态，重视包容性增长。完善保护私有产权与维护民营企业的合法权益，鼓励市场主体的创新精神，充分动员民营经济参与市场竞争和经济活动过程，增强"内源型"经济实力，完善市场培育机制。强化知识产权保护是启动创新投资和产业成长的必然要求（Corrado et al.，2013）。

激发创业潜力，推动大众创业、万众创新。要优化创业环境，拓宽创业条件，强化引导和扶持，激发潜在创业者蕴藏的潜力和产业激情。李元华（2015）指出：推动地方民营经济发展的成功经验是尊敬民营经济主体创业发展的首创精神，营造宽松氛围激活民间投资，注重提高支持民营经济发展的服务水平。

加大互联网基础设施建设，促进信息溢出与再造。互联网作为一种典型的通用目的技术，呈现出明显的外部性和溢出效应，对经济和社会产生了复杂而深远的影响（Androutsos，2011）。政府应增加网络建设投入，提升网络接入端口，降低宽带接入资费，促进互联网的使用和信息扩散。创新（或创意）依赖于个人才智，但重要的是将个体与网络连接起来，这样个体连接个体的网络都会变得更聪明，聚集有创意的个体相互发生思想碰撞，这又有赖于和决定于城市网络联结效应。

（4）理顺政府与市场的关系，建立稳定性政策支持。产业政策是政府引导产业发展方向，提升产业技术和国际竞争力，实现特定经济发展目标的手段。改变民营企业"既被需要、又被歧视"的尴尬地位，需要消除政府各种管制性壁垒，疏导国有企业的抵制行为，地方政府要调整其作用边界，增加公共产品的有效供给，建设服务型政府。一方面，在政府部门制定好管理框架基础上，推动政府和私人部门之间的战略合作，引入民营企业参与公用事业、资源性产品供给竞争，最终让消费者享低价优质服务。另一方面，"互联网＋"带来的产业结构变化和经营模式改变会影响人才结构。政府需要继续深化职业教育体制改革，技能培育政策要盯住本地产业发展需要和经济发展优先目标，确保技能培养是市场所需（Fory F. , 2013）。

（5）致力制度、管理创新，提升广东民营经济的企业素质。制度创新和制度"诱致"是产业和政府双向作用的主要工具，弥合地区产业发展的政策需求与寻求多层次政策支持对产业发展和区域推动有着重要的促进作用（李景海，2013）。制度创新与管理创新是广东省民营经济实现技术创新的有效路径。提升企业素质。民营企业要增强创新意识，一是要提高研发投入，加强产学研合作，培育自主创新能力，建立自己的核心技术。二是要完善产权制度，建立现代企业制度，鼓励管理模式创新。三是要培育创新型企业，推动新一轮技术改造，推进两化融合，加快技术改造，提高企业生产质量水平，降低产品成本。建立"新木桶思维"，积极与企业、研发机构、平台等广泛合作。四是要建立互联网思维，"互联网＋"的创新能力在于敢于想象无中生有，从没有中创造出有的东西，如3D打印。进一步要更换企业运营思路，不断创新商业模式。

第四节　本章小结

全球政治经济演变是国家间角逐竞争力的结果。制造业发展水平是衡量国家综合实力的重要标志，"中国制造2025"提供了广东省制造业升级的政策性框架。同时，产业政策矩阵方法有助于对政策机制、目标和潜在影响的更深理解，也提供了评估和设计地区、国家和国际层面产业政策的工具。

然而，制度创新由政府推动（其中还包括金融制度），技术创新由产业推动。在兼顾项目设计、政策可持续和选择性投资优先的背景下，长期投资和规划极为重要。然而，结构调整是资源重置过程，能否达到转型升级的目标，依然需要接受时间的检验。尤其是，制造业会带来研发投入增加，创造就业岗位，而服务业具有规模收益递减的特征，盲目的"去工业化"而高质量生产性服务业无法承担提供复杂性服务产品，不但无法实现就业增长，而且只是增加交易成本，而非减少生产成本。此外，历史经验只能总结，而不能抄袭。

知识经济的微观基础在于个体知识创造。个体生产与知识创造同时发生。任一给定时刻，个体产出（或收益）与其知识存量成比例，如果个体处于孤立状态，其新知识也与其知识存量成比例。个体寻求最大化其收益，最合适的交流对象依赖于他们相同的知识存量和各自独占的知识存量。当个体相遇时，他们创造新的共享知识，因此建立共有知识。当相同知识和差异化知识处于均衡状态时，知识创造最具效率。不同想法的联合可以生成更好的想法，这些不同想法，或者不同成分可以被重组。当人们创造和转移知识时，他们也随之改变。因而，他们相遇的历史和知识构成是非常重要的。如果人们已相识很长时间，他们的共同知识基础不断增加，他们的合作关系最终变得不再有效。同样的，如果两个人具有完全不同的知识基础，具有很少共同交流的背景，这样，合作关系将不会很有效。由于企业和区位是知识创造和转移的重要载体，因此，创新氛围和制度设计非常重要。

中国经济现状特征是微观层面的企业收益率太低。解决好民营企业本身的内在问题就是持续改革，减轻企业负担，减少政府干预，彻底激活民间资本的内生动力，让市场在资源配置中起决定性作用。同时，企业是产业集聚的重要依托，是本地化的行为主体，民营经济是依据本地资源禀赋特征发展起来的市场经济产物，加快产业转型升级，需要提升企业质量与发展水平。因此要积极培育企业家精神，促进技术创新和技术推广，从而提升本地的产业结构、技术结构和产品结构，最终实现产业升级（李景海，2011）。

注释：

［1］这里"去工业化"是指 GDP 中制造业产出份额逐步减少。此外，按照国家统计局对工业企业界定，工业行业的企业是《国民经济行业分类》（GB/T4754－2011）中行业代码前两位为 06－46 的企业，即采矿业，制造业，电力、热力、燃气及水生产和供应业，其中制造业增加值占工业增加值约为 80%，本章采用工业等同制造业，且为表述方便，以下同。

［2］重视要素投入性能和可用性的措施，如劳动力、知识、自然资源、物质资本和金融资本。

［3］重视特定制造业企业、部门、跨部门活动以及更广阔宏观环境的竞争力。

［4］由进出口银行的金融支持和小型企业就业法案的相关优惠措施。

［5］创新思想是由熊彼特于 1912 年首次提出，根据熊彼特的定义，创新与创造之间是

存在差异的，知识创造是在组织内部产生全新的知识，而知识创新则包括采用新知识和创造新知识。本章的"创造"或"创新"主要指产生新知识。

[6] 创新理论中有自治论与合成论之说。

[7] 如果人们所知相同，则不能互相学习。

[8] 显然，这里属于异质性个体形成的组织。

[9] Ba 源自于日语中的哲学词汇，它既可以指物理的场所，如办公室、商务会所等也可以指虚拟的场所，如电子邮件、电话会议等，还可以指精神场所，如共享经历、观念和理想。它甚至还可以指某种人际关系或人们之间的共同目标等。野中郁次郎根据知识转化的四种模式，将 Ba 分为原始的 Ba、对话的 Ba、系统的 Ba 和练习的 Ba 四个部分，并指出理解这一概念的关键在于抓住在 Ba 中的知识创造是通过人与人或人与环境相互作用而产生的，这就为知识创新管理提供了一个"具有抽象意义的具体平台"。

[10] 这里意味着个体可以决定是否合作创造新知识，而非合作是唯一均衡。

[11] 即企业生产—渠道销售—最终消费的再生产过程。

[12] 传统工业化模式是以企业为中心进行生产。

[13] 也被称为"需求的长尾（或末端）"。

第十章

全书总结与进一步研究的方向

第一节　全书总结

　　本书从产业空间集聚格局的分布现象开始，吸收新经济地理学理论及其他相关研究成果，阐释生产集中和要素集中的产业集聚生成机理。本书运用主流经济学模型化的方法，构建了包含根植性机理、策动性机理、动力机理、自增强机理和触发性机理的产业集聚生成的理论分析框架，全面分析产业集聚生成机理。本书强调生产空间、策动主体、市场空间以及支持空间促进产业集聚生成的累积循环因果关系和内生形成关系。在此基础上，本书提出产业集聚生成机理的五个理论命题，并利用东莞虎门服装产业集聚对此进行经验检验。进而，本书提出产业集聚与提升区域竞争力的思路是产业圈层布局与区域差异化发展。最后，结合"转型升级之问"、"知识创造之谜"和"创新驱动之路"，提出政策转向：新产业政策与制造业的升级策略、异质性个体与创新驱动政策、嫁接"互联网＋"与民营经济转型升级。

　　产业集聚生成并不是一种偶然现象，它是在一定的约束条件下区域、企业家和要素与产业适应、互动和选择的结果。观察经济活动空间分布，我们可以看到这样一个发展规律：要素集聚—企业集聚—产业集聚—城市群四个层次。它们的结合研究是未来一项重要研究，这样，才能深刻理解产业集聚现象和促进区域经济发展的本质。

　　（1）产业空间集聚是一个世界性现象，它的生成机理是一个非常值得研究的问题。以克鲁格曼为代表的新经济地理学从经济学视角研究本地化规模报酬递增[1]、运输成本和要素迁移内生化产业在空间集聚，由于初始条件、社会资本、产业内外部规模经济、知识溢出以及政策作用都没能很好解释，因此，需要融合其他理论研究成果进行重构。

（2）初始条件和区域社会资本是产业集聚的起始条件，构成了产业集聚生成的根植性机理。它们也构成本书"资源依赖"的分析基础。然而，由于初始条件和社会资本构成的绝对优势和相对优势可以逐渐改变，区域初始条件和社会资本形成了企业内部资源和外部资源网络，只有转化为产业集聚，形成集聚优势，才能更好发挥它们的作用。

（3）企业面对一定约束条件时，通过区位选择来争取最优状态的资源组合，从而获得市场竞争优势。企业家拥有超常的市场洞察力和发现创业机会的能力，他们的选址行为影响产业集聚在何地出现。企业家的社会网络和产业网络交互式联结形成有机系统，进行物质、信息、技术和资本的交换，不断扩大二者融合范围和各自边界，策动产业集聚生成。

（4）生产的地方化规模报酬递增、运输成本和要素迁移生成空间的产业集聚。消费者多样性偏好带来的社会成本和适宜设施联系效应与企业追求前向、后向联系效应导致要素集中和企业迁移。产业垂直上下游联系效应带来生产在空间集中。生产扩大形成国内市场效应，本地市场规模扩大带来市场潜力的提升，企业为了利用产业内部规模经济有动力在空间集聚，正反馈的累积循环因果关系效应共同促成产业集聚内部规模经济。

（5）产业集聚带来内部和外部公共物品提供以及中介组织发展。当产业集聚能够提供更多就业机会和较大发展空间时，带动共享劳动力市场的形成。由于人力资本外部性，带来正式和非正式知识溢出，促进企业创新。分工的相互依赖性和创新的市场效率性，促进生产和技术模块化，形成产业柔性创新型网络组织。因此，社会整体资源进入并服务于产业集聚，推动整体经济组织具有良好的适用性，从而使得产业集聚外部具备规模经济，提升集聚产业组织的经济效率。

（6）产业集聚是自发性市场和制度安排共生演进的产物。因此，要把自由市场作为经济政策的基础，依靠市场力量进行运作。由于市场经济主体受预期支配经济行为，所以政策冲击和系统偶然性会改变市场经济主体预期，引导产业集聚走进另外路经。因此，政府政策和政府行为介入具有存在基础。此外，市场制度改进的潜在效力还很大，我国内部广阔的市场也是经济发展的重要保证，区域经济发展是制度和市场的有效结合。

（7）东莞虎门服装产业集聚为区域产业集聚生成和工业化发展提供了经验支持，推动区域在选择本地有根植性条件，能够形成本地化规模效应的主导产业；同时，利用企业家、产业自身及外部支撑条件以及政府引导促进区域产业做大做强。虎门服装产业集聚利用市场交易平台推动生产集聚、要素集聚和产业集聚为我国其他地区产业集聚、发展本地产业化优势提供了出路。因此，一个地区必须根据自己的实际和优势确定"产业空档"和"市场空间"，选择支柱产业，形成特色经济。

（8）产业集聚生成机理是影响区域和国家产业发展政策的重要因素。产业集聚与提升区域竞争力的道路是产业圈层布局和区域差异化发展。产业圈层布局和区域差异化发展可以实现产业集聚的规模经济和发挥比较优势。此外，区域立足并强调比较优势动态化，它为我国区域产业发展指明了发展方向。从一国范围内看，由于我国各地区所处的经济发展阶段不同，比较优势也有所差异。因此，我国需要各个区域协调合作和差异化发展，以求形成每个区域具有竞争优势的产业，进而在世界范围内具有比较优势；从国际范围内看，遵循区域比较优势才有贸易优势，因而可能发展规模优势，这样才能实现资本和技术比较优势的动态化转换，增强竞争力。

（9）区域经济发展与政策转向。结构调整是资源重置过程，能否达到转型升级的目标，依然需要接受时间的检验。制造业发展水平是衡量国家综合实力的重要标志，"中国制造2025"提供了广东省制造业升级的政策性框架。同时，产业政策矩阵方法有助于对政策机制、目标和潜在影响的更深理解，也提供了评估和设计地区、国家和国际层面产业政策的工具。知识经济的微观基础在于个体知识创造。由于企业和区位是知识创造和转移的重要载体，因此，创新氛围和制度设计非常重要。企业是产业集聚的重要依托，是本地化的行为主体，民营经济是依据本地资源禀赋特征发展起来的市场经济产物，加快产业转型升级，需要提升企业质量与发展水平。解决好民营企业本身的内在问题就是持续改革，减轻企业负担，减少政府干预，彻底激活民间资本的内生动力，让市场在资源配置中起决定性作用。

总之，根植性机理、策动性机理、动力机理、自增强机理和触发性机理都可以成为产业集聚生成的可能，但是如果一国或者一个地区能够按照根植性机理、策动性机理、动力机理、自增强机理和触发性机理这一顺次逻辑顺序相互强化，那么产业集聚必然在该国或者该地区"锁定"生成。

第二节 创新之处及需要进一步的研究

本书创新之处有：

（1）本书从动态化视角，首次提出产业集聚不仅是产业格局的描述，更重要的是生产集中和要素集中的过程。重要的是，本书对产业集聚生成机理进行了一般性质的理论分析，构筑了根植性机理、策动性机理、动力机理、自增强机理和触发性机理的理论分析框架。同时，本书穿插区域、企业家、产业和制度四个层面对产业集聚生成进行理论研究。

（2）本书结合社会资本，由初始条件和社会资本决定的根植性给以产业集聚生成更加令人信服的解释，并且首次全面和更加突出地提出企业家促进要素内生化和在产业集聚生成中的策动作用。此外，本书理清了产业集聚生成过程中的内部规模经济和外部规模经济的关键变量关系，并进行了一系列重构。最后，本书融合新经济地理学冲击和偶然性对产业集聚的影响，从改变预期的视角，提出政策介入的条件。

（3）本书首次选取东莞虎门服装产业集聚作为经验研究对象，对于产业集聚生成机理的理论命题进行经验验证。

本书抓住产业集聚的核心内涵，为产业集聚生成机理提供一个分析框架，并进行一系列的探讨。然而，"横看成岭侧成峰"，本书选取的视角和理论分析有待进一步的研究和改进：

（1）本书从一般制造业的视角，探悉产业集聚生成机理。然而，工业发展的不同阶段[2]，经济发展的主导产业也会不同，那么引起产业集聚的机理也会不尽相同。同时，本书利用东莞虎门服装产业集聚对产业集聚生成机理的理论命题进行一系列的经验验证，虎门服装产业集聚的经验有效性还是比较有限。然而，"尘埃还未落定"，历史长河生生不息，经济现象日新月异，理论探讨和经验研究生命不止。

（2）经济发展是世界各国永恒的主题。然而，产业是一个不变的载体。区域发展战略的选择要从资源禀赋之间的矛盾出发，在空间载体上促发产业集聚，形成空间不平衡发展战略。发展不仅要找出现有生产要素和生产方式的最佳组合方式，还必须发挥和利用那些潜在的、分散的及利用不当的资源和能力。束缚经济发展的首要因素是企业决策能力和企业家才能。因此，需要在企业家精神的两个同等重要的因素——"创造性"与"合作"之间保持适当平衡。然而，企业家理论的笼统概括和经验求证的具体化，依旧需要增添更多的新内容来解释新现象。

（3）模型形式化的局限是很明显的，也为很多学者所诟病之"脱离实际"。理论模型为我们简化分析提供了工具，但是简单假定与舍弃内容是否是将"小孩和洗澡水一起倒掉"需要更多经验证实和更细致的理论研究。然而，经验研究面对的是"窥一斑而知全貌"的尴尬推断，因此只能寄希望于理论推进。由于理论具有更强的张力，所以需要进一步的开拓性研究。毕竟，理论解释力应重于模型形式化。

（4）跨国公司及外国直接投资（FDI）能否促进本地产业集聚，本书涉足很少，它是一个非常值得研究的论题。它的根植性、关联效应发挥的大小以及多大程度上可以为本地产业发展所利用值得进一步研究。由于它涉及太多复杂的企业战略、企业经营与管理等知识，它也可以成为一篇很好的博士论文选题，只能寄希望于未来进一步研究了。

注释：

[1] 报酬递增源于分工，分工促进了专业化和知识积累以及机器应用，提高生产规模。

[2] 工业发展依次经历了手工业时代、工业化时代、后工业化时代，生产要素组合和比例出现规律性变化。工业化进程中的制造业结构都要经历从低到高的演变，这种规律性的趋势表现为：首先是轻纺工业构成制造业发展的主体，接下来是钢铁工业和化学工业等原材料工业占制造业的份额明显上升，然后是以汽车为代表的高加工度工业在制造业中占据重要地位，最后是电子通信产品等技术密集型工业成为制造业增长的主要支持因素。尽管上述制造业结构的演变规律在每个国家的表现方式有所不同，但对工业大国而言，制造业的发展一般要经历上述过程（"基础设施与制造业发展关系研究"课题组，2002）。具体表现为：工业化的推进将引致制造业结构从原材料工业为主转向以高加工度工业为主，并最终进入以技术密集型工业为主的阶段。

参 考 文 献

一、中文部分：

[1]［英］阿尔弗雷德·马歇尔，廉运杰译.经济学原理［M］.北京：华夏出版社，2005.

[2]［德］阿尔弗雷德·韦伯，李刚剑等译.工业区位论［M］.北京：商务印书馆，1997.

[3]［美］艾伯特·赫希曼著，曹征海、潘照东译.经济发展战略［M］.北京：经济科学出版社，1991.

[4]［美］埃德加·M·胡佛，王翼龙译.区域经济学导论［M］.北京：商务印书馆，1990.

[5] 安虎森.空间经济学原理［M］.北京：经济科学出版社，2005.

[6]［美］保罗·克鲁格曼著，蔡荣译.发展、地理学与经济理论［M］.北京：北京大学出版社，中国人民大学出版社，2000.

[7]［美］保罗·克鲁格曼著，张兆杰译.地理与贸易［M］.北京：北京大学出版社，中国人民大学出版社，2000.

[8] 布雷克曼、盖瑞森、马勒惠克，西南财经大学文献中心翻译部译.地理经济学［M］.成都：西南财经大学出版社，2004.

[9] 蔡昉，王德文，王美艳.渐进式改革进程中的地区专业化趋势［J］.经济研究，2002（9）.

[10] 蔡宁，吴结兵.企业集群的竞争优势：资源的结构性整合［J］.中国工业经济，2002（7）.

[11] 陈佳贵，王钦.中国产业集群可持续发展与公共政策选择［J］.中国工业经济，2005（9）.

[12] 陈秀山，张可云.区域经济理论［M］.北京：商务印书馆，2003.

[13] 陈雪梅等著.中小企业集群的理论与实践［M］.北京：经济科学出

版社，2003.

[14] 陈雪梅. 区域核心竞争力：企业集群与地方品牌 [J]. 学术研究，2003（3）.

[15] 陈雪梅，李景海. 预期、产业集聚演进与政府定位 [J]. 学术交流，2008（4）.

[16] 陈雪梅，张毅. 产业集群形成的产业条件及其地方产业集群的政策选择 [J]. 南方经济，2005（2）.

[17] 陈雪梅，赵珂. 中小企业群形成的方式分析 [J]. 暨南学报（哲学社会科学），2001（2）.

[18] 程立茹. 互联网经济下企业价值网络创新研究 [J]. 中国工业经济，2013（9）.

[19] 崔日明，张婷玉. 美国"再工业化"战略与中国制造业转型研究 [J]. 经济社会体制比较，2013（6）.

[20] 邓宏图，康伟. 地方政府、制度、技术外溢预期业集群的模式性知识——以转轨期天津自行车企业集群的演化为例 [J]. 管理世界，2006（2）.

[21] 范剑勇. 产业集聚与地区间劳动生产率差异 [J]. 经济研究，2006（11）.

[22] 范剑勇. 产业集聚与中国地区差距研究 [M]. 上海：格致出版社，上海人民出版社，2008.

[23] 范剑勇，王立军，沈林洁. 产业集聚与农村劳动力的跨区域流动 [J]. 管理世界，2004（4）.

[24] 范剑勇，杨丙见. 美国早期制造业集中的转变及其对中国西部开发的启示 [J]. 经济研究，2002（8）.

[25] 符正平. 论企业集群的产生条件与形成机制 [J]. 中国工业经济，2002（10）.

[26] 冈纳·缪尔达尔. 谭力文，张卫东译. 亚洲的戏剧：对一些国家贫困问题的研究 [M]. 北京：北京经济学院出版社，1992.

[27] 高进田. 区位的经济学分析 [M]. 上海：上海人民出版社，2007.

[28] 高章存等. 企业知识创造机理的认知心理学新探 [J]. 管理学报，2010（1）.

[29] 葛立成. 产业集聚与城市化的地域模式 [J]. 中国工业经济，2004（1）.

[30] 耿帅. 共享性资源与集群企业竞争优势的关联性分析 [J]. 管理世界, 2005 (11).

[31] 龚绍东. 产业集群"蜂巢型结构"形态的实证分析 [J]. 中国工业经济, 2005 (10).

[32] 辜胜阻. 发展方式转变与企业战略转型 [M]. 北京: 人民出版社, 2010.

[33] [美] 哈尔·R·范里安著, 费方域等译. 微观经济学: 现代观点 [M]. 上海: 上海人民出版社, 1994.

[34] 贺灿飞, 魏后凯. 信息成本、集聚经济与中国外商投资区位 [J]. 中国工业经济, 2001 (9).

[35] 贺小刚, 李新春. 企业家能力与企业成长: 基于中国经验的实证研究 [J]. 经济研究, 2005 (10).

[36] 胡锦涛. 坚定不移沿着中国特色社会主义道路前进, 为全面建成小康社会而奋斗 [R]. 2012.

[37] 胡建绩, 陈海滨. 促进产业集群企业衍生的关键"软因素"分析——以浙江"块状经济"企业衍生的经验为例 [J]. 中国工业经济, 2005 (3).

[38] 黄勇. 浙江"块状经济"现象分析 [J]. 中国工业经济, 1999 (5).

[39] 黄永春, 郑江淮等. 中国"去工业化"与美国"再工业化"冲突之谜解析——来自服务业与制造业交互外部性的分析 [J]. 中国工业经济, 2013 (3).

[40] 黄泽民. 我国多中心城市空间自组织过程分析 [J]. 经济研究, 2005 (1).

[41] "基础设施与制造业发展关系研究"课题组. 基础设施与制造业发展关系研究 [J]. 经济研究, 2002 (2).

[42] 贾根良, 张峰. 传统产业的竞争力与地方化生产体系 [J]. 中国工业经济. 2001 (9).

[43] 金碚, 谢晓霞. 美国高技术产业的创业与创新机制及启示 [J]. 管理世界, 2001 (4).

[44] 金祥荣, 朱希伟. 专业化产业区的起源与演化——一个历史与理论视角的考察 [J]. 经济研究, 2002 (8).

[45] 金煜, 陈钊, 陆铭. 中国的地区工业集聚: 经济地理、新经济地理

与经济政策 [J]. 经济研究, 2006 (4).

[46] [德] 柯武钢, 史漫飞. 制度经济学: 社会制度与公共政策 [M]. 北京: 商务印书馆, 2003.

[47] 李建中. 关于浙江产业转型升级的几个问题 [J]. 浙江经济, 2009 (4).

[48] 李海舰, 田跃新, 李文杰. 互联网思维与传统企业再造 [J]. 中国工业经济, 2014 (10).

[49] [英] 李嘉图. 政治经济学及赋税原理 [M]. 北京: 商务印书馆, 1962.

[50] 李景海. 自由主义与政府干预 [J]. 经济问题, 2007 (8).

[51] 李景海. 产业集聚与区域产业升级的互动机制研究——以虎门服装产业集聚为例 [J]. 广东商学院学报, 2011 (1).

[52] 李景海. 以"分利联盟"推动区域产业转型升级: 理论思考与政策改进 [J]. 暨南学报 (哲学社会科学版), 2013 (7).

[53] 李景海, 陈雪梅. 产业集聚策动性机理: 一种企业家视角的分析 [J]. 理论学刊, 2008 (8).

[54] 李景海, 陈雪梅. 产业集聚策动性机理: 企业家创业的视角 [J]. 内蒙古社会科学, 2008 (6).

[55] 李凯, 李世杰. 装备制造业集群耦合结构: 一个产业集群研究的新视角 [J]. 中国工业经济, 2005 (2).

[56] 李立辉等. 区域产业集群与工业化反梯度推移 [M]. 北京: 经济科学出版社, 2005.

[57] 李廉水, 周彩虹. 区域分工与中国制造业发展——基于长三角协整检验与脉冲响应函数的实证分析 [J]. 管理世界, 2007 (10).

[58] 李平, 狄辉. 产业价值链模块化重构的价值决定研究. 中国工业经济, 2006 (9).

[59] 李小建等. 经济地理学 [M]. 北京: 高等教育出版社, 1999.

[60] 李永刚. 论产业集群创新与模仿的战略选择 [J]. 中国工业经济, 2004 (12).

[61] 李国平, 范红忠. 生产集中、人口分布与地区经济差异 [J]. 经济研究, 2003 (11).

[62] 李俊江, 马颖. 地区聚集和合作优势: 以信息产业跨国投资为例

[J]. 世界经济, 2004 (9).

[63] 李新春. 企业家过程与国有企业的准企业家模型 [J]. 经济研究, 2000 (6).

[64] 李元华. 浙闽粤三省民营经济发展比较研究 [J]. 湖南工业大学学报 (社会科学版), 2015 (2).

[65] 梁琦. 高技术产业集聚的新理论解释 [J]. 广东社会科学, 2004a, (2).

[66] 梁琦. 产业集聚论 [M]. 北京: 商务印书馆, 2004b.

[67] 梁琦. 中国制造业分工、地方专业化及其国际比较 [J]. 世界经济, 2004c, (12).

[68] 梁琦, 詹亦军. 地方专业化、技术进步与产业升级——来自长三角的证据 [J]. 经济理论与经济管理, 2006 (1).

[69] 梁琦. 分工、专业化与产业集聚 [J]. 管理科学学报, 2006 (12).

[70] 梁琦, 钱学锋. 外部性与产业集聚: 一个文献综述 [J]. 世界经济, 2007 (2).

[71] 林理升, 王晔倩. 运输成本、劳动力流动与制造业区域分布 [J]. 经济研究, 2006 (3).

[72] 林毅夫, 蔡昉, 李周. 中国的奇迹: 发展战略与经济改革 (第二版、增订版) [M]. 上海: 上海人民出版社, 2002.

[73] 刘力钢等. 高技术企业知识创造与可持续竞争优势 [J]. 辽宁大学学报 (哲学社会科学版), 2007 (1).

[74] 刘乃全等著. 中小企业: 意大利通往繁荣之路 [M]. 上海: 上海财经大学出版社, 2003.

[75] 刘天卓, 陈晓剑. 产业集聚与公司选址模型分析 [J]. 经济管理, 2005 (18).

[76] 刘修岩, 贺小海, 殷醒民. 市场潜能与地区工资差距: 基于中国地级面板数据的实证研究 [J]. 管理世界, 2007a, (9).

[77] 刘修岩, 贺小海, 殷醒民. 市场潜能与制造业空间集聚: 基于中国地级城市面板数据的经验研究 [J]. 世界经济, 2007b, (11).

[78] 刘修岩, 贺小海. 市场潜能、人口密度与非农劳动生产率——来自中国地级面板数据的证据 [J]. 南方经济, 2007 (11).

[79] 刘友金. 集群式创新与创新能力集成———个培育中小企业自主创

新能力的战略新视角 [J]. 中国工业经济, 2006 (11).

[80] 刘友金, 徐尚昆, 田银华. 集群中的企业信任机制研究——基于种群互相回报式合作行为博弈模型的分析 [J]. 中国工业经济, 2007 (11).

[81] 吕文栋, 朱华晟. 浙江产业集群的动力机制——基于企业家的视角 [J]. 中国工业经济, 2005 (4).

[82] 路江涌, 陶志刚. 中国制造业区域聚集及国际比较 [J]. 经济研究, 2006 (3).

[83] 陆立军, 杨海军. 市场拓展、报酬递增与区域分工 [J]. 经济研究, 2007 (4).

[84] 陆铭, 陈钊, 严冀. 收益递增、发展战略与区域经济的分割 [J]. 经济研究, 2004 (1).

[85] 罗珉, 李亮宇. 互联网时代的商业模式创新: 价值创造视角 [J]. 中国工业经济, 2015 (1).

[86] 罗勇, 曹丽莉. 中国制造业集聚程度变动趋势实证研究 [J]. 统计研究, 2005 (8).

[87] 马斌, 徐越倩. 社区性产业集群与合作性激励的生成——对温州民间商会生发机制的社会经济学考察 [J]. 中国工业经济, 2006 (7).

[88] 马克思. 郭大力, 王亚南译. 资本论 [M]. 北京: 人民出版社, 1975.

[89] [美] 迈克尔·波特, 李明轩、邱如美译. 国家竞争优势 [M]. 北京: 华夏出版社, 2002.

[90] [美] 曼昆著, 梁小民译. 经济学原理 (下册) [M]. 北京: 机械工业出版社, 2005.

[91] 宁俊. 服装产业经济学 [M]. 中国纺织出版社, 2004.

[92] [美] 诺思. 经济史中的结构与变迁 [M]. 上海: 上海人民出版社, 1994.

[93] [英] 彭罗斯著, 赵晓译. 企业成长理论 [M]. 上海: 上海人民出版社, 2007.

[94] 彭晓燕, 钟学旗. 中小企业发展的蓝海战略理论研究 [J]. 经济经纬, 2009 (2).

[95] 钱学峰, 梁琦. 分工与集聚的理论渊源 [J]. 江苏社会科学, 2007 (2).

[96] 青木昌彦, 安藤晴彦. 周国荣译. 模块时代: 新产业结构的本质 [M]. 上海: 上海远东出版社, 2003.

[97] 丘海雄, 徐建牛. 产业集群技术创新中的地方政府行为 [J]. 管理世界, 2004 (10).

[98] 任寿根. 新兴产业集群与制度分割——以上海外高桥保税区新兴产业集群为例 [J]. 管理世界, 2004 (2).

[99] 任曙明, 原毅军. 产业分工细化与经济中介组织的发展 [J]. 中国工业经济, 2003 (11).

[100] 任太增. 需求结构与区域产业结构同质化趋势 [J]. 当代经济研究, 2002 (3).

[101] 任志安, 李梅. 企业集群的信用优势分析 [J]. 中国工业经济, 2004 (7).

[102] 芮明杰等. 高技术企业知识创新模式研究 [J]. 外国经济与管理, 2004 (5).

[103] 史东明. 我国中小企业集群的效率改进 [J]. 中国工业经济, 2007 (2).

[104] 宋泓. 中国成为世界制造业中心的条件研究 [J]. 管理世界, 2005 (2).

[105] 宋子鹏. 充分发挥潜力　加快转型升级提高民营经济发展水平——2008 - 2013 年广东民营经济发展情况分析 [EB/OL]. 2014 - 06 - 20. http: //www. gdstats. gov. cn/tjzl/tjfx/201408/t20140828_162297. html.

[106] 孙洛平, 孙海琳. 产业集群的交易费用理论 [M]. 北京: 中国社会科学出版社, 2006.

[107] 孙鳌, 陈雪梅. 企业的自制 - 外购决策: 一个几何模型 [J]. 汕头大学学报 (人文社会科学版), 2007 (1).

[108] 邵昶, 李健. 产业链 "波粒二象性" 研究——论产业链的特性、结构及其整合 [J]. 中国工业经济, 2007 (9).

[109] 盛昭瀚, 蒋德鹏. 演化经济学 [M]. 上海: 上海人民出版社, 2002.

[110] 藤田昌久, 蒂斯. 刘峰, 张雁, 陈海威译. 集聚经济学 [M]. 成都: 西南财经大学出版社, 2004.

[111] 藤田昌久, 克鲁格曼, 维纳布尔斯. 梁琦译. 空间经济学——城

市、区域与国际贸易 [M]．北京：中国人民大学出版社，2005．

[112] [美] 瓦尔特·艾萨德，陈宗兴、尹怀庭译．区域科学导论 [M]．北京：高等教育出版社，1991．

[113] 王宏．企业实施差异化战略研究 [J]．生产力研究，2007 (1)．

[114] 王缉慈．地方产业群战略 [J]．中国工业经济，2002 (3)．

[115] 王剑，徐康宁．FDI 的地区聚集及其空间演化——以江苏为例的研究 [J]．中国工业经济，2004 (12)．

[116] 王珺．衍生型集群：珠江三角洲西岸地区产业集群生成机制研究 [J]．管理世界，2005 (8)．

[117] 王庭东．新科技革命、美欧"再工业化"与中国要素集聚模式嬗变 [J]．世界经济研究，2013 (6)．

[118] 王业强，魏后凯．产业地理集中的时空特征分析——以中国 28 个两位数制造业为例 [J]．统计研究，2006 (6)．

[119] 王业强，魏后凯．产业特征、空间竞争与制造业地理集中——来自中国的经验证据 [J]．管理世界，2007 (4)．

[120] 王小勇．市场潜力、外部性与中国地区工资差异 [J]．南方经济，2006 (8)．

[121] 魏后凯．大都市区新型产业分工与冲突管理——基于产业链分工的视角 [J]．中国工业经济，2007 (2)．

[122] 魏守华．集群竞争力的动力机制以及实证分析 [J]．中国工业经济，2002 (10)．

[123] [美] 威廉·阿朗索．区位和土地利用：地租的一般理论 [M]．北京：商务印书馆，2007．

[124] 文嫭，曾刚．嵌入全球价值链的地方产业集群发展——地方建筑陶瓷产业集群研究 [J]．中国工业经济，2004 (6)．

[125] 文玫．中国工业在区域上的重新定位和聚集 [J]．经济研究，2004 (2)．

[126] 吴德进．产业集群的组织性质：属性与内涵 [J]．中国工业经济，2004 (7)．

[127] 吴金明，张磐，赵曾琪．产业链、产业配套半径与企业自生能力 [J]．中国工业经济，2005 (2)．

[128] 巫景飞，芮明杰．产业模块化的微观动力机制研究——基于计算

机产业演化史的考察 [J]. 管理世界, 2007 (10).

[129] 吴学花, 杨蕙馨. 中国制造业产业集聚的实证研究 [J]. 中国工业经济, 2004 (10).

[130] 吴照云, 王宇露. 企业文化与企业竞争力 [J]. 中国工业经济, 2003 (12).

[131] 徐康宁. 开放经济中的产业集群与竞争力 [J]. 中国工业经济, 2001 (11).

[132] 徐康宁, 王剑. 自然要素丰裕程度与经济发展水平关系的研究 [J]. 经济研究, 2006a, (1).

[133] 徐康宁, 王剑. 要素禀赋、地理因素与新国际分工 [J]. 中国社会科学, 2006b, (6).

[134] 许罗丹, 谭卫红. 外商直接投资聚集效应在我国的实证分析 [J]. 管理世界, 2003 (7).

[135] 徐强. 产业集聚因何而生——中国产业集聚形成机理与发展对策研究 [M]. 杭州: 浙江大学出版社, 2004.

[136] 徐维祥. 浙江"块状经济"地理空间分布特征及成因分析 [J]. 中国工业经济, 2001 (12).

[137] 亚当·斯密, 郭大力、王亚南译. 国民财富的性质和原因的研究 [M]. 北京: 商务印书馆, 1979.

[138] 杨蕙馨, 刘春玉. 知识溢出效应与企业集聚定位决策 [J]. 中国工业经济, 2005 (12).

[139] 杨蕙馨, 纪玉俊, 吕萍. 产业链纵向关系与分工制度安排的选择及整合 [J]. 中国工业经济, 2007 (9).

[140] 杨建梅, 冯广森. 东莞台资 IT 企业集群产业结构剖析 [J]. 中国工业经济, 2002 (8).

[141] 杨小凯. 经济学原理 [M]. 北京: 中国社会科学出版社, 1998.

[142] 姚先国, 朱海就. 产业区"灵活专业化"的两种不同模式比较——兼论"特质交易"观点 [J]. 中国工业经济, 2002 (6).

[143] [美] 约瑟夫·熊彼特, 何畏、易家详等译. 经济发展理论 [M]. 北京: 商务印书馆, 1997.

[144] 张杰, 刘东. 我国地方产业集群的升级路径: 基于组织分工架构的一个初步分析 [J]. 中国工业经济, 2006 (5).

[145] 张杰，刘志彪，郑江淮. 中国制造业企业创新活动的关键影响因素研究——基于江苏省制造业企业问卷的分析 [J]. 管理世界，2007 (6).

[146] 张杰，刘志彪，郑江淮. 产业链定位、分工与集聚如何影响企业创新——基于江苏省制造业企业问卷调查的实证研究 [J]. 中国工业经济，2007 (7).

[147] 张敬川，陈雪梅. 集群中企业的竞争优势：关系的观点 [J]. 宁夏社会科学，2007 (6).

[148] 张威. 中国装备制造业的产业集聚 [J]. 中国工业经济，2002 (3).

[149] 张晓娣. 公共教育投资与延长人口红利 [J]. 南方经济，2013 (11).

[150] 张昕，李廉水. 制造业聚集、知识溢出与区域创新绩效——以我国医药、电子及通信设备制造业为例的实证研究 [J]. 数量经济技术经济研究，2007 (8).

[151] 张亚斌，黄吉林，曾铮. 城市群、"圈层"经济与产业结构升级——基于新经济地理学理论视角的分析 [J]. 中国工业经济，2006 (12).

[152] 张涌，陈雪梅. 基于制度视角产业集群的形成机理分析 [J]. 暨南学报（哲学社会科学版），2008 (2).

[153] 赵洪珊. 现代服装产业运营 [M]. 中国纺织出版社，2007.

[154] 赵伟，张萃. FDI与中国制造业区域集聚：基于20个行业的实证分析 [J]. 经济研究，2007 (11).

[155] 赵文红，李垣，彭李军. 中国企业家成长的网络模式及转型 [J]. 西安交通大学学报（社会科学版），2004 (4).

[156] 郑风田，唐忠. 我国中小企业簇群成长的三维度原则分析 [J]. 中国工业经济，2002 (11).

[157] 中共中央关于全面深化改革若干重大问题的决定 [R]. 2013 – 11.

[158] 周凌. 虎门服装产业集群的发展战略思考 [J]. 山东纺织经济，2007 (4).

[159] 祝福冬. 东莞服装产业集群存在的问题及其对策 [J]. 商场现代化，2008 (5).

[160] 朱恒鹏. 企业规模、市场力量与民营企业创新行为 [J]. 世界经济，2006 (12).

［161］朱瑞博．模块化抗产业集群内生性风险的机理分析［J］．中国工业经济，2004（5）．

［162］朱希伟．偏好、技术与工业化［J］．经济研究，2004（11）．

［163］朱希伟，金祥荣，罗德明．国内市场分割与中国的出口贸易扩张［J］．经济研究，2005（12）．

［164］朱英明．长江三角洲地区外商投资企业空间集群与地区增长［J］．中国工业经济，2002（1）．

二、英文部分：

［1］Amiti M. Location of vertically linked industries：agglomeration versus comparative advantage［J］．European Economic Review，Vol. 49，2005：809－832.

［2］Andreoni A. & Scazzieri R.．Triggers of change：Structure trajectories and production dynamics［J］．Cambridge Journal of Economics，2014（38）：1391－1408.

［3］Androutsos A.．Access link bandwidth externalities and endogenous internet growth：a long-run economic approach［J］．International Journal of Network Management，2011，21（1）：21－24.

［4］Appold S. A.．The control of high-skill labor and entrepreneurship in the early US semiconductor industry［J］．Environment and Planning，Vol. 32，2000.

［5］Arrow K. Gifts and exchanges［J］．Philosophy and public Affairs，Vol. 1，No. 3，1972：343－362.

［6］Arthur W. Positive feedbacks in the economy［J］．Scientific American，Vol. 262，1990：92－99.

［7］Behrens K. , Thisse J. Regional economics：A new economic geography perspective［J］．Regional Science and Urban Economics，Vol. 37，2007：457－465.

［8］Berliant M. , Fujita M. Knowledge Creation as a Square Dance on the Hillbert Cube［J］．Discussion Paper. 2004，No.（580）.

［9］Berliant M. , Fujita M. Knowledge creation as a square dance on the Hilbert cube［J］．MPRA Paper，No.（4680），2007b：1－36.

参考文献

[10] Berliant M. , Fujiata M. . Dynamics of Knowledge Creation and Transfer: The two person case [J]. International Journal of Economic Theory, 2009 (5): 155 – 179.

[11] Beyer A. , Farmer R. . On The Indeterminacy of New-Keynesian Economics [J]. Working Paper, No. 323, 2004.

[12] Boschma R. A. , Lambooy J. . Evolutionary economics and economic geography [J]. Journal of Evolutionary Economics, Vol. 9, 1999.

[13] Blecker R. . External shocks, structural change, and economic growth in Mexico, 1979 – 2007 [J]. World Development, 2007 (37): 1274 – 1284.

[14] Brakman S. , Garretsen H. New economic geography: closing the gap between theory and emprics [J]. Regional science and urban economics, 2006 (36): 569 – 570.

[15] Brakman S. , Garretsen H, Gorter J, Horst A. New Economic Geography, Empirics, and Regional Policy [J]. Working papers No. 56, 2005: 13 – 54.

[16] Brakman S. , Garretsen H, Schramm M. Put new economic geography to the test: Free-ness of trade and agglomeration in the EU regions [J]. Regional science and urban economics, 2006 (36): 613 – 635.

[17] Breger, Philip G. and Eli Ofek. Diversification's Effect on Firm Value [J]. Journal of Financial Economics, 1995 (37): 39 – 65.

[18] Brenner T. A theory of local industrial clusters [J], http: //www. bwl. uni-kiel. de/phd/files/paper_brenner1. pdf.

[19] Buenstorf G. Sequential production, modularity and technological change [J]. Structural Change and Economic Dynamics, 2005 (16): 221 – 241.

[20] Carrado et al. . Innovation and intangible investment in Europe, Japan, and the United States [J]. Oxford Review of Economic Policy, 2013 (2): 261 – 286.

[21] Chang C. , Oxley L. Industrial agglomeration, Geographic innovation, Total factor productivity: the case of Taiwan [J]. Working papers in Economics from University of Canterbury, 2008: 3 – 14.

[22] Chiarvesio M, Maria E, Micelli S. From local networks of SMEs to virtual districts? Evidence from recent trends in Italy [J]. Research Policy, Vol. 33, 2004: 1509 – 1528.

[23] Coe N. , Dicken P. , Hess M. . Introduction: global production networks—debates and challenges [J]. Journal of Economic Geography, 2008 (8): 267 - 269.

[24] Coe N. M. , Dicken P. & Hess M. . Global Production Networks: Realizing the Potential [J]. Journal of Economic Geography, 2008, 8 (3): 271 - 295.

[25] Cooke P, Clifton N, Oleaga M. Social Capital, Firm Embeddedness and Regional Development [J]. Regional Studies, Vol. 39, No. 8, 2005: 1065 - 1077.

[26] Crevoisier O. Financing endogenous regional development: the role of proximity capital in the age ofglobalization [J]. European Planning Studies, 1997, Vol. 5, Issue 3: 407 - 415.

[27] Cruz M. . Premature de-industrialisation: theory, evidence and policy recommendations in the Mexican case [J]. Cambridge Journal of Economics, 2015 (35): 113 - 137.

[28] Dasgupta S. & Singh A. . Manufacturing, services and premature deindustrialization in developing economies: a Kaldorian analysis [J]. UNU-WIDER Research Paper, 2006 (46): 1 - 20.

[29] Davis D. , Weinstein D. Economic geography and regional production structure: An empirical investigation [J]. European Economic Review, Vol. 43, Issue 2, 1999: 379 - 407.

[30] Davis D. , Weinstein D. Bones, bombs, and break points: The geography of economic activity [J]. The American Economic Review, Vol. 92, No. 5, 2002: 1269 - 1289.

[31] Davis D. , Weinstein D. Market access, Economic geography and comparative advantage: An empirical assessment [J]. Journal of International Economics, Vol. 59, Issue 1, 2003: 1 - 23.

[32] Defever F. Functional fragmentation and the location of multinational firms in the enlarged Europe [J]. Regional Science and Urban Economics, 2006 (36): 658 - 677.

[33] Dixit A. , Stiglitz J. Monopolistic Competition and Optimum Product Diversity [J]. The American Economic Review, Vol. 67, No. 3, 1977: 297 - 308.

参考文献

[34] Dodgson M. , Hughes A. , Foster J & Metcalfe S. . System Thinking, Market Failure, and the Development of Innovation Policy: The Case of Australia [J]. Research Policy, 2011 (40): 1145 – 1156.

[35] Domestic Policy Council. American Competitiveness Initiative [M]. Washington, DC, Domestic Policy Council, 2006.

[36] Dosi G. Source, procedures and microeconomic effect of innovation [J]. Journal of Economic Literature, Vol. 26, No. 3, 1998: 1120 – 1171.

[37] Duranton G. , Puga D. Micro-foundations of urban agglomeration economies [J]. NBER Working Paper No. 9931, 2003: 1 – 41.

[38] Ebersberger B. , Loof H. Multinational enterprises, spillovers, innovation and productivity [J]. CESIS No. 22, 2004: 1 – 28.

[39] Ellison G. , Glaeser E. Geographic concentration in US Manufacturing industries: a dartboard approach [J]. Journal of Political Economy, Issue 105, No. 5, 1997: 889 – 927.

[40] EOP. A National Strategic Plan for Advanced Manufacturing [M]. Washington, DC, Executive Office of the President of the US, 2012.

[41] EOP PCAST. Report to the President on Ensuring American Leadership in Advanced Manufacturing [M]. Washington, DC, Executive Office of the President of the US and President's Council of Advisors on Science and Technology, 2011.

[42] Ezell S. J. & Atkinson R. D. . International Benchmarking of Countries' Policies and Programs Supporting SME Manufacturers [M]. Washington, DC, Information Technology and Innovation Foundation, 2011.

[43] Feldman M. , Francis J. , Bercovitz J. Creating a cluster while building a firm: entrepreneurs and the formation of industrial clusters [J]. Regional Study, Vol. 39, No. 1, 2005: 129 – 141.

[44] Fory F. . Global policy developments towards industrial policy and skill: skill for competitiveness and growth [J]. Oxford Review of Economic Policy, 2013, 29 (2): 344 – 360.

[45] Freeman C. . Technology Policy and Economic Performance: Lessons from Japan [M]. London, Pinter, 1987.

[46] Fuchs E. Rethinking the Role of the State in Technology Development: DARPA and the Case For Embedded Network Governance [J]. Research Policy,

2010 (39): 1133 – 1147.

[47] Fujita M. Thunen and the New Economic Geography [J]. 2000: 1 – 21.

[48] Fujita M. A monopolistic competition model of spatial agglomeration: differentiated product approach [J]. Regional Science and Urban Economics, Vol. 19, 1988: 87 – 124.

[49] Fujita M. Towards the new economic geography in the brain power society [J]. Regional Science and Urban Economics, 2007, 37 (4): 482 – 490.

[50] Fujita M., Hu D. Regional disparity in China 1985 – 1994: The effects of globalization and economic liberalization [J]. The annals of Regional Science, Vol. 35, 2001: 3 – 37.

[51] Fujita M., Krugman P. The New Economic Geography: Past, Present and the Future [J]. Journal of Regional Science, Vol. 83, 2004: 139 – 164.

[52] Fujita M., Mori T. Frontiers of the New Economic Geography [J]. Discussion Paper, No. 27, 2005: 1 – 21.

[53] Fujita M., Thisse J. Economics of agglomeration [J]. Journal of The Japanese and international Economics, Vol. 10, 1996: 339 – 378.

[54] Fujita M., Thisse J. Does geographical agglomeration foster economic growth? and who gains and loses from it? [J]. The Japanese Economic Review, Vol. 54, No. 2, 2003: 121 – 145.

[55] Fujita M., Thisse J. Spatial Competition with a Land Market: Hotelling and Von Thunen Unified [J]. The Review of Economic Studies, Vol. 53, No. 5, 1986: 819 – 841.

[56] Gereffi G., Humphrey J. & Sturgeon T.. The Governance of Global Value Chains [J]. Review of International Political Economy, 2005, 12 (2): 78 – 104.

[57] Hafner K. A. Agglomeration economies and clustering-Evidence from German firms [J]. CEGE Discussion Paper (1439 – 2305), 2008, Number 72: 1 – 22.

[58] Hanson G. Market potential, increasing returns and geographic concentration [J]. Journal of International Economics, 2005 (67): 1 – 24.

[59] Hanson G., Xiang C. The Home-market effect and bilateral trade patterns [J]. The American Economic Review, Vol. 94, No. 4, 2004: 1108 – 1129.

[60] Harrigan J. , Venables A. Timeliness and agglomeration [J]. Journal of Urban Economics, Vol. 59, 2006: 300 – 316.

[61] Head K. , Mayer T. The empirics of agglomeration and trade [J]. 2003: 1 – 46.

[62] Head K. , Mayer T. Market potential and the location of Japanese investment in the European Union [J]. The Review of Economics and Statistics, Vol. 86, Issue 4, 2004: 959 – 972.

[63] Head K. , Mayer T. Regional wage and employment responses to market potential in the EU [J]. Regional Science and Urban Economics, Vol. 36, Issue 5, 2006: 573 – 594.

[64] Head K. , Mayer T. , Ries J. On the prevasiveness of Home Market Effects [J]. Economica, 2002 (69): 371 – 390.

[65] Head K. , Ries J. Increasing returns versus national product differentiation as an explanation for the pattern of US-Canada trade [J]. American Economic Review, Vol. 91, Issue 4, 2001: 858 – 876.

[66] Helpman E. , Krugman P. Market structure and foreign trade [M]. Cambridge: MIT Press, 1985.

[67] Hirzinger G. Raumfahrtroboter-Prototypen fur die industry [J]. Spektrum der Wissenschaft, 1998: 80 – 87.

[68] Ikujiro Nonaka, Hirotaka Takeuchi. The Knowledge Creating Company [M]. Oxford University Press, 1995.

[69] Johansson B. , Loof H. , Olsson A. Firm location, corporate structure, R&D investment and productivity [J]. CESIS No. 31, 2005: 1 – 18.

[70] Jones R. , Kierzkowski H. International fragmentation and the new economic geography [J]. North American Journal of Economics and Finance, Vol. 16, 2005: 1 – 10.

[71] Jovanovic, B. , and R. Rob, The growth and diffusion of knowledge [J]. The Review of Economic Studies, 1989 (56): 569 – 82.

[72] Kaldor N. . Cause of the slow rate of economic growth in the United Kingdom (in Targetti F. & Thirlwall A. (eds) The essential Kaldor) [J]. London, Duckworth, 1989: 282 – 310.

[73] Kang S. & Lee H. . Foreign direct investment and de-industrialisation,

World Economy [J]. 2011 (34): 313 – 329.

[74] Kawakami M. et al.. Global Value Chains in the Electronics Industry [M], in Global Value Chains in a Postcrisis World: A Development Perspective. Washington, DC, World Bank, 2010.

[75] Kay J. The real economy, http: //www. johnkay. com/politics/.

[76] Kehoe T. & Meza F.. Catch-up growth followed by stagnation: Mexico, 1950 – 2010 [J]. Latin American Journal of Economics, 2011 (48): 227 – 268.

[77] Knaap T. Trade, location, and wages in the United States [J]. Regional Science and Urban Economics, 2006 (36): 595 – 612.

[78] Krugman P. Scale Economies, Product Differentiation, and the Pattern of Trade [J]. The American Economic Review, Vol. 70, No. 5, 1980: 950 – 959.

[79] Krugman P. Increasing returns and economic geography [J]. Journal of Political Economy, Vol. 99, No. 3, 1991a: 483 – 499.

[80] Krugman P. History and Expectation [J]. The Quarterly Journal of economics, Vol. 106, No. 2, 1991b: 651 – 667.

[81] Krugman P. First nature, second nature, and metropolitan location [J]. Journal of regional science, Vol. 33, No. 2, 1993: 129 – 144.

[82] Krugman P. Space: the final frontier [J]. The Journal of Economic Perspective, Vol. 12, No. 2, 1998: 161 – 174.

[83] Lambooy J. G., Boschma R. A.. Evolutionary economics and regional policy [J]. Annals of Regional Science, Vol. (35), 2001.

[84] Liu H., Fujita M. A monopolistic competition model of spatial agglomeration with variable denisity [J]. The Annals of Regional Science, Vol. 25, 1991: 81 – 99.

[85] Lin J. Y.. New Structural Economics: A Framework for Rethinking Development and Policy [M]. Washington, DC, World Bank, 2012.

[86] Lucas R. On the mechanics of economic development [J]. Journal of Monetary Economics, Vol. 22, 1988: 3 – 42.

[87] Lundvall B. A. (ed.). National Systems of Innovation: Towards a Theory of Innovation and Interactive Learning [M]. London, Pinter, 1992.

[88] Malerba F. Sectoral System of Innovation and Production [J]. Research Policy, 2002 (31): 247 – 264.

参考文献

[89] Markides C. Consequences of Corporate Refocusing: Ex-ante Evidence [J]. Academy of Management Journal, 1992 (35): 398 – 412.

[90] Markusen A. Sticky places in slippery space: a typology of industrial disticts [J]. Economic Geography, Vol. 72, 1996: 292 – 313.

[91] Markusen J. , Venables A. Interacting factor endowments and trade costs: A multi-country, multi-good approach to trade theory [J]. Journal of International Economics, Vol. 73, Issue 2, 2007: 333 – 354.

[92] Maskell P. Social capital, innovation and competitiveness [J]. in Social Capital: Critical Perspective, 2000: 111 – 123.

[93] Matsuyama K. , Takahashi T. Self-defeating Regional Concentration [J]. Review of Economic Studies, Vol. 65, Issue 2, 1998: 211 – 234.

[94] Matuschewski A. Regional embeddedness of information economy enterprises in Germany [J]. ERSA conference paper, 2002: 1 – 17.

[95] May W. , Mason C. , Pinch S. Explaining industrial agglomeration: the case of the British High-fidelity industry [J]. Geoforum, Vol. 32, 2001: 363 – 376.

[96] McCann P. , Arita T. , Gordon I. Industrial clusters, transactions costs and the institutional determinants of MNE location behavior [J]. International Business Review, Vol. 11, 2002: 647 – 663.

[97] Milner C. , Reed G. , Talerngsri P. Vertical linkages and agglomeration effects in Japanese FDI inThailand [J]. Journal of the Japanese and International Economies, Vol. 20, Issue 2, 2006: 193 – 208.

[98] Miroudot S. , Lanz R. & Ragoussis A. . Trade in Intermediate Goods and Services [M]. OECD Trade Policy Working Papers, 2009.

[99] Mori T. , Nishikimi K. Self-organization in the spatial economy: size, location and specialization of cities [J]. Discussion paper No. 532, 2001: 1 – 25.

[100] Mori T. , Nishikimi K. , Smith T. Some empirical regularities of spatial economies: a relationship between industrial location and city size [J]. Discussion paper No. 551, 2002: 1 – 28.

[101] Mori T. , Nishikimi K. Economies of transport density and industrial agglomeration [J]. Regional Science and Urban Economics, 2002 (32): 167 – 200.

[102] Neary J. Of hype and hyperbolas: introducing the New Economic Geography [J]. Journal of Economic Literature, Vol. 39, No. 2, 2001: 536 – 561.

[103] Nelson R. (ed.). National Innovation Systems: A Comparative Analysis [M]. New York and Oxford, Oxford University Press, 1993.

[104] NIST. The Current State and Recent Trends of the US Manufacturing Industry, NIST Special Publication 1142, Washington, DC, National Institute of Standards and Technology, 2013.

[105] O'Sullivan E. A Review of International Approaches to Manufacturing Research [D]. Cambridge, University of Cambridge Institute for Manufacturing, 2011.

[106] O'Sullivan E. et al.. What is new in the new industrial policy? A manufacturing systems perspective [J]. Oxford Review of Economic Policy, 2013 (29): 432 – 462.

[107] OMB. The President's Budget for the Fiscal Year 2013, Washington, DC, US Office of Management and Budget, 2012.

[108] Ottaviano G., Pinelli D. Market potential and productivity: Evidence from Finnish regions [J]. Regional Science and Urban Economics, 2006 (36): 636 – 657.

[109] Ottaviano G., Tabuchi T, Thisse J. Agglomeration and trade revisited [J]. International Economic Review, Vol. 43, No. 2, 2002: 409 – 434.

[110] Ottaviano G., Thisse T. Agglomeration and economic geography [J]. CEPR Discussion Paper, No. 3838, 2003: 1 – 40.

[111] Ottaviano G., Thisse T. New economic geography: what about the N? [J]. CORE Discussion Paper, No. 2004065, 2004: 1 – 21.

[112] Oyama D. History versus expectations in economic geography reconsidered [J]. Journal of Economic Dynamics & Control, Vol. 33, Issue 2, 2009: 394 – 408.

[113] Ottaviano G. 'New' new economic geography: firm heterogeneity and agglomeration economies [J]. Journal of Economic Geography, 2011 (11): 231 – 240.

[114] Pallares-Barbera M., Tulla A., Vera A. Spatial loyalty and territorial embeddedness in the multi-sector clustering of the Bergueda region in Catalonia (Spain) [J]. Geoforum, Vol. 35, Issue 5, 2004: 635 – 649.

[115] Phelps N., Mackinnon D., Stone I., Braidford P. Embedding the multinationals? Institutions and the Development of Overseas manufacturing affiliates

in Wales and North East England [J] Regional Studies, Vol. 37, 2003: 27 – 40.

[116] Pisano G. P. & Shih W. C.. Producing Prosperity: Why America Needs a Manufacturing Renaissance [M]. Boston, MA, Harvard Business Review Press, 2012.

[117] Pontes J. Exchange of intermediate goods and the agglomeration of firms [J]. Economics Bulletin, Vol. 3, No. 27, 2002: 1 – 7.

[118] Pontes J. Agglomeration in a vertically-related oligopoly [J]. Portuguese Economic Journal, Vol. 4, 2005: 157 – 169.

[119] Putnam M. Bowling Alone: the collapse and revival of American community [M]. New York: Simon and Schuster, 2000.

[120] Romer P. New theories of Economic Growth: Growth based on increasing returns due to specialization [J]. The American Economic Review, Vol. 77, No. 2, 1987: 56 – 62.

[121] Rosenthal S., Strange W. Evidence on the nature and Sources of Agglomeration Economics [J]. in Handbook of Regional and Urban Economics, Vol. 4, 2004: 2119 – 2171.

[122] Rowthorn R. & Coutts K.. Deindustrialization and the balance of payments in advanced economies [J]. UNCTAD Discussion Papers, 2004 (170): 1 – 23.

[123] Rowthorn R. & Ramaswamy R.. Growth, Trade and Deindustrialisation [J]. IMF Staff Papers, 1999 (46): 18 – 41.

[124] Schuller T., Baron S., Field J. Social capital: a review and critique [J]. in Social Capital: Critical Perspective, 2000: 1 – 38.

[125] Scott A. Origins and growth of the Hollywood motion-picture industry: the first three decades [J]. Working Paper. 2004.

[126] Storper M. The Resurgence of Regional Economies, Ten Years Later: The Region as a Nexus of Untraded Interdependencies [J]. European Urban and Regional Studies, Vol. 2, No. 3, 1995: 191 – 221.

[127] Tassey G.. Rationales and Mechanism for Revitalizing US Manufacturing R & D Strategies [J]. Journal of Technology Transfer, 2010 (35): 283 – 333.

[128] Taylor M. Enterprise, Embeddedness and Exclusion: Business and Development in Fiji [J]. Fijdschrift voor Economische en Sociale Geofrafie, Vol. 93,

No. 3, 2002: 302 – 315.

[129] Tiebout C. A pure theory of local expenditure [J]. The Journal of Political Economy, Vol. 64, No. 5, 1956: 416 – 424.

[130] UNIDO. Industrial Development Report 2011 [R]. Vienna, United Nations Industrial Development Organization, 2011.

[131] UNIDO. The Industrial Competitiveness of Nations, Industrial Competitiveness Report [R]. Vienna, United Nations Industrial Development Organization, 2013.

[132] US Congress. Job Creation through Innovation Act [E]. Washington, DC, US Congress, 2011a.

[133] US Congress. Innovate America Act [E]. Washington, DC, US Congress, 2011b.

[134] US Department of Commerce. Manufacturing in America. A Comprehensive Strategy to Address the Challenges of US Manufacturers [R]. Washington, DC, 2004.

[135] Venables A. Equilibrium locations of vertically linked industries [J]. International Economic Review, Vol. 37, No. 2, 1996: 341 – 359.

[136] Venables A. The international division of industries: clustering and comparative advantage in a multi-industry model [J]. Scandanavian Journal of Economics, Vol. 101, No. 4, 1999: 495 – 513.

[137] Wade R.. Governing the Market: Economic Theory and the Role of Government in East Asian Industrialization [M]. Princeton, NJ, Princeton University Press, 1990.

[138] Wessner C. W. & Wolff A. (eds). Rising to the Challenges: US Innovation Policy for Global Economy [M]. Washington, DC, National Academy of Sciences Press, 2012.

[139] White House. 'FACT SHEET: A Better Bargain for the Middle Class: Jobs' [R]. Press Release, Office of the Press Secretary, White House, retrieved May 2013 from http://www. whitehouse. gov/the-press-office/2013/07/30/fact-sheet-better-bargain-middle-class-jobs, 2013.

[140] Wirl F. , Feichtinger G. History versus expectations: increasing returns or social influence? [J]. The Journal of Socio-Economics, Vol. 35, Issue 5,

2006: 877 - 888.

[141] Woolcock M. Social capital and economic development: towards a theoretical synthesis and policy framework [J]. Theory and Society, Vol. 27, 1998: 151 - 208.

[142] Zeng D. New economic geography with heterogeneous preferences: An explanation of segregation [J]. Journal of Urban Economics, Vol. 63, Issue 1, 2008: 306 - 324.

[143] Zeweimuller J., Brunner J. Innovation and Growth with Rich and Poor Consumers [J]. Metroeconomica, 2005 (56): 48.

后　记

　　自以为，书籍是苦难的记忆，也许为了诀别，遂意成书。

　　思斯日读书之光，时时惴惴不安，未敢有丝毫懈怠，然终与心中目标尚有一些距离，不免怆然而痛。于是，唯有看着每一个敲进的字，以亲切感驱离惶恐与迷惘，让爱与恨油然而生。

　　至今，每一个符号仍都是鲜活的生命，它们伴着我成长，我为它们倾注了心血，培育了它们。然而，当投笔写完最后一个句号，新的问号已经萌发，前行又已启程。

　　从开始读书到现在，一直被很多的贵人相助相扶。最重要的是我的导师——陈雪梅教授。导师是一个集智慧与优雅于一体的女性，她包容、睿智及共享的人生态度是我受用终生的财富。导师把我引入产业集聚领域，开始了和导师一起悟"道"的过程。导师选题时的高屋建瓴，指导时的一语中的，疑难时的拨云见天，写作时的茅塞顿开，修改时的醍醐灌顶，让我曲径通幽，徜徉在空间、区域和产业集聚的浩瀚之中猛嚼狂饮。导师生活上对我的支持和心灵上的抚慰让我安心读书、学习和做科研。本书的顺利完成，自然要感谢导师的功劳，只能用无尽的感激和有生时光报答她传道授业解惑之功以及知遇之恩。

　　本书得以顺利完成和付梓出版，所有曾经给予自身的扶助历历在目。特别感谢南方医科大学的孙鳌教授，他的战略思维、高超洞察力以及他对学术的追求是我心中的"灯塔"，他对我的帮助和支持激励着我前行、付出和不懈的努力。同时，感谢师兄张涌、师弟卢祖国、袁飚以及恩师组织的周末学术沙龙的所有参会老师、学生，诸多的启示和火花历历在目。最重要的是，收获此生最大的财富——我的妻子：帅曼萍女士。自从我们相识、相恋和相爱，无时无刻都沐浴在您深深的爱意之中，由于生活种种不允许，诸多的委屈及无奈，唯有化作深夜吾心虫饬刀刺之痛。寄希望于明日，一切都会好起来。最后，感谢我的父母与岳父母无尽的爱，愿我爱的人和爱我的人都好起来，至少能够快乐生活。

再回首，才恍然大悟，"悟"，即是反复的想。一路走来，论文如同人生，悲从喜起，喜从悲生，从惶恐、茫然无措，至痛苦、难言之隐，到浮躁、手忙脚乱，进入平和、苦中有乐，最后欣喜、文思泉涌。虽日渐消瘦，内心却充盈了。人生有长，记忆无境。此书所有美好都将伴随此生共惜共勉。

谨以此书记录我女儿李佳颖三周岁生日。

李景海

2016 年 11 月